COMPETÊNCIAS CONSTITUCIONAIS DOS TRIBUNAIS DE CONTAS NA PROTEÇÃO DO CONCURSO PÚBLICO

EVANDRO NUNES FRANCO

Prefácio
Vladimir da Rocha França

Apresentação
José Roberto Pimenta Oliveira

COMPETÊNCIAS CONSTITUCIONAIS DOS TRIBUNAIS DE CONTAS NA PROTEÇÃO DO CONCURSO PÚBLICO

Belo Horizonte

2025

© 2025 Editora Fórum Ltda.

É proibida a reprodução total ou parcial desta obra, por qualquer meio eletrônico, inclusive por processos xerográficos, sem autorização expressa do Editor.

Conselho Editorial

Adilson Abreu Dallari
Alécia Paolucci Nogueira Bicalho
Alexandre Coutinho Pagliarini
André Ramos Tavares
Carlos Ayres Britto
Carlos Mário da Silva Velloso
Cármen Lúcia Antunes Rocha
Cesar Augusto Guimarães Pereira
Clovis Beznos
Cristiana Fortini
Dinorá Adelaide Musetti Grotti
Diogo de Figueiredo Moreira Neto (*in memoriam*)
Egon Bockmann Moreira
Emerson Gabardo
Fabrício Motta
Fernando Rossi
Flávio Henrique Unes Pereira

Floriano de Azevedo Marques Neto
Gustavo Justino de Oliveira
Inês Virgínia Prado Soares
Jorge Ulisses Jacoby Fernandes
Juarez Freitas
Luciano Ferraz
Lúcio Delfino
Marcia Carla Pereira Ribeiro
Márcio Cammarosano
Marcos Ehrhardt Jr.
Maria Sylvia Zanella Di Pietro
Ney José de Freitas
Oswaldo Othon de Pontes Saraiva Filho
Paulo Modesto
Romeu Felipe Bacellar Filho
Sérgio Guerra
Walber de Moura Agra

FÓRUM
CONHECIMENTO JURÍDICO

Luís Cláudio Rodrigues Ferreira
Presidente e Editor

Coordenação editorial: Leonardo Eustáquio Siqueira Araújo / Thaynara Faleiro Malta
Revisão: Pauliane Santos Coelho
Projeto gráfico: Walter Santos
Capa e Diagramação: Formato Editoração

Rua Paulo Ribeiro Bastos, 211 – Jardim Atlântico – CEP 31710-430
Belo Horizonte – Minas Gerais – Tel.: (31) 99412.0131
www.editoraforum.com.br – editoraforum@editoraforum.com.br

Técnica. Empenho. Zelo. Esses foram alguns dos cuidados aplicados na edição desta obra. No entanto, podem ocorrer erros de impressão, digitação ou mesmo restar alguma dúvida conceitual. Caso se constate algo assim, solicitamos a gentileza de nos comunicar através do *e-mail* editorial@editoraforum.com.br para que possamos esclarecer, no que couber. A sua contribuição é muito importante para mantermos a excelência editorial. A Editora Fórum agradece a sua contribuição.

Dados Internacionais de Catalogação na Publicação (CIP) de acordo com ISBD

F825c	Franco, Evandro Nunes
	Competências constitucionais dos Tribunais de Contas na proteção do concurso público / Evandro Nunes Franco. Belo Horizonte: Fórum, 2025.
	244p. 14,5x21,5cm
	ISBN impresso 978-65-5518-933-9
	ISBN digital 978-65-5518-932-2
	1. Tribunal de Contas concurso público. 2. Tribunais de Contas. 3. Concurso Público. 4. Controle concurso público. 5. Competências constitucionais. I. Título.
	CDD: 342
	CDU: 342

Ficha catalográfica elaborada por Lissandra Ruas Lima – CRB/6 – 2851

Informação bibliográfica deste livro, conforme a NBR 6023:2018 da Associação Brasileira de Normas Técnicas (ABNT):

FRANCO, Evandro Nunes. *Competências constitucionais dos Tribunais de Contas na proteção do concurso público*. Belo Horizonte: Fórum, 2025. 244p. ISBN 978-65-5518-933-9.

A Lidianne e Heitor, coautores da escrita da minha vida.

AGRADECIMENTOS

A superação de desafios e as conquistas sempre são ainda mais valiosas quando compartilhadas.

O percurso do Mestrado e a consequente publicação desta obra, derivada da dissertação, tiveram a colaboração essencial de três núcleos que me formaram como ser humano, como acadêmico e como profissional.

Agradeço à minha família, em primeiro lugar a Lidianne e Heitor, por toda a compreensão, apoio, paciência, cuidado e amor a mim dedicados. À minha mãe, Dalvinha, meu pai, Ratto (se disser o nome de fato, ninguém conhece), meu irmão Leandro, minhas irmãs Andressa e Carol, e meus sobrinhos Luiz, Bento, Benício e Estevão, por cada tijolinho que envolve minha construção como pessoa.

Agradeço ao Programa de Pós-Graduação em Direito da Universidade Federal do Rio Grande do Norte, em especial ao professor Vladimir da Rocha França, pela orientação correta, direta e essencial para o sucesso da pesquisa que originou este trabalho. Estendo o agradecimento aos colegas de programa e aos professores e professoras que estiveram nesta jornada, com destaque à professora Mariana de Siqueira, pelo acolhimento e pela confiança durante o estágio em docência. Ainda na seara dos docentes, agradeço pelas valiosas contribuições a mim ofertadas na banca de defesa da dissertação que resultou neste livro aos professores José Roberto Pimenta Oliveira, com pontuações fundamentais para a melhoria do trabalho, tornando-o digno de publicação, e Leonardo Freire, sempre atento aos aspectos filosóficos presentes em cada palavra. A veia acadêmica agora pulsa em mim!

Agradeço a todos os que compõem o Tribunal de Contas do Estado do Rio Grande do Norte, em especial aos colegas e amigos que estiveram na Secretaria de Controle Externo no período de desenvolvimento deste trabalho, pela compreensão, pelo suporte e pela oferta de conhecimentos em todos os momentos. O controle externo é fascinante e abrange um universo riquíssimo em conteúdo e possibilidades, com muito a explorar em qualquer seara.

Por fim, agradeço aos que genuinamente torceram pelo meu sucesso nesta empreitada.

LISTA DE ABREVIATURAS E SIGLAS

ACE	Agente de Combate às Endemias
ACS	Agente Comunitário de Saúde
ADCT	Ato das Disposições Constitucionais Transitórias
ADI	Ação Direta de Inconstitucionalidade
ADPF	Arguição de Descumprimento de Preceito Fundamental
CBM	Corpo de Bombeiros Militares
CF/1988	Constituição Federal de 1988
CNU	Concurso Nacional Unificado
CLT	Consolidação das Leis do Trabalho
DASP	Departamento Administrativo do Setor Público
EC	Emenda Constitucional
IAPI	Instituto de Aposentadorias e Pensões dos Industriários
INTOSAI	Organização Internacional das Instituições Superiores de Controle
IFPP	Estrutura de Pronunciamentos Profissionais da INTOSAI
IPEA	Instituto de Pesquisa Econômica Aplicada
ISC	Instituição Superior de Controle
LINDB	Lei de Introdução às Normas do Direito Brasileiro
NBASP	Normas Brasileiras de Auditoria do Setor Público
OCDE	Organização para a Cooperação e Desenvolvimento Econômico
PEC	Proposta de Emenda à Constituição
PM	Polícia Militar
STF	Supremo Tribunal Federal
SUS	Sistema Único de Saúde
TAG	Termo de Ajustamento de Gestão
TCE-MT	Tribunal de Contas do Estado do Mato Grosso
TCE-PE	Tribunal de Contas do Estado de Pernambuco
TCE-RN	Tribunal de Contas do Estado do Rio Grande do Norte
TCU	Tribunal de Contas da União

SUMÁRIO

PREFÁCIO
Vladimir da Rocha França 15

APRESENTAÇÃO
José Roberto Pimenta Oliveira 17

INTRODUÇÃO 21

CAPÍTULO 1
O PRINCÍPIO DO CONCURSO PÚBLICO NO ORDENAMENTO
JURÍDICO BRASILEIRO 25

1.1   O concurso público nas Constituições brasileiras........................ 33

1.1.1   Constituição de 1824 34

1.1.2   Constituição de 1891 37

1.1.3   Constituições de 1934 e 1937.. 39

1.1.4   Constituição de 1946 43

1.1.5   Constituição de 1967 e a Emenda Constitucional nº 1, de 1969.. 45

1.2   A Constituição de 1988: a consagração do concurso público e
        as demais formas de ingresso permitidas...................................... 49

1.2.1   Admissão via concurso público.. 53

1.2.2   Admissão por livre nomeação e exoneração (cargos em
        comissão)... 71

1.2.3   Contratação temporária para atender a excepcional interesse
        público.. 76

1.2.4   Admissão de agente comunitário de saúde e agente de
        combate às endemias... 80

1.2.5   Admissão em cargos de natureza jurídico-política especial 82

1.2.6   Provimento derivado 82

1.2.7   Servidores estabilizados e servidores não estáveis..................... 87

1.2.8   Terceirização.. 90

1.2.9   Outros meios de admissão no serviço público............................. 93

1.3	A prevalência do concurso público na ótica do Supremo Tribunal Federal..	96
1.4	Perspectivas para o sistema de concursos públicos e a busca pela eficiência na admissão de pessoal: a Lei Geral dos Concursos Públicos, o Concurso Nacional Unificado e a PEC nº 32/2020	104

CAPÍTULO 2
O CONTROLE DA ADMINISTRAÇÃO PÚBLICA EFETUADO PELOS TRIBUNAIS DE CONTAS 115

2.1	Controle externo da Administração Pública: aspectos relevantes	118
2.1.1	Da associação do termo "controle externo" à atuação dos Tribunais de Contas	118
2.1.2	A autonomia dos Tribunais de Contas no exercício do controle externo..	119
2.1.3	O controle externo além da mera legalidade...............................	132
2.1.4	O controle de políticas públicas pelos Tribunais de Contas	137
2.2	O exercício da jurisdição pelos Tribunais de Contas....................	140
2.3	Os Tribunais de Contas como órgãos de auditoria	146
2.4	A atuação sancionadora dos Tribunais de Contas........................	151
2.5	O processo de controle externo no cenário constitucional atual	158
2.5.1	Das decisões nos julgamentos de contas e dos comandos relacionados a determinações e recomendações...........................	165
2.5.2	Das medidas cautelares no processo de controle externo	168
2.5.3	A apreciação de constitucionalidade de leis e atos pelos Tribunais de Contas	171
2.5.4	Consensualismo no controle externo...	173

CAPÍTULO 3
A ATUAÇÃO DOS TRIBUNAIS DE CONTAS NA PROTEÇÃO AO CONCURSO PÚBLICO MEDIANTE O EXERCÍCIO DE SUAS COMPETÊNCIAS CONSTITUCIONAIS 179

3.1	Análise e julgamento de contas	180
3.2	Registro de atos de pessoal	183
3.2.1	Registro de admissão de pessoal...	190
3.2.1.1	Admissão para cargos efetivos e vitalícios, empregos públicos e postos militares	192
3.2.1.2	Provimento derivado de cargos públicos.......................................	194
3.2.1.3	Contratação temporária para atender a excepcional interesse público..	195

3.2.2	Apreciação de concessão de aposentadorias e reformas	197
3.3	Realização de auditorias, inspeções e fiscalizações	198
3.3.1	Auditorias	199
3.3.2	Inspeções	205
3.3.3	Acompanhamentos	206
3.3.3.1	Acompanhamento de concursos públicos	207
3.3.3.2	Acompanhamento de licitações e de contratos de terceirização	213
3.3.4	Levantamentos	216
3.4	Atribuições complementares	219
3.4.1	Denúncias, representações e função de ouvidoria	219
3.4.2	Consultas	221
3.4.3	Termo de ajustamento de gestão e soluções consensuais	224
3.5	Limites à atuação dos Tribunais de Contas na atuação em prol do concurso público	226

CONCLUSÃO 229

REFERÊNCIAS 235

PREFÁCIO

Os Tribunais de Contas têm uma inequívoca importância no controle do Estado-administração e suas atividades. Afinal, se há um setor estratégico do Estado é sua atividade financeira.

Com o advento da Constituição da República Federativa do Brasil, promulgada em 5 de outubro de 1988, pode-se dizer que houve um projeto de administração pública mais compatível com o ideal republicano de rejeição de privilégios no acesso aos cargos e empregos públicos. A importância que o concurso público recebeu na Constituição Federal vigente é saudavelmente desproporcional quando comparada com o tratamento que lhe foi dispensado nas ordens constitucionais precedentes.

Mesmo assim, ainda são vistas tentativas patrimonialistas de se tornar os cargos e empregos públicos como reservas de lideranças políticas que somente têm a oferecer à República o compadrio para sua clientela eleitoral e financeira. Os Tribunais de Contas têm muito a contribuir nesse aspecto no controle da atividade administrativa do Estado, haja vista o impacto das despesas de pessoal no orçamento público.

Em seu livro, Evandro Nunes Franco cuida das competências constitucionais dos Tribunais de Contas na preservação e na defesa do modelo jurídico de concurso público. Nele se verifica a eficiência do autor ao descrever o sistema do Direito Positivo brasileiro, com especial foco na identificação dos instrumentos dos Tribunais de Contas e seus limites na prevenção e na repressão da gestão ilegal das despesas de pessoal.

O referido trabalho foi desenvolvido sob minha orientação e é resultado de sua pesquisa junto ao Programa de Pós-Graduação em Direito do Centro de Ciências Sociais Aplicadas da Universidade Federal do Rio Grande do Norte. Nesse período, a experiência e os méritos pessoais do autor me facilitaram bastante essa tarefa.

Natal, 03 de setembro de 2024.

Vladimir da Rocha França
Mestre em Direito Público pela Universidade Federal de Pernambuco. Doutor em Direito Administrativo pela Pontifícia Universidade Católica de São Paulo. Professor Titular de Direito Administrativo pela Universidade Federal do Rio Grande do Norte.

APRESENTAÇÃO

É provável que o leitor tenha contato com inúmeros trabalhos acadêmicos, no Direito Constitucional ou Direito Administrativo, abordando temas pertinentes ao exercício do controle externo no ordenamento jurídico brasileiro. A presente obra, no entanto, apresenta uma inteligente segmentação dessa temática em matéria fundamental ou primordial à estruturação da organização administrativa brasileira: o campo da realização e da tutela de concursos públicos.

A obra é fruto da Dissertação de Mestrado de Evandro Nunes Franco, com o título *Competências Constitucionais dos Tribunais de Contas na proteção do concurso público*, defendida no Programa de Pós-Graduação em Direito da Universidade Federal do Rio Grande do Norte (UFRN), sob a firme orientação do Prof. Vladimir da Rocha França, Professor Titular da UFRN, Doutor em Direito do Estado pela Pontifícia Universidade Católica de São Paulo (PUC-SP), em Banca da qual tive a honra de participar, ladeado pelo Prof. Dr. Leonardo Oliveira Freire, Doutor em Filosofia Prática pela Universidade Federal de Pernambuco (UFPE).

O autor soube com maestria reunir seu conhecimento jurídico e sua experiência profissional. Evandro é Auditor de Controle Externo do Tribunal de Contas do Estado do Rio Grande do Norte (TCE-RN) e Professor da Escola de Contas Severino Lopes de Oliveira. Também já exerceu a Coordenação de Fiscalização de Admissão de Pessoal (2015-2017). Atualmente está à frente da Coordenação de Normas, Métodos e Qualidade para o Controle Externo, no E. TCE-RN.

Na seara acadêmica, nosso autor já acumula o título de Especialista em Direito Constitucional pela UFRN, bem como Especialista em Auditoria e Controladoria Financeira pela Faculdade Única de Ipatinga. Além disso, é associado fundador do Instituto de Direito Administrativo Seabra Fagundes (IDASF). Aprovado e elogiado pela Banca, tornou-se Mestre em Direito pela UFRN.

A obra revela um pensamento lógico, coerente e sistemático na abordagem dogmática. Foi cuidadosamente construída em três capítulos sequenciais e interligados que pavimentam o olhar e a compreensão do leitor em direção a uma excelente visão panorâmica das principais questões jurídicas que desafiam as Cortes de Contas brasileiras, na tutela da legalidade, da legitimidade e da economicidade na fiscalização contábil, financeira, orçamentária, operacional e patrimonial da Administração Pública (art. 70 da CF).

No capítulo inicial, Evandro mergulha no "princípio do concurso público no ordenamento jurídico brasileiro", com a clara consciência de revelar seu entendimento doutrinário nos aspectos jurídicos mais relevantes, sob o prisma constitucional, da concretização desse princípio ao nível da Constituição Federal, mostrando como o concurso público deve ser interpretado e executado como forma prioritária de ingresso na organização administrativa. De forma aguçada, registra que o recrutamento de pessoal no serviço público necessita acompanhar as necessidades do planejamento e operacionalização de políticas públicas, com práticas concretizadoras do princípio da eficiência. Ao mesmo tempo, defende maior segurança jurídica nessa atividade instrumental, pugnando por uma uniformização de normas aplicáveis aos certames.

Como bem anotado por Celso Antônio Bandeira de Mello, através do concurso público, "o que a Lei maior pretende é assegurar a igualdade entre os cidadãos permitindo-lhes postular o cargo público e garantir-se de que obterá servidores competentes". Sem o cumprimento do regime constitucional do concurso público, enfraquecido estará o quadro impessoal de servidores públicos que exercem a função administrativa, na persecução dos fins de interesses públicos e dos objetivos constitucionais.

No segundo capítulo, o autor oferece uma excelente síntese sobre o controle da Administração Pública efetuado pelos Tribunais de Contas, objeto de merecida atenção, uma vez que há tratamento doutrinário de importantes controvérsias constitucionais e administrativas no tema do controle externo. Sublinha o conceito de "controle externo", pontua a autonomia das Cortes de Contas, invoca o princípio da simetria, disserta sobre sua forma de composição e prerrogativas, esclarece a singularidade da carreira de Auditores de Controle Externo no cumprimento das finalidades institucionais, diferencia modalidades de fiscalização e de auditoria, distingue vetores axiológicos constitucionais do controle externo, adentra o exame de políticas públicas pelos TCs, que ganham abordagem como órgãos de auditoria, "de caráter jurisdicional ou não", cujo mérito decisório não pode ser sindicável pelo Poder Judiciário.

O autor mostra pleno domínio da matéria tratada nesta obra, ao ponto de alinhavar, com brilho, como se mostra o regime da "atuação sancionadora dos Tribunais de Contas", a necessária observância do devido processo legal, neste incluído o "consensualismo no controle externo".

O Tribunal de Contas constitui, ao nosso parecer, indisputada instituição constitucional autônoma, com função administrativa singularizada pela atividade de controle externo, tal como desenhado de forma multifacetada pelas normas constitucionais inseridas, destacadamente no artigo 70 a 75 da CF. Donde sua atividade sancionadora está alicerçada no Direito Administrativo Sancionador. Trata-se do Direito Administrativo Sancionador de Controle Externo.

O último capítulo é uma demonstração cabal de como o Estado Democrático de Direito legitima a atuação dos Tribunais de Contas na proteção ao concurso público, mediante o exercício de suas competências constitucionais. O autor comprova essa vontade constitucional em diversas perspectivas, seja na análise e no julgamento de contas, seja na atividade de registro de atos de pessoal, seja na realização de auditorias, inspeções e fiscalizações, seja ainda na apreciação de denúncias e representações.

Encontra-se também abordagem da celebração de Termos de Ajustamento de Gestão (TAG) na regularização do quadro de pessoal da Administração Pública, com uma análise final, direta e objetiva, sobre os limites impostos à atuação de TCs em prol do concurso público.

O conhecimento oferecido ao leitor pela obra está solidamente firmado na melhor doutrina publicista brasileira, com referências precisas da Constituição Federal, legislação administrativa aplicável, normas da INTOSAI (Organização Internacional das Instituições Superiores de Controle), além de leis orgânicas ao nível institucional do controle externo. Ademais, há vasta pesquisa de jurisprudência, seja ao nível do Poder Judiciário, seja ao nível de Cortes de Contas.

Recentemente, foi promulgada a Lei nº 14.965, de 09 de setembro de 2024, que dispõe sobre as normas gerais relativas a concursos públicos para provimento de cargos e empregos públicos, para assegurar a aplicação dos princípios da administração pública e do disposto no inciso II do caput do art. 37 da Constituição Federal. Evandro envidou todos os esforços para atualizar o texto dogmático originário para essa nova legislação.

Karl Popper, ao tratar da lógica das ciências sociais, certa vez disse que "nossa ignorância é sóbria e ilimitada". E explicou que, "a cada passo adiante, a cada problema que resolvemos, não só descobrimos problemas novos e não solucionados, porém, também, descobrimos que onde acreditávamos pisar em solo firme e seguro, todas as coisas são, na verdade, inseguras e em estado de alteração contínua". Na mesma obra citada, disse Popper que "a assim chamada objetividade da ciência repousa na objetividade do método crítico".

Não há menor dúvida de que a obra, ora apresentada, é valiosíssima para todos e todas que pesquisam, investigam, estudam, atuam, operam, ou exercem atividades ou desempenham função pública, no seio do controle externo, por descortinar com figurino perfeito o papel essencial dos Tribunais de Contas "na garantia do direito fundamental ao amplo acesso aos cargos, empregos e funções públicas em razão de suas mais diversas formas e possibilidades de atuação", nas palavras do autor.

Da compreensão dessa missão constitucional no aprimoramento, na observância e na concretização do quadro jurídico-institucional incidente sobre o dever de realização de concursos públicos dependerá, em grande medida, a tutela efetiva da legalidade, moralidade, impessoalidade, publicidade, eficiência e outros tantos princípios republicanos e democráticos a que se sujeita a organização administrativa, em todas as esferas de nossa Federação.

São Paulo, 24 de setembro de 2024.

José Roberto Pimenta Oliveira
Procurador Regional da República na 3ª Região. Doutor e Mestre em Direito do Estado pela PUC-SP. Professor da Faculdade de Direito da PUC-SP (Cursos de Graduação e Pós-Graduação lato sensu e stricto sensu). Presidente do Instituto de Direito Administrativo Sancionador Brasileiro – IDASAN.

INTRODUÇÃO

A Constituição Federal de 1988 conferiu tratamento destacado para a Administração Pública ao estabelecer de forma minuciosa os princípios, as regras e os procedimentos indispensáveis à gestão da *res publica*. Entre os diversos temas abarcados pelo texto constitucional vigente, destaca-se o rigor em relação à admissão de pessoal no serviço público, ao instituir, nos termos do inc. II do art. 37, que "a investidura em cargo ou emprego público depende de aprovação prévia em concurso público".

De acordo com o estabelecido pela norma constitucional, conferiu-se primazia ao ingresso de pessoal nos quadros da Administração Pública mediante a prestação de concurso público, instrumento de seleção de postulantes ao cargo ou emprego público em razão dos seus conhecimentos e habilidades, como meio de garantir o amplo acesso, a impessoalidade e o mérito na assunção ao exercício da função pública, em contraponto ao caráter patrimonialista que permeia a Administração Pública brasileira desde seus primórdios.

Passados mais de 35 anos de vigência da Carta de 1988, no entanto, ainda são frequentes as tentativas de burla ao concurso público, em especial nas Administrações estaduais e municipais, evidenciando um cenário que demanda a pronta atuação dos órgãos de controle no sentido de assegurar sua plena observância.

Entre as entidades de controle assim reconhecidas pela Constituição Federal, destacam-se os Tribunais de Contas, instituições-modelo no que se refere à fiscalização da aplicação dos recursos públicos em todas as unidades da Federação, dotados de autonomia e detentores de competências que lhes garantem posição de excelência no controle externo da Administração Pública.

Tendo em vista as competências atribuídas aos Tribunais de Contas para o exercício de suas funções, esta obra se volta especificamente à atuação desses organismos no sentido de resguardar o concurso público como regra no ingresso de pessoal na Administração Pública.

A apreciação da admissão de pessoal para fins de registro, nos termos do inc. III do art. 71, costuma ser destacada, dentre as competências expressamente conferidas às Cortes de Contas pelo texto constitucional, como a que possui relação direta com a defesa da premência do concurso público. Mas será que essa é a única modalidade de atuação do controle externo nesse sentido? Em quais hipóteses, além do exercício da atribuição aqui citada, podem os Tribunais de Contas agir no sentido de fomentar a plena adoção do princípio do concurso público nos órgãos e nas entidades sujeitas ao seu controle?

Esta obra objetiva verificar a pertinência das competências constitucionais relacionadas à atuação dos Tribunais de Contas com a finalidade de assegurar a observância ao princípio do concurso público pela Administração Pública em relação à gestão do seu quadro de pessoal e atendimento ao interesse público, tendo em vista o caráter democrático conferido a essa modalidade de certame.

Assim, o trabalho está estruturado da seguinte maneira: no primeiro capítulo, o foco é a compreensão do princípio do concurso público no ordenamento jurídico nacional, traçando um panorama histórico no intuito de compreender as raízes patrimonialistas da Administração Pública brasileira e a busca pela adoção dos modelos burocrático e gerencial. O maior enfoque do capítulo é no detalhamento das formas de ingresso admitidas pela atual Constituição, passando ainda pela maneira como o Supremo Tribunal Federal reconhece a prevalência do concurso público no atual ordenamento jurídico-administrativo. O capítulo é finalizado com a apresentação de tendências sobre o sistema de concursos públicos, contendo vislumbres sobre inovações em relação ao instituto de seleção de servidores públicos.

O segundo capítulo expõe diversos aspectos em relação ao exercício do controle externo pelos Tribunais de Contas, no intuito de localizar sua posição jurídico-institucional no atual cenário constitucional. Debate-se sobre sua autonomia, os limites e a expansão de sua atuação, os vieses jurisdicional e auditorial, tendo em vista o arcabouço normativo e os padrões internacionalmente adotados, além de se voltar aos atributos sancionatórios das Cortes de Contas e ao reconhecimento de um "processo de controle externo", à parte do processo administrativo.

O terceiro e último capítulo de desenvolvimento do trabalho se volta à temática de fato da obra: o entendimento sobre as competências de exercício direto do controle externo conferidas pelos incs. I, II, III e IV do art. 71 da Constituição Federal e a viabilidade da utilização de cada uma delas na proteção ao concurso público, mediante considerações doutrinárias e exposição direta ou indireta sobre a aplicação prática, através de exemplos de casos já deliberados pelos diversos Tribunais de Contas. Por fim, buscou-se atentar aos limites à atuação dos Tribunais de Contas no exercício de suas atribuições em prol do concurso público, levando-se em consideração especialmente os preceitos introduzidos na Lei de Introdução às Normas do Direito Brasileiro em sua última atualização.

Esta obra é fundamentada por pesquisa bibliográfica e documental, especialmente normativa e jurisprudencial, na verificação das possibilidades de atuação dos Tribunais de Contas pela análise ou demonstração de casos concretos.

Em relação às referências normativas, se deu maior destaque à Constituição Federal e à legislação e normativos do Tribunal de Contas da União, tendo em vista ser o órgão paradigmático do controle externo brasileiro, sendo utilizadas, em menor grau, normas a nível estadual e municipal para complementar o entendimento sobre a atuação dos Tribunais de Contas a nível geral.

Quanto à jurisprudência *stricto sensu*, prevaleceu o uso dos entendimentos prolatados pelo Supremo Tribunal Federal, detentor da guarda da Constituição. Já a jurisprudência relativa aos Tribunais de Contas foi extraída de diversos órgãos de controle externo, especialmente em relação à aplicação prática das competências constitucionais a eles conferidas.

A temática a ser tratada tem alta relevância em relação à atividade de controle externo da Administração Pública e é pouco explorada a nível acadêmico e até mesmo bibliográfico, tendo em vista a concentração de estudos focados apenas na competência de registro dos atos de admissão de pessoal e suas derivações em razão de interpretação extensiva da atribuição.

Espera-se, por fim, que este livro forneça uma compreensão mais adequada do potencial que os Tribunais de Contas têm no controle da gestão de pessoal no serviço público, além de municiar o necessário debate em relação à eficiência, à eficácia e à efetividade das ações de controle da admissão de pessoal no serviço público.

CAPÍTULO 1

O PRINCÍPIO DO CONCURSO PÚBLICO NO ORDENAMENTO JURÍDICO BRASILEIRO

O Estado é entidade abstrata, voltada a uma finalidade específica que – de acordo com uma baliza normativa – buscará o atendimento aos seus objetivos e às demandas do corpo social que lhe compõe.[1] Independentemente da forma, da organização e da orientação política do Estado, é certo que ele deve se expressar fisicamente para que suas ações, traduções de seu poder, sejam levadas a efeito.

Das expressões tangíveis da atuação estatal e, consequentemente, da Administração Pública, duas se destacam, sendo uma delas os bens públicos (ou bens de domínio público[2]), isto é, estruturas de propriedade do Estado ou a ele afetados através dos quais são prestados os serviços públicos.[3]

A segunda manifestação física do Estado e da Administração Pública comumente destacada se dá pelas pessoas que agem em nome do Estado ou por ele, rotineira ou temporariamente, para concretizar a

---

[1] O conceito aqui apresentado manifesta um ponto de vista predominantemente jurídico do termo "Estado", em sua acepção básica: "O Estado, então, é tomado em consideração apenas como um fenômeno jurídico, como uma pessoa jurídica, ou seja, como uma corporação [...] O Estado é a comunidade criada por uma ordem jurídica nacional (em contraposição a uma internacional)" (KELSEN, Hans. *Teoria Geral do Direito e do Estado*. 3. ed. São Paulo: Martins Fontes, 2000. p. 261-262).
Em complemento ao conceito, para Pontes de Miranda o Estado constitui-se no "conjunto de tôdas as relações entre os podêres públicos e os indivíduos, ou daqueles entre si" (PONTES DE MIRANDA, Francisco Cavalcanti. *Comentários à Constituição de 1967*: Com a Emenda n. 1, de 1969. Tomo I (Arts. 1º - 7º.). Rio de Janeiro: Forense, 1987. p. 52).

[2] MEIRELLES, Hely Lopes. *Direito Administrativo Brasileiro*. 42. ed. São Paulo: Malheiros, 2016. p. 633-634.

[3] MELLO, Celso Antônio Bandeira de. *Curso de Direito Administrativo*. 32. ed. São Paulo: Malheiros, 2015. p. 937-938.

atuação estatal perante os sujeitos a ela subordinados ou que demandem seus serviços. Estes são os agentes públicos.[4]

"Agente público", conforme o conceito exposto, se constitui em gênero, com classificações das mais variadas matizes, a depender do autor. A classificação aqui adotada é a de Maria Sylvia Zanella Di Pietro[5] e Irene Patrícia Diom Nohara,[6] que separaram a categoria "agentes públicos" em quatro gêneros, quais sejam: agentes políticos, militares, particulares em colaboração com o Poder Público e servidores públicos.

Os agentes políticos são aqueles que ocupam os cargos responsáveis pela condução política do Estado, constituindo-se "nos formadores da vontade superior do Estado".[7] Têm relação jurídica estatutária, ou seja, a Constituição Federal e as leis vigentes regulam o vínculo do sujeito junto ao Estado. Percebem remuneração, mas não há caracterização de vínculo profissional. Em geral são ocupados em caráter temporário, e o ingresso se dá através da escolha por sufrágio ou nomeação pela autoridade máxima do ente federativo.

Estão no rol dos agentes políticos os Chefes do Poder Executivo (em nível federal, estadual e municipal); seus subordinados de primeiro escalão (Ministros e Secretários, também nos três níveis federativos) e os integrantes do Poder Legislativo (Senadores, Deputados estaduais e federais, além de Vereadores).[8]

---

[4] MELLO, Celso Antônio Bandeira de. *Curso de Direito Administrativo*. 32. ed. São Paulo: Malheiros, 2015. p. 250-251.
Na visão de Hans Kelsen seriam os por ele denominados "órgãos", em seu conceito material: "um órgão é um indivíduo que cumpre uma função específica. A qualidade de órgão de um indivíduo é constituída por sua função. Ele é um porque e na medida em que executa uma função criadora de Direito ou aplicadora de Direito. No entanto, além desse conceito, existe outro, mais restrito, 'material', de acordo com o qual um indivíduo é um 'órgão' do Estado apenas se tiver, pessoalmente, uma posição jurídica específica" (KELSEN, Hans. *Teoria Geral do Direito e do Estado*. 3. ed. São Paulo: Martins Fontes, 2000. p. 277).

[5] DI PIETRO, Maria Sylvia Zanella. Direito Administrativo. 36. ed. Rio de Janeiro: Forense, 2023. *E-book*.

[6] NOHARA, Irene Patrícia Diom. Direito Administrativo. 12. ed. Barueri: Atlas, 2023. p. 619-620.

[7] MELLO, Celso Antônio Bandeira de. *Curso de Direito Administrativo*. 32. ed. São Paulo: Malheiros, 2015. p. 253-254.

[8] A doutrina de Hely Lopes Meirelles adota posição mais abrangente em relação aos agentes políticos. Além dos já mencionados, são incluídos os magistrados a nível geral (ministros, desembargadores e juízes), os integrantes do Ministério Público, membros dos Tribunais de Contas, representantes diplomáticos e outras autoridades. Segundo o autor, "são as autoridades públicas supremas do Governo e da Administração na área de sua atuação, pois não estão hierarquizadas, sujeitando-se apenas aos graus e limites constitucionais e legais de jurisdição" (MEIRELLES, Hely Lopes. *Direito Administrativo Brasileiro*. 42. ed. São Paulo: Malheiros, 2016. p. 82).

Os particulares em colaboração com o Poder Público são aquelas pessoas, físicas ou jurídicas, que, mesmo sem integrar o sistema administrativo do Estado, e "sem perderem sua qualidade de particulares, exercem função pública, ainda que às vezes em caráter episódico".[9] A qualidade pode ser adquirida ou imposta via requisição estatal para o cumprimento de uma função específica; por conta própria; em situações específicas; ou por delegação do Poder Público.[10]

A classificação específica dos militares se dá em razão da alteração trazida pela Emenda Constitucional (EC) nº 18, de 5 de fevereiro de 1998, na qual se deixou de atribuir aos militares a qualidade de servidores públicos ("servidores públicos militares"), tendo em vista a natureza de suas funções (especialmente as Forças Armadas) e a organização dos órgãos militares, com base na hierarquia e disciplina[11] (arts. 42 e 142 da Constituição Federal de 1988). Fazem parte dessa categoria os membros das Forças Armadas e os integrantes das Polícias Militares (PM) e Corpos de Bombeiros Militares (CBM), no âmbito dos Estados, do Distrito Federal e dos Territórios.

A forma de ingresso dos militares se dá mediante concurso público, no caso de oficiais das Forças Armadas[12] e dos praças e oficiais das PMs e CBMs, em caráter permanente, ou de forma compulsória, para os praças, mediante recrutamento ou convocação, em caráter transitório ou permanente.[13]

---

[9] MELLO, Celso Antônio Bandeira de. *Curso de Direito Administrativo*. 32. ed. São Paulo: Malheiros, 2015. p. 257.

[10] No caso de tabeliães e notários para atuação em cartórios e registros extrajudiciais, deve-se atentar que, apesar da sua atividade ser delegação do Poder Público, o seu exercício exige a prévia aprovação em concurso público, conforme será tratado adiante.

[11] Na exposição de motivos da Proposta de Emenda à Constituição (PEC) nº 338/1996, através da Mensagem nº 246/1996, que resultou na EC nº 18/1998, destaca-se o seguinte: "A presente proposta pretende dar aos membros das Forças Armadas, doravante denominados militares, por sua características próprias, em tratamento distinto no que concerne a deveres, direitos e outras prerrogativas que estarão mais adequadamente dispostos no Capítulo pertinente ao Título V – Da Defesa do Estado e das Instituições Democráticas".

[12] Arts. 10 e 11 da Lei Federal nº 6.880, de 9 de dezembro de 1980 (Estatuto dos Militares): "Art. 10. O ingresso nas Forças Armadas é facultado, mediante incorporação, matrícula ou nomeação, a todos os brasileiros que preencham os requisitos estabelecidos em lei e nos regulamentos da Marinha, do Exército e da Aeronáutica.
[...]
Art. 11. Para matrícula nos estabelecimentos de ensino militar destinados à formação de oficiais, da ativa e da reserva, e de graduados, além das condições relativas à nacionalidade, idade, aptidão intelectual, capacidade física e idoneidade moral, é necessário que o candidato não exerça ou não tenha exercido atividades prejudiciais ou perigosas à segurança nacional".

[13] NOHARA, Irene Patrícia Diom. *Direito Administrativo*. 12. ed. Barueri: Atlas, 2023. p. 654.

Por fim, "servidor público" é o termo geral para definir aqueles que têm vínculo de cunho profissional junto ao Estado. Em síntese, "são os que entretêm com o Estado e com as pessoas de direito Público da Administração indireta relação de trabalho de natureza profissional e caráter não eventual sob um vínculo de dependência".[14]

São os servidores públicos aqueles que melhor representam a atuação da Administração Pública, sendo eles a *longa manus* do agir estatal, em suas mais diversas formas, seja na ação direta da burocracia do Estado ou na oferta dos serviços públicos, de acordo com as finalidades estatais, administrativas ou governamentais.[15]

Os servidores públicos subdividem-se em *servidores estatutários*, que ocupam cargos públicos de provimento efetivo, via concurso público, ou em comissão, de livre nomeação e exoneração; *empregados públicos*, que estabelecem vínculo contratual com a Administração com base na Consolidação das Leis do Trabalho (CLT), após prévia aprovação em concurso público; e *servidores temporários*, aqueles contratados por tempo determinado para o atendimento a excepcional interesse público, com vínculo contratual, mas submetidos a um regime jurídico especial, de acordo com a lei local, e admitidos de forma direta ou mediante processos simplificados de seleção.[16]

Da classificação apresentada, denota-se que a maior demanda de agentes públicos se volta justamente aos servidores públicos, em especial aqueles que executam as atividades rotineiras ou voltadas à efetivação das finalidades das funções da Administração Pública. No caso do Brasil, constatou-se que, dos 9.761.769 (nove milhões setecentos e sessenta e um mil setecentos e sessenta e nove) vínculos públicos civis ativos em 2021, 7.843.389 (sete milhões oitocentos e quarenta e três mil trezentos e oitenta e nove), isto é, 80,35% (oitenta inteiros e trinta

---

[14] MELLO, Celso Antônio Bandeira de. *Curso de Direito Administrativo*. 32. ed. São Paulo: Malheiros, 2015. p. 255-256.

[15] Duguit, em uma ácida crítica a Hariou, expõe uma colocação bastante objetiva e que traduz bem o que se pretende aqui expor: *"Toul ce que M. Hauriou dit de l'acte d'autorité n'est vrai que pour les règlements. D'autre part, nous le défions bien de citer un acte administratif véritable qui puisse produire un effet sans le concours de fonctionnaires et d'adminisirés"* (DUGUIT, Léon. *Manuel de droit constitutionnel:* Théorie générale de l'État – Organisation politique. Paris: A. Fontemoing, 1907. p. 229).

[16] NOHARA, Irene Patrícia Diom. *Direito Administrativo*. 12. ed. Barueri: Atlas, 2023. p. 623.

e cinco centésimos por cento) do total, correspondiam a servidores públicos em caráter permanente (ou efetivo) ou empregados públicos.[17]

Há, portanto, na realidade brasileira, ampla prevalência de vínculos que exigem a prévia aprovação em concurso público para seu provimento.

Mas por que o concurso público e não outra forma de seleção voltada ao recrutamento de pessoal para operar a máquina estatal? O que levou à escolha da Administração Pública, não apenas em solo brasileiro, mas em diferentes sistemas jurídicos pelo concurso público?

Fato é que o exercício profissional da função pública e o método de selecionar aqueles que as ocuparão é objeto de consideração desde a Antiguidade, dada a importância da efetivação da atuação estatal, devendo prevalecer a escolha pelos indivíduos mais adequados ou com maior respaldo para serem a tradução da vontade da Administração Pública, seja pela sorte, fortuna, posição social e hereditária ou escolha divina, ou pelos méritos daqueles que se dispõem a exercer a função.[18]

José Cretella Júnior[19] enumerou os meios de seleção de agentes públicos mais comuns, sendo: a) sorteio (simples ou condicionado), fundamentado, na Antiguidade e na Idade Média, para a escolha por inspiração ou determinação divina; b) compra e venda, prática de alienação, a título oneroso, dos cargos ou empregos públicos, disseminada na França medieval, incluindo sua transmissão hereditária (uma outra modalidade de seleção elencada pelo autor), a depender do regramento local; c) arrendamento, que consiste na cessão do cargo público a particulares a título precário; d) livre nomeação (absoluta ou relativa), modalidade de livre escolha pelo titular do poder, de forma direta ou com prévia autorização de outro poder, prática ainda existente para os casos de cargos de provimento em comissão e determinados cargos estatais, conforme será tratado adiante; e) eleição, meio baseado na escolha

---

[17] Compilação de dados do Relatório Anual de Informações Sociais do ano de 2021, feita pelo portal República em Dados. Disponível em: https://dados.republica.org/dados/quantidade-de-vinculos-publicos-civis-ativos. Acesso em: 21. nov. 2023.

[18] Complementando a importância do corpo de profissionais no Estado, Max Weber assim considerou: "Em um Estado Moderno, o domínio efetivo, que não se manifesta nos discursos parlamentares nem em declarações de monarcas, mas sim no cotidiano da administração, encontra-se, necessária e inevitavelmente, nas mãos do funcionalismo, tanto do militar quanto do civil, pois também o oficial superior moderno dirige as batalhas a partir do 'escritório'" (WEBER, Max. *Economia e sociedade*: fundamentos da sociologia compreensiva. Brasília: Editora Universidade de Brasília, 2004. p. 529).

[19] CRETELLA JÚNIOR, José. *Curso de Direito Administrativo*. 18. ed. Rio de Janeiro: Forense, 2003. p. 352-358.

dos ocupantes dos cargos mediante sufrágio, voltados em especial aos agentes políticos; e f) concurso, um dos temas centrais deste trabalho e cujo conceito será aprofundado em seguida.

Uma definição geral e atemporal de concurso público é a apresentada por José dos Santos Carvalho Filho, como sendo "um procedimento administrativo que tem por fim aferir as aptidões pessoais e selecionar os melhores candidatos ao provimento de cargos e funções públicas".[20]

O concurso público[21] é um instrumento de seleção de pessoal para o serviço público que leva em consideração a capacidade dos postulantes e o mérito, de acordo com os critérios estabelecidos pela Administração Pública, sendo realizado, geralmente, mediante a aplicação de exames escritos e/ou práticos, além de considerar, conforme o caso, a qualificação prévia dos candidatos à realização do certame (títulos).[22]

Apesar de ser um modelo que atualmente predomina principalmente no âmbito dos países do chamado Ocidente, com peculiaridades inerentes a cada sistema individualmente, a adoção de uma seleção com viés de imparcialidade e incentivo ao mérito mediante a aplicação de provas escritas (principalmente) e práticas na Europa e nas Américas como principal forma de seleção dos servidores públicos se deu, em termos históricos, muito recentemente, apenas a partir do final do século XVIII e principalmente durante os séculos XIX e XX.[23]

---

[20] CARVALHO FILHO, José dos Santos. Manual de Direito Administrativo. 34. ed. São Paulo: Atlas, 2020. *E-book*.

[21] O conceito de concurso para a seleção de pessoal para compor a Administração Pública difere do de concurso como uma modalidade de licitação para escolha de trabalho técnico, científico ou artístico cujo critério de julgamento será o de melhor técnica ou conteúdo artístico, e para a concessão de prêmio ou remuneração ao vencedor, nos termos do inc. XXXIX do art. 6º da Lei Federal nº 14.133/2021 (Nova Lei de Licitações e Contratos Administrativos). O elemento em comum entre os dois tipos de concurso se dá em razão de observância aos princípios gerais da Administração Pública, em especial os da moralidade, impessoalidade, da igualdade e da competitividade.

[22] Um outro conceito de concurso público que pode ser aplicado a nível geral é o de José Cretella Júnior: "pode o concurso ser definido como a série complexa de procedimentos para apurar as aptidões pessoais apresentadas por um ou vários candidatos na obtenção de uma ou mais vagas e que submetem voluntariamente seus trabalhos e atividades a julgamento de comissão examinadora" (CRETELLA JÚNIOR, José. *Curso de Direito Administrativo*. 18. ed. Rio de Janeiro: Forense, 2003. p. 356).

[23] *"Written examination is said to be unknown until the eighteenth century. Even Germany, 'the land of examinations', is not excepted. [...] As for official service examinations, France adopted such a system in the first revolution, 1791; Germany around 1800; India in 1855; and England applied the Indian system to all home service in 1870"* (TÊNG, Ssu-yü. Chinese Influence on The Western Examination System: I. Introduction. *Harvard Journal of Asiatic Studies*, v. 7, n. 4, 1943. p. 272-275).

CAPÍTULO 1
O PRINCÍPIO DO CONCURSO PÚBLICO NO ORDENAMENTO JURÍDICO BRASILEIRO

A forma como se dá o concurso público nos dias de hoje apresenta contornos – ou até mesmo inspiração[24] – dos exames imperiais, um método de seleção dos oficiais de governo do Império Chinês que predominou de 1.100 a.C. até 1905 d.C., creditados como um dos fatores da estabilidade e longevidade da civilização chinesa.[25]

Os exames imperiais consistiam em provas escritas sobre a doutrina Confuciana e eram destinados a selecionar aqueles que tinham maior capacidade de entendimento sobre ela, independente da origem do concorrente. Os melhores candidatos, sob o critério do mérito, tornavam-se funcionários públicos, postos que garantiam ampla influência e prestígio e, em razão disso, ascensão social.[26]

No âmbito da Europa, e, por influência direta ou indireta, nos países da América, a visão de que o acesso a cargos públicos deveria ter caráter universal começou com a Declaração dos Direitos do Homem e do Cidadão, de 1789, da Assembleia Nacional Francesa, na qual, em seu art. 6º, se dispôs que "todos os cidadãos são iguais a seus olhos e igualmente admissíveis a todas as dignidades, lugares e empregos públicos, segundo a sua capacidade e sem outra distinção que não seja a das suas virtudes e dos seus talentos".

A cultura de concursos públicos passou a se solidificar a partir da França Napoleônica, nas seleções para admissão ao liceu de Paris, sendo expandida no decorrer do século XIX para os demais segmentos, em especial a educação ofertada pelo Estado e o acesso a cargos e funções públicas.[27]

A nível geral, com a consolidação do modelo do Estado de Direito, e a transição, conforme os conceitos apresentados por Max Weber,

---

[24] Levando em consideração as relações internacionais do século XIX, a Inglaterra – e, consequentemente, a Europa – aparenta ter sofrido uma influência mais direta do sistema de exames imperiais chineses do que os Estados Unidos (TÊNG, Ssu-yü. Chinese Influence on The Western Examination System: I. Introduction. *Harvard Journal of Asiatic Studies*, v. 7, n. 4, 1943. p. 306-308).

[25] CRESSEY, Paul F. The influence of the literary examination system on the development of Chinese civilization. *American Journal of Sociology*, v. 35, n. 2, set. 1929. p. 252-254.

[26] *"The examination system, moreover, constituted the sole means of entrance into political life. The fundamental purpose of the institution was to select government officials. From the most ancient times the scholar group has been accorded a place of leadership in Chinese life and the literati have been looked to by common consent as the best fitted and most entitled to become officials. All of China's great scholars and philosophers have been government officials, many of them spending long periods of their life in political posts. Only those who had obtained the highest examination degree were eligible for official appointment"* (Cressey, 1929. p. 253).

[27] LELIÈVRE, Claude. 36. Le concours general: quelle histoire !. *In*: LELIÈVRE, C. *École d'aujourd'hui à la lumière de l'histoire*. Paris: Odile Jacob, 2021. p. 204.

de um regime administrativo patrimonialista – no qual o objetivo do Estado se confundia com a vontade privada do soberano ou da elite política, refletindo na escolha e na atuação do funcionalismo[28] – para um modelo burocrático – voltado à padronização, otimização e profissionalização da prestação dos serviços públicos –, o concurso público (ou outros métodos de seleção por mérito) ganhou terreno como uma expressão da garantia da igualdade entre os indivíduos, conforme a já citada Declaração dos Direitos do Homem e do Cidadão.

Um exemplo é o *Pendetlon Act*, de 1883, através do qual o Governo Federal dos Estados Unidos da América estabeleceu que os servidores públicos federais seriam selecionados por um sistema baseado no mérito, mediante a prestação de exames competitivos, de caráter prático.[29] Até então, a designação de funcionários públicos se dava por indicação do político no poder, no chamado *spoil system*, em uma clara manifestação do patrimonialismo.[30]

O sistema de mérito para a assunção às funções públicas se consolidou a partir do século XIX no Reino Unido, mas foi no século XX que a maioria dos países (como Países Baixos, Bélgica e Itália) de fato normatizaram e efetivaram a seleção por mérito e igualdade como corolário da função pública moderna.[31]

Feitas as considerações iniciais sobre a temática, a adoção do sistema de mérito para exercer uma função pública no sistema brasileiro – mais especificamente mediante o provimento em um cargo ou

---

[28] "Ao cargo patrimonial falta sobretudo a distinção burocrática entre a esfera 'privada' e a 'oficial'. Pois também a administração política é tratada como assunto puramente pessoal do senhor, e a propriedade e o exercício de seu poder político, como parte integrante de seu patrimônio pessoal, aproveitável em forma de tributos e emolumentos" (WEBER, Max. *Economia e sociedade:* fundamentos da sociologia compreensiva. Brasília: Editora Universidade de Brasília, 2004. p. 253).

[29] *"SECOND. And, among other things, said rules shall provide and declare, as nearly as the conditions of good administration will warrant, as follows:*
First, for open, competitive examinations for testing the fitness of applicants for the public service now classified or to be classified here- under. Such examinations shall be practical in their character, and so far as may be shall relate to those matters which will fairly test the relative capacity and fitness of the persons examined to discharge the duties of the service into which they seek to be appointed".

[30] REZENDE, Renato Moreira de. Concurso público: avanços e retrocessos. *In:* DANTAS, Bruno (org.). *Constituição de 1988:* o Brasil 20 anos depois. Volume II. Brasília: Senado Federal, 2008. p. 268.

[31] "A origem da função pública moderna foi relacionada ao acontecimento histórico de cinco fenômenos: 1) a separação entre o público e o privado; 2) a separação entre o político e o administrativo; 3) o desenvolvimento da responsabilidade individual; 4) a segurança no emprego, e 5) a seleção por mérito e igualdade" (LONGO, Francisco. *Mérito e flexibilidade:* A gestão das pessoas no setor público. São Paulo: FUNDAP, 2007. p. 61).

emprego público – será aprofundada a seguir, levando em consideração os modelos adotados pelas suas Constituições ao longo da história.

1.1 O concurso público nas Constituições brasileiras

No Brasil Colônia, a Administração Pública tinha caráter patrimonialista, tendo em vista o custeio do serviço público ser efetuado por particulares responsáveis pela exploração dos recursos da colônia, em uma visão voltada a uma balança favorável à metrópole.[32]

O representante da Coroa Portuguesa em uma capitania (não um funcionário vinculado, mas um delegatário) assumia a incumbência de prover os cargos e funções públicas, de caráter executivo ou judicial. Assim, tornou-se comum a indicação de funcionários e juízes com o critério apenas de atendimento aos interesses do donatário ou poderoso local,[33] sem qualquer vinculação ao exame da aptidão ou merecimento ao encargo.[34]

A chegada da família real ao Brasil em 1808 não modificou o cenário. Mesmo com a modernização do aparato administrativo e burocrático e a transferência ou criação de órgãos e serviços públicos característicos do governo central da Metrópole Portuguesa, a forma de provimento dos cargos e funções públicas continuou da mesma forma, com a diferença que a Coroa passou a ter maior interesse e influência nas designações (em que pese o ainda forte poder dos líderes a nível

---

[32] INSTITUTO DE PESQUISA ECONÔMICA APLICADA. *Estados, instituições e democracia:* república, v. 1. Brasília: Ipea, 2010. p. 316.

[33] Raymundo Faoro explica o fenômeno de forma mais direta: "O burocrata, já desenvolvido do embrião estamental do cortesão, furta e drena o suor do povo porque a seu cargo estão presos os interesses materiais da colônia e do reino. O súdito não é apenas o contribuinte, mas a vítima do empresário que arrenda os tributos, a vítima dos monopólios e das atividades da metrópole" (FAORO, Raymundo. *Os donos do poder:* formação do patronato político brasileiro. 5. ed. São Paulo: Globo, 2012. *E-book*).

[34] "A função pública era basicamente arrecadadora e assumia a forma delegada, isto é, a Coroa transferia os negócios públicos aos poderosos locais. Esses, por sua vez, embora não fossem funcionários da Coroa, tinham o poder de nomeação aos cargos públicos, respeitados os limites fixados pela Coroa. As nomeações eram uma forma de aliciamento ou de retribuição de favores, sem quaisquer indícios do sistema de mérito" (INSTITUTO DE PESQUISA ECONÔMICA APLICADA. *Estados, instituições e democracia:* república, v. 1. Brasília: Ipea, 2010. p. 317).

local, especialmente nas bases rurais[35]), agora por estar sediada em território brasileiro.[36]

Este curto contexto introdutório é importante para denotar as origens do caráter patrimonialista no provimento dos cargos e funções públicas, que tem permeado a Administração Pública brasileira (já como um corpo independente da Coroa Portuguesa) nos mais diferentes momentos de sua história, levando em consideração os cenários delineados pelas Constituições emanadas a partir da Independência.

Criou-se, partindo das práticas ainda no Brasil Colônia, uma cultura de apadrinhamento no serviço público que, mesmo na atualidade, com os instrumentos de controle previstos e consolidados pela Constituição Federal de 1988 (CF/1988), são recorrentes as tentativas dos governantes locais (e também no âmbito estadual e federal) de burlar tanto a obrigatoriedade do concurso público quanto os próprios certames para o atendimento de interesses de aliados e familiares, mantendo sua influência na estrutura administrativa, em resistência até mesmo à sua saída do poder.

O presente tópico abordará a forma como as Constituições brasileiras que antecederam o texto em vigor trataram a admissão de pessoal no serviço público, especialmente o de vínculo profissional, levando em consideração o teor dos textos constitucionais e a abordagem doutrinária sobre a aplicação ou não do que foi previsto nas normas fundamentais do Brasil.

1.1.1 Constituição de 1824

A Constituição do período imperial praticamente repetiu o teor emanado pela Declaração Universal dos Direito do Homem e do Cidadão, de 1789, no rol de direitos e garantias fundamentais, em seu art. 179, XIV, nos seguintes termos: "Todo o cidadão[37] pode ser admitido

---

[35] "A Independência, o Império e a República sentirão, a cada passo e em todos os episódios, o latente ou o aberto contraste das duas pontas do dilema. A unidade do governo, traduzida e realizada numa camada social, será a rocha sobre a qual se erguerá a unidade nacional, em luta contra a vocação regional e autonomista das forças locais" (FAORO, Raymundo. *Os donos do poder: formação do patronato político brasileiro*. 5. ed. São Paulo: Globo, 2012. *E-book*).

[36] INSTITUTO DE PESQUISA ECONÔMICA APLICADA. *Estados, instituições e democracia: república*, v. 1. Brasília: Ipea, 2010. p. 323-324.

[37] A Constituição considerava como cidadão brasileiro aqueles que, nos termos do seu art. 6: "I. Os que no Brazil tiverem nascido, quer sejam ingenuos, ou libertos, ainda que o pai seja estrangeiro, uma vez que este não resida por serviço de sua Nação.

aos Cargos Publicos Civis, Politicos, ou Militares, sem outra differença, que não seja dos seus talentos, e virtudes".

Ou seja, houve previsão constitucional expressa no sentido de se considerar a aptidão e o mérito para o provimento dos cargos e das funções públicas, de caráter profissional ou não.[38]

Ademais, o art. 102, §4º do diploma supra estabeleceu que era de competência do Poder Executivo o provimento dos empregos civis e políticos. Constata-se que não foram detalhadas maiores formalidades para o ingresso no serviço público além da autoridade competente para seu provimento ou dos requisitos que a lei exigisse.

Em que pese o disposto acima, o clientelismo, assim como o caráter patrimonialista da Administração Pública nacional, fruto da influência da forma de administração de Portugal no período colonial e da formação dos dirigentes da política imperial,[39] permaneceu ou até mesmo se aprofundou, levando em consideração que as oligarquias locais, agora com representação dominante no Parlamento, tinham influência ainda maior sobre a distribuição dos postos nas administra-ções nacional, provinciais e municipais.[40] Mesmo no Segundo Reinado,

---

II. Os filhos de pai Brazileiro, e Os illegitimos de mãi Brazileira, nascidos em paiz estrangeiro, que vierem estabelecer domicilio no Imperio.

III. Os filhos de pai Brazileiro, que estivesse em paiz estrangeiro em sorviço do Imperio, embora elles não venham estabelecer domicilio no Brazil.

IV. Todos os nascidos em Portugal, e suas Possessões, que sendo já residentes no Brazil na época, em que se proclamou a Independencia nas Provincias, onde habitavam, adheriram á esta expressa, ou tacitamente pela continuação da sua residencia.

V. Os estrangeiros naturalisados, qualquer que seja a sua Religião. A Lei determinará as qualidades precisas, para se obter Carta de naturalização".

Fica claro que a condição de cidadão não se estendeu aos escravizados, especialmente. O que denota que o "todo" era um conceito bastante restrito à luz da Constituição de 1824.

[38] Em análise ao texto constitucional de 1824, o Marquês de São Vicente assim anotou: "Não deve portanto o governo sacrificar os interesses da boa administração do Estado a bem de suas vistas puramente politicas; não deve dá-los a quem não tem o merito necessario, só para haver adhesões ou facilitar seus fins. Além de que, aos actos de justiça e verdadeiro interesse publico, é um erro politico o contentar uma ou outra individualidade descontentando a generalidade social, que desapprova e pronuncia-se contra escolhas injustas, ou pouco dignas, com nomeações que não podem desempenhar o publico serviço" (SÃO VICENTE, José Antonio Pimenta Bueno, marquês de. *Direito publico brazileiro e a analyse da Constituição do Imperio*. Rio de Janeiro: Typographia Imp. e Const. de J. Villeneuve e C., 1857. p. 255).

[39] FAORO, Raymundo. *Os donos do poder:* formação do patronato político brasileiro. 5. ed. São Paulo: Globo, 2012. *E-book.*

CARVALHO, José Murilo de. *Teatro de sombras:* A política imperial. 4. ed. Rio de Janeiro: Civilização Brasileira, 2008. p 145-166.

[40] "De forma geral, predominavam os comportamentos de rotina e casuísticos, em detrimento do exercício qualificado da administração que resulta da racionalização burocrática. Mesmo em áreas-chave da ação estatal, a exemplo do fisco, medidas da administração central voltadas à racionalização da máquina eram desvirtuadas por servidores em esferas e escalões

quando houve uma grande expansão da máquina pública, tendo em vista o aumento dos serviços prestados pelo Estado, o patrimonialismo permanecia dominante no estamento burocrático brasileiro.[41]

Exemplo claro do mencionado acima foi dado por João Barbalho Uchôa Cavalcanti, asseverando que "a monarchia não podia prescindir do favoritismo, do validismo, e interesseiro como ele é, pôde conseguir conservar aquella sua prerrogativa de arranjar bons vencimentos accumulados de muitos cargos".[42] Afirmou, ademais, que "os nossos parlamentos [...] creavam empregos que chegassem a caber mais de um aos protegidos".[43]

Esse cenário foi facilitado pela falta de quaisquer procedimentos, formais ou materiais, para a criação, a definição de atribuições ou o provimento dos cargos públicos, bastando a emissão de um decreto, decisão ou carta imperial. As exceções se davam em relação aos militares e aos quadros das repartições judiciais.[44]

A partir do favorecimento dado aos parentes e aliados dos oligarcas[45] – os proprietários de terras ou os burocratas, elite responsável pela administração imperial através, principalmente, da magistratura e do exército[46] –, o estamento burocrático nacional se fiou nessa base

---

inferiores" (INSTITUTO DE PESQUISA ECONÔMICA APLICADA. *Estados, instituições e democracia:* república, v. 1. Brasília: Ipea, 2010. p. 325).

[41] "Não ha talvez paiz em que a administração esteja mais confundida com a politica do que o Brasil, e onde menos tenha feito a legislação para distingui-las e separa-las. Tudo he politica, principalmente pessoal; tudo resumbra politica, e he considerado pelo lado politico. [...] A nomeação dos Presidentes e outros funccionarios administrativos, e, o que he mais, Juizes, he unicamente considerada pelo lado politico. Os que pertencem á mesma parcialidade achão-n'a sempre excelente. Os adversarios politicos sempre pessima" (URUGUAY, Visconde do. *Ensaio sobre o Direito Administrativo.* Tomo I. Rio de Janeiro: Typographia Nacional, 1862. p. 24).

[42] CAVALCANTI, João Barbalho Uchôa. *Constituição Federal Brazileira:* Comentarios. ed. facsimilar. Rio de Janeiro: Companhia Litho Typographia, 1902. p. 339.

[43] CAVALCANTI, João Barbalho Uchôa. *Constituição Federal Brazileira:* Comentarios. ed. facsimilar. Rio de Janeiro: Companhia Litho Typographia, 1902. p. 340.

[44] CARVALHO DA SILVA, Domingos. O Servidor Público na Legislação do Primeiro Reinado. *Revista do Serviço Público,* v. 108, n. 1, jan./abr. 1973. p. 187-188.

[45] "Se anteriormente a indicação para os cargos públicos devia-se, sobretudo, aos laços de parentesco e amizade, a isso veio se somar a disputa política entre os partidos liberal e conservador e a patronagem partidária. A burocracia no Império ficava, então, sujeita às vicissitudes da política e ao revezamento dos partidos no poder" (INSTITUTO DE PESQUISA ECONÔMICA APLICADA. *Estados, instituições e democracia:* república, v. 1. Brasília: Ipea, 2010. p. 330).

[46] CARVALHO, José Murilo de. *Teatro de sombras:* A política imperial. 4. ed. Rio de Janeiro: Civilização Brasileira, 2008. p. 148.

patrimonialista[47], no qual se nota, com a passagem do tempo, pouca variação nos sobrenomes ou ascendência da elite do funcionalismo com o passar do tempo, em especial na Primeira República.

Apesar do cenário acima traçado, houve previsão normativa específica para a realização de concurso para compor o serviço da Fazenda Nacional, de acordo com o art. 96[48] da Lei de 4 de outubro de 1831, que organizou o Tesouro Público Nacional.

1.1.2 Constituição de 1891

A primeira Constituição do período republicano manteve (e estendeu) a previsão do caráter universal do acesso aos cargos públicos, de acordo com o seu art. 73: "Os cargos públicos civis ou militares são acessíveis a todos os brasileiros,[49] observadas as condições de capacidade especial que lei estatuir, sendo, porém, vedadas as acumulações remuneradas".

No entanto, não há a previsão (ou princípio) do acesso aos cargos pela via da aptidão ou mérito, como constava na Constituição anterior, apesar de se constatar avanço na tratativa dos critérios e requisitos de acesso aos cargos de acordo com o disposto em lei, formal e material, além de prever expressamente a proibição de acumulação.[50]

Em termos práticos não havia diferença em relação ao amplo espaço discricionário também presente na Constituição de 1824: o Administrador continuava tendo ampla autonomia para designar pessoas de sua preferência (geralmente por motivação privada) para exercer

---

[47] Luiz Carlos Bresser-Pereira denomina como "burocracia patrimonial" (BRESSER-PEREIRA, Luiz Carlos. *Burocracia pública na construção do Brasil*. 2008. p. 34).

[48] "Art. 96. Não se admittirá d'ora em diante para o serviço da Fazenda pessoa alguma, senão por concurso, em que se verifique, que o pretendente tem os principios de grammatica da lingua nacional, e da escripturação por partidas dobradas, e calculo mercantil, unindo a isto boa letra, boa conducta moral, e idade de vinte e um annos para cima. Os casados, em igualdade de circumstancias serão preferidos aos solteiros".

[49] A previsão de acesso a cargos públicos não se limitou aos "cidadãos" nos termos da Constituição Imperial. Aqui, a distinção entre nacionalidade e cidadania já ganhava contornos.

[50] No caso da proibição de acumulação, por mais que houvesse proibição constitucional expressa, o Congresso Nacional editou as Leis nº 28, de 8 de janeiro de 1892, e 44 B, de 2 de junho de 1892, que autorizavam o acúmulo em casos de direito adquirido e a ocupação simultânea de cargos, funções ou serviços de mesma natureza profissional, científica ou técnica (CAVALCANTI, João Barbalho Uchôa. *Constituição Federal Brasileira*: Comentarios. ed. fac-similar. Rio de Janeiro: Companhia Litho Typographia, 1902. p. 340). Destaca-se esse aspecto tendo em vista o sempre presente caráter patrimonialista na Administração Pública nacional, independente do contexto constitucional, e a necessidade perene de controle sobre os vínculos públicos.

o *munus* público, permanecendo a situação de privilégio e consolidação na máquina burocrática daqueles que tinham elevada estima pessoal com os governantes ou com a elite do funcionalismo.

O patrimonialismo foi uma tônica da Primeira República, podendo ser considerado até mesmo mais intenso que no período imperial.[51] Fica mais evidente, tendo por vista uma ampla autonomia administrativa dos Estados federativos[52] e a pouca capilaridade do governo federal (ou governo central, considerando que à época do Império já havia um distanciamento entre a Coroa e as Províncias), um fenômeno conhecido por coronelismo, que, em resumo, consistia na apropriação do aparelho Estatal pelos seus governantes, mediante o aliciamento de indivíduos que detinham alto grau de influência nos estamentos municipais e rurais, onde a atuação estatal de fato não tinha o alcance necessário para a sua efetivação nos moldes estabelecidos pela lei, em especial nos rincões do interior brasileiro.[53]

A relação, portanto, pode ser considerada de mutualismo: os governantes, em especial os dos Estados, para fazerem chegar a sua influência no meio rural, principalmente, postavam-se com leniência para com as elites locais, permitindo que estes praticassem abusos de toda a sorte, tais como "o mandonismo, o filhotismo, o falseamento do voto e a desorganização dos serviços públicos locais".[54]

A relação acima exposta "se explica justamente em função do regime representativo, com sufrágio amplo, pois o governo não pode prescindir do eleitorado rural, cuja situação de dependência ainda é incontestável".[55]

Entre os poderes estabelecidos aos coronéis, inclui-se o de indicação ou afastamento, a seu bel-prazer, de cargos públicos em todos os

---

[51] INSTITUTO DE PESQUISA ECONÔMICA APLICADA (IPEA). *Estados, instituições e democracia:* república, v. 1. Brasília: Ipea, 2010. p. 333-334.

[52] "Nesse esquema da supremacia estadual e da eleição sancionadora se insere o coronelismo. Ele se irmana à oligarquia das unidades federadas, num recíproco jogo de interações ativas" (FAORO, Raymundo. *Os donos do poder:* formação do patronato político brasileiro. 5. ed. São Paulo: Globo, 2012. *E-book*).

[53] FAORO, Raymundo. *Os donos do poder:* formação do patronato político brasileiro. 5. ed. São Paulo: Globo, 2012. *E-book*.

[54] LEAL, Victor Nunes. *Coronelismo, Enxada e Voto:* O município e o regime representativo no Brasil. 7. ed. São Paulo: Companhia das Letras, 2012. *E-book*.

[55] LEAL, Victor Nunes. *Coronelismo, Enxada e Voto:* O município e o regime representativo no Brasil. 7. ed. São Paulo: Companhia das Letras, 2012. *E-book*.

níveis da federação que atuassem em área sob o seu domínio.[56] Isso se traduz no ingresso no serviço público apenas daqueles que os donos do poder local tinham em conta: familiares (estabelecendo o nepotismo como prática comum no Brasil), amigos e aliados políticos, além de pessoas para as quais fosse necessária a expressão do domínio do chefe político sobre elas.

O ingresso no serviço público por mérito ou pela aferição da capacidade não teria como se consolidar nesse cenário. Não importava a qualificação, bastava ter a estima e a confiança do coronel para ocupar importantes cargos públicos.

A estabilidade dos serviços públicos locais, ademais, também era comprometida, já que a cada mudança de chefia local ou estadual ocorria a troca desses cargos para proporcionar as benesses dos postos aos aliados do novo mandatário.

Sob o prisma normativo, ainda na vigência da Constituição de 1891, o Decreto nº 5.426, de 7 de janeiro de 1928, em seu art. 8º, atrelou as nomeações a cargos federais criados por lei, sem, ainda, delimitar qualquer procedimento relativo à seleção dos funcionários.

1.1.3 Constituições de 1934 e 1937

Na Era Vargas houve uma grande transformação do papel do Estado Nacional, confrontando a sistemática tradicional patrimonialista dos períodos anteriores: ocorreu a ampliação do poder do Governo Federal, mediante a estruturação de órgãos e de políticas estatais, com

---

[56] "O bem e o mal, que os chefes locais estão em condições de fazer aos seus jurisdicionados, não poderiam assumir as proporções habituais sem o apoio da situação política estadual para uma e outra coisa. Em primeiro lugar, grande cópia de favores pessoais depende fundamentalmente, quando não exclusivamente, das autoridades estaduais. Com o chefe local — quando amigo — é que se entende o governo do Estado em tudo quanto respeite aos interesses do município. Os próprios funcionários estaduais, que servem no lugar, são escolhidos por sua indicação. Professoras primárias, coletor, funcionários da coletoria, serventuários da justiça, promotor público, inspetores do ensino primário, servidores da saúde pública etc., para tantos cargos a indicação ou aprovação do chefe local costuma ser de praxe. [...] A influência do chefe local nas nomeações atinge os próprios cargos federais, como coletor, agente do correio, inspetor de ensino secundário e comercial etc. e os cargos das autarquias (cujos quadros de pessoal têm sido muito ampliados), porque também é praxe do governo da União, em sua política de compromisso com a situação estadual, aceitar indicações e pedidos dos chefes políticos nos Estados" (LEAL, Victor Nunes. *Coronelismo, Enxada e Voto:* O município e o regime representativo no Brasil. 7. ed. São Paulo: Companhia das Letras, 2012. *E-book*).

centralização, se não da sua execução, ao menos da coordenação, pelo Executivo Federal.[57]

Com sua expansão, a máquina pública (federal, especialmente) procura atingir contornos distintos dos anteriores, indo a lógica da Administração Pública brasileira para o viés da administração buro-crática, isto é, voltada ao profissionalismo; vinculada à legalidade, com competências instituídas pela lei e por regulamentos; com funcionários devidamente remunerados e detentores de expertises específicas por área; e com hierarquias e instâncias bem definidas, tudo isso voltado à melhor expressão do Estado e prestação do serviço público.[58]

Sob esse prisma, a previsão de universalidade no acesso aos cargos públicos permaneceu na Constituição de 1934, na qual, em seu art. 168, estatuiu-se que "os cargos públicos são acessíveis a todos os brasileiros, sem distinção de sexo ou estado civil, observadas as condições que a lei estatuir".

Também se consignou, no primeiro texto constitucional varguista, a previsão de edição de um "Estatuto dos Funcionários Públicos", impu-tando, de imediato, no §2º do art. 170, que "a primeira investidura nos postos de carreira das repartições administrativas, e nos demais que a lei determinar, efetuar-se-á depois de exame de sanidade e concurso de provas ou títulos".

Trata-se da primeira previsão expressa da exigência de concurso público para o provimento de cargos públicos em uma constituição brasileira, instrumento esse que não deixou de estar presente nos tex-tos posteriores.

Observa-se, no entanto, que a exigência de concurso público para o funcionalismo em geral se deu especificamente para a primeira investidura em cargos organizados em carreira. No caso de cargos iso-lados, independente de sua natureza, prescindia-se da prévia realização de concurso. As exceções, neste caso, se davam para o provimento dos cargos de magistério oficial, para os quais era obrigatória a realização de concurso de títulos e provas, nos termos do art. 158 da Constituição

---

[57] INSTITUTO DE PESQUISA ECONÔMICA APLICADA (IPEA). *Estados, instituições e democracia*: república, v. 1. Brasília: Ipea, 2010. p. 344-346.

[58] WEBER, Max. *Economia e sociedade*: fundamentos da sociologia compreensiva. Brasília: Editora Universidade de Brasília, 2004. p. 198-200.

de 1934,[59] e para o Ministério Público e a magistratura (arts. 95, §3º e 104, "a").

Já no texto de 1937, na vigência do Estado Novo, houve repetição do dispositivo geral em relação à exigência de concurso público para a primeira investidura nos cargos organizados em carreira[60] e magistratura (art. 103, "a"), com supressão, ao menos a nível constitucional, da obrigatoriedade de concurso para os cargos de magistério e para compor o Ministério Público.

Ademais, a segunda Constituição da Era Vargas expressou a acessibilidade universal dos cargos públicos como um direito e garantia fundamental, a exemplo da Constituição de 1824, mediante o seguinte preceito, estabelecido no art. 122, 3º: "os cargos públicos são igualmente acessíveis a todos os brasileiros, observadas as condições de capacidade prescritas nas leis e regulamentos".

As disposições dessas duas Constituições nortearam a busca pela racionalização da burocracia estatal, não apenas mediante a previsão do acesso aos cargos via concurso público, mas garantindo a estabilidade aos funcionários[61] e criando um órgão de centralização administrativa, o Departamento de Administração do Setor Público (DASP).[62]

---

[59] "Art 158 - É vedada a dispensa do concurso de títulos e provas no provimento dos cargos do magistério oficial, bem como, em qualquer curso, a de provas escolares de habilitação, determinadas em lei ou regulamento.
§1º - Podem, todavia, ser contratados, por tempo certo, professores de nomeada, nacionais ou estrangeiros.
§2º - Aos professores nomeados por concurso para os institutos oficiais cabem as garantias de vitaliciedade e de inamovibilidade nos cargos, sem prejuízo do disposto no Título VII. Em casos de extinção da cadeira, será o professor aproveitado na regência de outra, em que se mostre habilitado".

60 "Art 156 - O Poder Legislativo organizará o Estatuto dos Funcionários Públicos, obedecendo aos seguintes preceitos desde já em vigor:
[...]
b) a primeira investidura nos cargos de carreira far-se-á mediante concurso de provas ou de títulos".

[61] A estabilidade dos funcionários públicos teve sua eficácia suspensa pelo Decreto nº 10.358, de 31 de agosto de 1942, que declarou o estado de guerra, oficializando a entrada do Brasil na II Guerra Mundial.

[62] "Valendo-se das pressões pela modernização do aparato burocrático e pretendendo centralizar o poder administrativo, o governo de Vargas precisava constituir um quadro de funcionários independente e sem laços com as elites regionais, além de garantir que não sofresse pressões internas da casta burocrática, com vínculos e interesses específicos. O concurso público e a estabilidade, então, visam superar esses entraves e serão pilares de sustentação da reforma administrativa implementada a partir dos anos 1930" (MAIA, Bóris. A institucionalização do concurso público no Brasil: uma análise sócio-histórica. *Revista do Serviço Público*, v. 72, n. 3, 2021. p. 670).

O DASP, criado pelo Decreto-Lei nº 579, de 30 de julho de 1938, tinha, dentre suas atribuições, a de selecionar os candidatos aos cargos públicos federais, com exceção dos vinculados às Secretarias da Câmara dos Deputados e do Conselho Federal e do magistério e magistratura, além de ter formulado o anteprojeto do Estatuto dos Funcionários Públicos Civis da União, positivado mediante o Decreto-Lei nº 1.713, de 28 de outubro de 1939.[63]

Ainda anteriormente à criação do Departamento, o Instituto de Aposentadoria e Pensões dos Industriários (IAPI) realizou com sucesso um concurso público para estruturar o seu quadro de pessoal, o qual se efetivou como um modelo de seleção por mérito seguido pelo DASP e pela Administração Pública em geral, transformando o concurso público em um instituto de amplo crédito perante a sociedade, com alto potencial democrático.[64]

Por mais que o DASP fosse um exemplo na busca por uma Administração Pública pautada no profissionalismo e no mérito, nas administrações estaduais e municipais prevalecia a livre designação ou nomeação, seja para cargos isolados ou cargos de provimento em comissão, consistindo em um modelo burocrático incompleto.[65]

As práticas clientelistas e a tentativa de racionalização burocrática (ou gerencial) coexistiram e coexistem desde então.

Outro aspecto do DASP e do modelo racional burocrático que se enraizou no serviço público brasileiro à época e continua com forte presença atualmente foi o do insulamento da burocracia estatal.[66] Tal fenômeno consiste no isolamento do aparato técnico estatal em relação aos interesses políticos e econômicos, conferindo aos servidores ou funcionários ampla autonomia para a realização das suas funções, e até mesmo para tocar a máquina administrativa por si mesmos.[67]

---

[63] MAIA, Bóris. A institucionalização do concurso público no Brasil: uma análise sócio-histórica. *Revista do Serviço Público*, v. 72, n. 3, 2021. p. 670.

[64] MAIA, Bóris. A institucionalização do concurso público no Brasil: uma análise sócio-histórica. *Revista do Serviço Público*, v. 72, n. 3, 2021. p. 673-674.

[65] COELHO, Fernando de Souza; MENON, Isabela de Oliveira. A quantas anda a gestão de recursos humanos no setor público brasileiro? Um ensaio a partir das (dis)funções do processo de recrutamento e seleção – os concursos públicos. *Revista do Serviço Público*, v. 69, 2018. p. 169-170.

[66] MAIA, Bóris. A institucionalização do concurso público no Brasil: uma análise sócio-histórica. *Revista do Serviço Público*, v. 72, n. 3, 2021. p. 673.

[67] "Reconhece-se, no entanto, que um grau elevado de insulamento, ao invés de proteger o serviço público atribuindo a determinadas categorias ou entes administrativos autonomia na realização de suas funções, leva ao tecnocratismo, afastando o necessário controle e

Convém tratar, ainda, sobre o pessoal extranumerário, aquele que, nos termos do art. 2º do Decreto-lei nº 240, de 4 de fevereiro de 1938, seria "sempre admitido, ou reconduzido a título precário, com funções determinadas, e salário fixado, dentro dos limites das dotações orçamentárias próprias da verba pessoal, parte variável".

Os extranumerários se dividiam em: a) contratados, com registro efetuado pelo Tribunal de Contas, para o desempenho de função reconhecidamente especializada, no caso de ausência de funcionário público habilitado; b) mensalistas, para suprir temporariamente deficiência dos quadros do funcionalismo; c) diaristas, para o desempenho de funções auxiliares ou transitórias; d) tarefeiro, para o trabalho de determinadas funções e que percebia salário na base da produção da unidade; e e) pessoal para obras, que não era classificado como extranumerário pela norma, cujo pagamento corria à conta da verba das obras. Mesmo que não sendo considerados funcionários públicos na forma da lei, diversos de seus direitos foram estendidos aos extranumerários.

1.1.4 Constituição de 1946

A Constituição da Quarta República não fugiu do disposto nos dois textos anteriores em relação à previsão de concurso público para a primeira investidura em cargo de carreira e em outros que a lei assim determinasse, nos termos do art. 186. Além disso, retornou a exigir expressamente a realização de concurso para os membros do Ministério Público, conforme o art. 127, e continuou com a exigibilidade para a magistratura e "para o provimento das cátedras, no ensino secundário oficial e no superior oficial ou livre" (art. 168, VI).

Iniciou-se na Constituição de 1946, no entanto, a prática de estabilização dos servidores que ingressaram sem concurso público, mediante o permissivo constante no art. 188.[68]

---

participação da sociedade na formulação de políticas públicas" (SANTOS, Aline Sueli de Salles. *Os concursos públicos no campo jurídico-acadêmico*, 2014. Tese (Doutorado em Direito) – Programa de Pós-Graduação em Direito, Universidade de Brasília, Brasília, 2014. p. 108-109).

[68] "Art 188 - São estáveis:
I - depois de dois anos de exercício, os funcionários efetivos nomeados por concurso;
II - depois de cinco anos de exercício, os funcionários efetivos nomeados sem concurso.
Parágrafo único - O disposto neste artigo não se aplica aos cargos de confiança nem aos que a lei declare de livre nomeação e demissão".

E não apenas isso. O Ato das Disposições Constitucionais Transitórias (ADCT), em seu art. 23, efetivou os funcionários interinos da União, do Estado e Municípios que contassem com pelo menos cinco anos de exercício e equiparou os extranumerários que exerciam função de caráter permanente há mais de cinco anos aos funcionários públicos efetivos, "para efeito de estabilidade, aposentadoria, licença, disponibilidade e férias".

Os extranumerários equiparados se submeteram ao regime jurídico do novo Estatuto dos Funcionários Públicos Civis, regulamentado pela Lei Federal nº 1.711/1952.[69] Já os extranumerários não abarcados pelo art. 23 da Constituição passaram, em razão do Decreto nº 34.395, de 28 de outubro de 1953, a se vincular à maior parte dos dispositivos do Estatuto dos Funcionários Públicos Civis.[70]

Tendo em vista a dissociação com o regime ditatorial varguista, durante o governo Dutra e na vigência da Constituição de 1946, institutos como o DASP foram esvaziados, com a consequente interrupção dos concursos públicos, voltando a ser realizados apenas durante os governos de Getúlio Vargas e Café Filho (de 1951 a 1955), para, após, serem um meio de seleção novamente relegado, voltando a vigorar, em termos práticos, a práxis patrimonialista na admissão de pessoal no Estado.[71]

Em termos normativos, além dos já mencionados acima, uma inovação que permitiu a continuidade do abandono à realização de concursos públicos foi aplicação de dispositivos da Consolidação das Leis do Trabalho (CLT) aos mensalistas e diaristas das unidades federativas e das entidades autárquicas que trabalhassem nas suas organizações econômicas e comerciais ou industriais em forma de empresa e não fossem funcionários públicos, pela Lei Federal nº 1.890, de 13 de junho de 1953.[72]

---

[69] ARAÚJO, Florivaldo Dutra de. Os regimes jurídicos dos servidores públicos no Brasil e suas vicissitudes históricas. *Revista da Faculdade de Direito da UFMG*, n. 50, jan./jul. 2007. p. 154.

[70] ARAÚJO, Florivaldo Dutra de. Os regimes jurídicos dos servidores públicos no Brasil e suas vicissitudes históricas. *Revista da Faculdade de Direito da UFMG*, n. 50, jan./jul. 2007. p. 155.

[71] MAIA, Bóris. A institucionalização do concurso público no Brasil: uma análise sócio-histórica. *Revista do Serviço Público*, v. 72, n. 3, 2021. p. 674-677.

[72] ARAÚJO, Florivaldo Dutra de. Os regimes jurídicos dos servidores públicos no Brasil e suas vicissitudes históricas. *Revista da Faculdade de Direito da UFMG*, n. 50, jan./jul. 2007. p. 154-155.

A Lei Federal nº 3.780, de 12 de julho de 1960, delineou os vínculos possíveis com a Administração Pública, podendo ser mediante cargos – de provimento efetivo (e extranumerários amparados pelo art. 23 da Constituição) ou em comissão – e empregos, relacionados a atividades transitórias ou eventuais, a serem ocupados por pessoal temporário ou para a realização de obras, sob o regime da CLT. O permissivo de contratação para relação de emprego, portanto, foi expandido e, mesmo sob condições elásticas, o disposto na norma não foi obedecido pela Administração, ocorrendo a admissão ilegal de servidores com a mínima formalização ou mesmo sem qualquer formalidade.[73]

1.1.5 Constituição de 1967 e a Emenda Constitucional nº 1, de 1969

A Constituição do período da ditadura cívico-militar de 1964, em seu texto original, trouxe importantes inovações em relação ao texto anterior. A primeira foi a obrigatoriedade de concurso público de provas ou de provas e títulos previamente à nomeação em cargo público, se não declarado em lei de livre nomeação e exoneração (cargos em comissão), conforme estabelecido pelo art. 95.[74]

Outra inovação de destaque foi a atribuição de estabilidade, após dois anos, apenas para os funcionários nomeados por concurso, com proibição expressa, pelo §1º do art. 99, de efetivação ou aquisição de estabilidade por quem não tenha prestado concurso.

Ademais, o §1º do art. 106 consignou que os Tribunais, o Senado Federal, a Câmara dos Deputados, as Assembleias Legislativas Estaduais

---

[73] "Continuou a ocorrer a admissão ilegal de servidores, simplesmente pagos mediante recibo, mas sem se ater aos critérios da Lei 3.780/1960 e tampouco garantindo-se a esses servidores os direitos trabalhistas. Reiteradamente — e com acerto — a Justiça do Trabalho reconheceu na situação desses servidores 'recibados' a relação de emprego, a eles determinando a aplicação da legislação trabalhista como forma de amparar-lhes minimamente" (ARAÚJO, Florivaldo Dutra de. Os regimes jurídicos dos servidores públicos no Brasil e suas vicissitudes históricas. *Revista da Faculdade de Direito da UFMG*, n. 50, jan./jul. 2007. p. 155).

[74] "Art 95 - Os cargos públicos são acessíveis a todos os brasileiros, preenchidos os requisitos que a lei estabelecer.
§1º - A nomeação para cargo público exige aprovação prévia em concurso público de provas ou de provas e títulos.
§2º - Prescinde de concurso a nomeação para cargos em comissão, declarados em lei, de livre nomeação e exoneração.
§3º - Serão providos somente por brasileiros natos os cargos da carreira de Diplomata, os de Embaixador e outros previstos nesta Constituição".

e as Câmaras Municipais somente poderiam admitir servidores mediante concurso público de provas ou de provas e títulos.

A exigência de concurso público para o provimento dos cargos da magistratura, Ministério Público e do ensino oficial para as carreiras do magistério de grau médio e superior permaneceu sem maiores alterações em relação às Constituições precedentes.

Nas disposições gerais e transitórias foi mantida a linha do texto de 1946, garantindo estabilidade, sem distinção, aos servidores que, à data da promulgação da Constituição, contassem com pelo menos cinco anos de serviço público (§2º do art. 177).

Ainda, no art. 104, houve previsão expressa no sentido de aplicação da legislação trabalhista para os servidores admitidos temporariamente para obras, ou contratados para funções de natureza técnica ou especializada, constitucionalizando o disposto na Lei Federal nº 3.780/1960 e gerando margem para a livre admissão de pessoal sem a prévia realização de concurso público.

Pouco tempo após a promulgação da Constituição de 1967, foi publicado o Decreto-Lei nº 200, de 25 de fevereiro de 1967, que dispôs sobre a organização da Administração Federal e estabeleceu diretrizes para a Reforma Administrativa, com ampliação da descentralização da administração e com algum viés gerencial, em tentativa de superar o modelo burocrático implementado na Era Vargas,[75] sendo considerado um dos marcos relacionados à modernização da Administração Pública brasileira, em conjunto com o primeiro Estatuto dos Funcionários Públicos Civis da União, com a Constituição Federal de 1988 e com a Emenda Constitucional nº 19, de 4 de junho de 1998.

O Decreto-Lei nº 200/1967, apesar de, em seu art. 102, proibir a nomeação de servidores em caráter interino pela incompatibilidade com a prévia habilitação em concurso público, autorizava, consoante os arts. 96 e 97 do mesmo normativo, a contratação de especialistas para trabalho técnico perante a Administração Direta ou Indireta ou consultores técnicos e especialistas, sob o regime da CLT.[76]

---

[75] BRESSER-PEREIRA, Luiz Carlos. *Burocracia pública na construção do Brasil*. 2008. p. 64-66.

[76] "Art. 96. Nos têrmos da legislação trabalhista, poderão ser contratados especialistas para atender às exigências de trabalho técnico em institutos, órgãos de pesquisa e outras entidades especializadas da Administração Direta ou autarquia, segundo critérios que, para êsse fim, serão estabelecidos em regulamento.
Art . 97. Os Ministros de Estado, mediante prévia e específica autorização do Presidente da República, poderão contratar os serviços de consultores técnicos e especialistas por determinado período, nos têrmos da legislação trabalhista".

Houve, apenas dois anos após o referido Decreto-Lei, o recrudescimento do regime, que, mediante a Emenda Constitucional nº 1, de 17 de outubro de 1969, outorgada pelos Ministros do Exército, da Marinha e da Aeronáutica alterou de forma significativa o conteúdo do texto de 1967, em especial em relação aos direitos políticos e direitos e garantias individuais.

Quanto à forma de provimento dos cargos públicos, a exigência constitucional sobre a realização de concurso público voltou a ser direcionada apenas à primeira investidura em cargo público, nos termos do art. 97, prescindindo a realização de concurso para o provimento derivado, isto é, aquele "em que o preenchimento do cargo se liga a uma anterior relação existente entre o provido e o serviço público".[77]

Ainda, o art. 106 consignou que "o regime jurídico dos servidores admitidos em serviços de caráter temporário ou contratados para funções de natureza técnica especializada será estabelecido em lei especial", jamais elaborada na esfera Federal.[78]

O período de vigência da EC nº 1/1969 consolidou a prática de contratação direta de servidores sob o regime da CLT, especialmente após a publicação da Lei Federal nº 6.185, de 11 de dezembro de 1974, que dispôs sobre os servidores públicos civis da Administração Federal direta e autárquica, segundo a natureza do vínculo empregatício.[79]

A Lei Federal nº 6.185/1974 obrigou o vínculo estatutário apenas às atividades "inerentes ao Estado como Poder Público sem correspondência no setor privado", isto é, as chamadas atividades típicas

---

Sobre o permissivo normativo supra, Bresser-Pereira comentou: "A reforma teve, entretanto, duas conseqüências inesperadas e indesejáveis. De um lado, ao permitir a contratação de empregados sem concurso público, facilitou a sobrevivência de práticas clientelistas ou fisiológicas. De outro lado, ao não se preocupar com mudanças no âmbito da administração direta ou central, que foi vista pejorativamente como 'burocrática' ou rígida, deixou de realizar concursos e de desenvolver carreiras de altos administradores. O núcleo estratégico do Estado foi, na verdade, enfraquecido indevidamente através da estratégia oportunista ou ad hoc do regime militar de contratar os escalões superiores da administração através das empresas estatais. Desta maneira, a reforma administrativa prevista no Decreto-Lei 200 ficou prejudicada, especialmente pelo seu pragmatismo" (BRESSER-PEREIRA, Luiz Carlos. *Burocracia pública na construção do Brasil*. 2008. p. 66).

[77] MELLO, Celso Antônio Bandeira de. *Apontamentos sobre os agentes e órgãos públicos*. São Paulo: Revista dos Tribunais, 1987. p. 33.

[78] ARAÚJO, Florivaldo Dutra de. Os regimes jurídicos dos servidores públicos no Brasil e suas vicissitudes históricas. *Revista da Faculdade de Direito da UFMG*, n. 50, jan./jul. 2007. p. 156.

[79] ARAÚJO, Florivaldo Dutra de. Os regimes jurídicos dos servidores públicos no Brasil e suas vicissitudes históricas. *Revista da Faculdade de Direito da UFMG*, n. 50, jan./jul. 2007. p. 156-157.

de Estado. Foram assim elencadas as áreas de segurança pública, diplomacia, tributação, arrecadação e fiscalização de tributos e contribuições previdenciárias, procuradoria da fazenda, controle interno e Ministério Público.

Para todas as demais atividades prevalecia a regência do vínculo trabalhista, "sem os direitos de greve e sindicalização", sendo conferida aos então estatutários a opção pela adesão ao regime trabalhista, nos termos do seu art. 4º.

Em um panorama geral, o acesso a cargos ou empregos públicos que não compunham atividades típicas de estado nas décadas de 1970 e 1980 foi um instituto permeado por práticas notadamente clientelistas, principalmente em razão dos permissivos legais e constitucionais e a falta de controle sobre a admissão de pessoal em qualquer das esferas da Federação.

A prática de contratação direta de funcionários sob o regime trabalhista tornou-se regra, e a indicação por afinidade, parentesco ou influência política para o preenchimento de qualquer função pública continuou ditando o cotidiano da Administração Pública, especialmente nos Estados e Municípios, gerando consequências ainda hoje sentidas pelo cenário jurídico-administrativo.[80] Para uma melhor noção da generalização dessas práticas, a Organização para a Cooperação e Desenvolvimento Econômico (OCDE) levantou que em 1987, de 750.000 (setecentos e cinquenta mil) servidores e empregados públicos do Governo Federal, apenas 120.000 (cento e vinte mil) haviam se submetido a concurso público.[81]

A realidade imposta à transição do regime ditatorial para o regime democrático nos anos 1980 levou à elaboração de ditames que buscassem uma efetiva moralização em matéria de ingresso no serviço público. O próximo tópico aprofundará o tratamento da Constituição Federal de 1988 em relação à admissão de pessoal.

---

[80] "Um dos fatores que contribuíram para o grande aumento dos servidores 'celetistas' foi o fato de que os administradores, ao contratarem sob regime trabalhista, ficavam — conforme o entendimento que se formou sobre o tema — isento de deveres tais como o de realização de prévio concurso para admissão, o de limitação numérica legal dos cargos, de fixação legal da remuneração e de reconhecimento da estabilidade" (ARAÚJO, Florivaldo Dutra de. Os regimes jurídicos dos servidores públicos no Brasil e suas vicissitudes históricas. *Revista da Faculdade de Direito da UFMG*, n. 50, jan./jul. 2007. p. 157).

[81] ORGANIZAÇÃO PARA A COOPERAÇÃO E DESENVOLVIMENTO ECONÔMICO. *Avaliação da Gestão de Recursos Humanos no Governo:* Governo Federal. Relatório. Paris: OCDE, 2010. p. 49.

1.2 A Constituição de 1988: a consagração do concurso público e as demais formas de ingresso permitidas

Ao se verificar o período de transição do regime ditatorial para o regime democrático atual, fica evidente que práticas patrimonialistas disseminadas desde o período colonial continuaram no decorrer de todo o século XX, com tentativas de racionalização burocrática, com enfoque na seleção via concurso público e estabilidade dos servidores, porém localizadas em apenas algumas ilhas da Administração em geral, ocasionando uma construção incompleta da profissionalização burocrática.[82]

Na Assembleia Constituinte que originou a Constituição Federal de 1988, a preocupação era no sentido de que as práticas clientelistas deveriam ser combatidas, sendo dado enfoque no mérito e na profissionalização dos servidores públicos.[83] Em consequência dessa percepção, no texto promulgado o tratamento relativo à principal forma de ingresso no serviço público com vínculo profissional delimitada pelo constituinte originário, a nível geral do funcionalismo, foi assim escrito:

> Art. 37. A administração pública direta, indireta ou fundacional, de qualquer dos Poderes da União, dos Estados, do Distrito Federal e dos Municípios obedecerá aos princípios de legalidade, impessoalidade, moralidade, publicidade e, também, ao seguinte:
> I - os cargos, empregos e funções públicas são acessíveis aos brasileiros que preencham os requisitos estabelecidos em lei;
> II - a investidura em cargo ou emprego público depende de aprovação prévia em concurso público de provas ou de provas e títulos, ressalvadas as nomeações para cargo em comissão declarado em lei de livre nomeação e exoneração.

Como se verifica do texto original da Constituição Federal de 1988, a Administração Pública se voltou à solução do retorno aos princípios da burocracia weberiana[84] – ou mesmo, segundo algumas visões, das

---

[82] SANTOS, Aline Sueli de Salles. *Os concursos públicos no campo jurídico-acadêmico*, 2014. Tese (Doutorado) – Doutorado em Direito, Programa de Pós-Graduação em Direito, Universidade de Brasília, Brasília, 2014. p. 110.

[83] SANTOS, Aline Sueli de Salles. *Os concursos públicos no campo jurídico-acadêmico*, 2014. Tese (Doutorado em Direito) – Programa de Pós-Graduação em Direito, Universidade de Brasília, Brasília, 2014. p. 32-34.

[84] INSTITUTO DE PESQUISA ECONÔMICA APLICADA. *Estados, instituições e democracia:* república, v. 1. Brasília: Ipea, 2010. p. 372.

reformas burocráticas do período Varguista[85] – para o tratamento com o serviço público e, tendo em vista o objeto deste estudo, com os servidores públicos, ao vincular o mérito na admissão de pessoal, independente do vínculo, se estatutário ou empregatício; prever a estabilidade do servidor estatutário; e, conforme o art. 39, instituir regime jurídico único para a Administração Direta e para as autarquias e fundações públicas.

O cenário acima, pelo menos em relação à prevalência do concurso público, não se modificou com a entrada em vigor da Emenda Constitucional nº 19, de 4 de junho de 1998.

A EC nº 19/1998, principal produto da reforma administrativa instituída pelos governos de Fernando Henrique Cardoso, iniciada com o Plano Diretor da Reforma do Aparelho de Estado, buscou a inclusão de aspectos da chamada administração pública gerencial, em especial o da profissionalização, com a flexibilização, e o da eficiência,[86] considerado como não alcançado pela estrutura administrativa burocrática weberiana.[87]

Na PEC nº 173, de 1995, que resultou na EC nº 19/1998, previa-se, dentre outros aspectos, a realização de processos seletivos públicos para a ocupação de empregos públicos[88] e a reserva de vagas em concursos ou processos seletivos para ocupantes de cargos ou empregados públicos,[89]

---

[85] BRESSER-PEREIRA, Luiz Carlos. *Burocracia pública na construção do Brasil.* 2008. p. 80-82.

[86] O termo eficiência, neste caso, se traduzia na prestação de um serviço público de qualidade, com foco no desempenho, de acordo com a exposição de motivos da PEC nº 173/1995: "a assimilação pelo serviço público da centralidade do cidadão e da importância da contínua superação de metas de desempenho, conjugada com a retirada de controles e obstruções legais desnecessários, repercutirá na melhoria dos serviços públicos".

[87] BRESSER-PEREIRA, Luiz Carlos. Da administração pública burocrática à gerencial. *Revista do Serviço Público,* v. 47, n. 1, jan./abr. 1996. p. 10-11.

[88] "Art. 2º. É dada nova redação ao inciso II do art. 37, da Constituição Federal, nos seguintes termos:
Art. 37. ....
II – a investidura em cargo público depende da aprovação prévia em concurso público de provas ou de provas e títulos e a admissão em emprego público depende da aprovação em processo seletivo público, regulado em lei, ressalvadas as nomeações para cargo em comissão declarado em lei de livre nomeação e exoneração".

[89] "Art. 3º. São acrescentados ao art. 37, da Constituição Federal, após o inciso XXI, dois incisos, com a seguinte redação:
Art. 37. ....
XXII – lei complementar poderá permitir, nos concursos e processos seletivos públicos, a reserva de até vinte por cento das vagas para preenchimento, na mesma seleção, por ocupantes de cargos efetivos ou empregos no serviço público".

este último como motivação para o crescimento profissional dos servidores.[90]

O texto final aprovado, distinto da redação original da PEC nº 173/1995, estabeleceu a seguinte redação, atualmente em vigor, inclusive com a assimilação da eficiência como princípio constitucional da Administração Pública:

> Art. 37. A administração pública direta e indireta de qualquer dos Poderes da União, dos Estados, do Distrito Federal e dos Municípios obedecerá aos princípios de legalidade, impessoalidade, moralidade, publicidade e eficiência e, também, ao seguinte:
> I - os cargos, empregos e funções públicas são acessíveis aos brasileiros que preencham os requisitos estabelecidos em lei, assim como aos estrangeiros, na forma da lei;
> II - a investidura em cargo ou emprego público depende de aprovação prévia em concurso público de provas ou de provas e títulos, de acordo com a natureza e a complexidade do cargo ou emprego, na forma prevista em lei, ressalvadas as nomeações para cargo em comissão declarado em lei de livre nomeação e exoneração.[91]

Uma alteração de grande impacto no sentido de escape ao modelo burocrático clássico foi a permissão da adoção, pelo ente público, de mais de um regime jurídico para os servidores da Administração Direta, autárquica e fundacional, de acordo com a redação conferida ao art. 39 da Constituição de 1988. O Supremo Tribunal Federal (STF), no entanto,

---

[90] SANTOS, Aline Sueli de Salles. *Os concursos públicos no campo jurídico-acadêmico*, 2014. Tese (Doutorado em Direito) – Programa de Pós-Graduação em Direito, Universidade de Brasília, Brasília, 2014. p. 37-39.

[91] "A diferença com a proposta original é que o texto aprovado era, ao mesmo tempo, mais abrangente e mais restritivo para a seleção pública. Mais abrangente porque não se restringia aos empregos públicos e porque, relacionando a o processo seletivo à natureza e complexidade do cargo ou emprego, as avaliações poderiam ser adequadas a múltiplos aspectos específicos (inclusive a demanda e o público a que ele se destina). Mas era também mais restritivo porque abolia a própria ideia de diferenciação entre concurso público (para cargos) e processo seletivo público (para emprego) e se afastava definitivamente a possibilidade de processos de seleção com base unicamente em títulos" (SANTOS, Aline Sueli de Salles. *Os concursos públicos no campo jurídico-acadêmico*, 2014. Tese (Doutorado em Direito) – Programa de Pós-Graduação em Direito, Universidade de Brasília, Brasília, 2014. p. 40).

em sede cautelar, através da Ação Direta de Inconstitucionalidade (ADI) nº 2135, em 2 de agosto de 2007, suspendeu a eficácia da nova redação, mantendo o reconhecimento das situações ocorridas até a data de julgamento, e determinou o retorno da redação original ao *caput* do art. 39 até decisão de mérito sobre a matéria.[92]

A decisão de mérito da ADI nº 2135 foi emitida apenas em 6 de novembro de 2024, mais de dezessete anos após a emissão da cautelar. O STF julgou improcedente o pedido formulado e decidiu pela constitucionalidade da redação do *caput* do art. 39 da CF/1988 na redação dada pela EC 19/1998, qual seja: "a União, os Estados, o Distrito Federal e os Municípios instituirão conselho de política de administração e remuneração de pessoal, integrado por servidores designados pelos respectivos Poderes".

Apesar do reconhecimento da possibilidade de instituição de mais de um regime jurídico para os servidores da Administração Direta, autárquica e fundacional, o STF conferiu eficácia *ex nunc* à decisão de mérito, bem como vedou a transmudação de regime dos atuais servidores, para evitar tumultos administrativos e previdenciários, conforme exposto na decisão de julgamento da referida ação.[93]

---

[92] "A matéria votada em destaque na Câmara dos Deputados no DVS 9 não foi aprovada em primeiro turno, pois obteve apenas 298 votos e não os 308 necessários. Manteve-se, assim, o então vigente caput do art. 39, que tratava do regime jurídico único, incompatível com a figura do emprego público. O deslocamento do texto do §2º do art. 39, nos termos do substitutivo aprovado, para o caput desse mesmo dispositivo representou, assim, uma tentativa de superar a não aprovação do DVS [Destaque para Votação em Separado] 9 e evitar a permanência do regime jurídico único previsto na redação original suprimida, circunstância que permitiu a implementação do contrato de emprego público ainda que à revelia da regra constitucional que exige o quorum de três quintos para aprovação de qualquer mudança constitucional. Pedido de medida cautelar deferido, dessa forma, quanto ao caput do art. 39 da CF, ressalvando-se, em decorrência dos efeitos ex nunc da decisão, a subsistência, até o julgamento definitivo da ação, da validade dos atos anteriormente praticados com base em legislações eventualmente editadas durante a vigência do dispositivo ora suspenso. [...] Vícios formais e materiais dos demais dispositivos constitucionais impugnados, todos oriundos da EC 19/1998, aparentemente inexistentes ante a constatação de que as mudanças de redação promovidas no curso do processo legislativo não alteraram substancialmente o sentido das proposições ao final aprovadas e de que não há direito adquirido à manutenção de regime jurídico anterior" (STF. ADI nº 2135/DF. Relator Ministro Néri da Silveira. Relatora do Acórdão Ministra Ellen Gracie. Pleno. Julgamento em 02/08/2007. Publicado em 07/03/2008).

[93] "Decisão: O Tribunal, por maioria, julgou improcedente o pedido formulado na ação direta e, tendo em vista o largo lapso temporal desde o deferimento da medida cautelar nestes autos, atribuiu eficácia ex nunc à presente decisão, esclarecendo, ainda, ser vedada a transmudação de regime dos atuais servidores, como medida de evitar tumultos administrativos e previdenciários. Tudo nos termos do voto do Ministro Gilmar Mendes (Redator para o acórdão), vencidos os Ministros Cármen Lúcia (Relatora), Edson Fachin e Luiz Fux. Presidência do Ministro Luís Roberto Barroso. Plenário, 6.11.2024" (STF. ADI nº

CAPÍTULO 1
O PRINCÍPIO DO CONCURSO PÚBLICO NO ORDENAMENTO JURÍDICO BRASILEIRO | 53

É possível e válida, portanto, a coexistência de mais de um regime jurídico para os servidores da Administração Direta, autárquica e fundacional, observado o teor da decisão do STF. Ressalta-se que, independente do regime jurídico adotado pelo Ente Federativo para a relação com os seus servidores, seja estatutário (cargo público) ou celetista (emprego público), o concurso público continua como o instrumento preferencial a ser adotado para o recrutamento de novos profissionais.

Mesmo que o concurso público tenha prevalecido como o principal meio de ingresso no serviço público na vigência da Constituição de 1988, esta não foi a única forma permitida de se estabelecer relações profissionais com a Administração Pública brasileira, conforme se verá a seguir. Ademais, também serão apresentadas visões críticas à atual sistemática de condução dos concursos públicos e a tentativa de mudança do regime de admissão de pessoal pela PEC nº 32/2020, a nova reforma administrativa.

1.2.1 Admissão via concurso público

Como apresentado acima, o concurso público prevaleceu como o principal meio de recrutamento dos servidores públicos em geral, sob o regime estatutário ou trabalhista. A inclusão deste último tipo de vínculo no texto original e a negativa do constituinte derivado em se utilizar de outra modalidade de seleção para o preenchimento dos empregos públicos representou uma transformação radical em relação aos permissivos constantes nas Constituições e legislações anteriores. Mesmo as empresas públicas e sociedades de economia mistas, que exercem funções de natureza privada ou comercial, devem realizar concurso para compor o seu quadro de empregados.[94]

É interessante notar que a Constituição de 1988 não elencou de forma expressa a ampla acessibilidade aos postos públicos nos direitos e garantias fundamentais, a exemplo da Constituição Imperial e

---

2135/DF. Relatora Ministra Carmen Lúcia. Relator do Acórdão Ministro Gilmar Mendes. Pleno. Julgamento em 06/11/2024. Publicado em 08/11/2024.
Salienta-se que até o fechamento da edição desta obra, não foi disponibilizado o inteiro teor do acórdão, impossibilitando maior aprofundamento sobre a matéria.

[94] A principal distinção em relação ao provimento de cargos e empregos públicos da Administração Direta, autárquica e fundacional é a prescindibilidade de criação de novos postos por lei ou de vagas no quadro, tendo em vista que o princípio da reserva de lei para a criação de cargos e empregos públicos (art. 48, X da Constituição de 1988) não se aplica às empresas públicas e às sociedades de economia mista: o número de empregados varia de acordo com a necessidade da entidade.

da Carta de 1937. Ressalta-se, no entanto, que a ampla acessibilidade aos cargos, empregos e funções públicas é considerada um direito fundamental, com amparo no princípio da igualdade e na própria característica republicano-democrática do Estado delimitada pelo texto constitucional.[95]

Tendo em vista o delineamento conferido pela CF/1988, o concurso público é – ou detém a força de – um princípio constitucional, assim reconhecido pela doutrina[96] e pelo STF,[97] detendo a qualidade de um preceito que deve ser satisfeito de acordo com as possibilidades jurídicas e fáticas existentes.[98]

Portanto, na necessidade de se recrutar pessoal para uma relação profissional com o Estado – destinatário principal do princípio do concurso público[99] –, o gestor deve garantir que todos os interessados – titulares do direito fundamental da ampla acessibilidade aos cargos, empregos e funções públicas[100] – possam concorrer para deter esse vínculo, dentro das situações permitidas pela Constituição e dos requisitos que a lei estabelecer, sempre priorizando a prevalência da admissão via concurso público.[101] Na mesma linha, o controlador ou

---

[95] "A Constituição Federal de 1988 não repetiu a orientação, o que não lhe retira por si só o caráter de direito fundamental, pois a Constituição Brasileira adota um conceito materialmente aberto de direitos fundamentais (art. 5º, §2º) e o direito de aceder aos postos de trabalho no serviço público decorre do regime republicano e do princípio da isonomia" (DI PIETRO, Maria Sylvia Zanella; MOTTA, Fabrício; FERRAZ, Luciano de Araújo. *Servidores Públicos na Constituição de 1988*. São Paulo: Atlas, 2011. p. 19).

[96] MENDES, Gilmar Ferreira. O princípio do concurso público na jurisprudência dó Supremo Tribunal Federal. *Revista de Informação Legislativa*, n. 100, p. 163-174, out./dez. 1988.

[97] Conforme se verá no tópico 2.3.

[98] ALEXY, Robert. *Teoria dos Direitos Fundamentais*. 2. ed. São Paulo: Malheiros, 2015. p. 90.

[99] "Conclui-se, portanto, que o Estado-Administração é o principal destinatário do direito fundamental tratado, incumbindo-lhe imprimir eficácia ao direito por meio da realização de concursos públicos e também, do combate às situações que contribuem para retardar ou impossibilitar sua realização" (MOTTA, Fabrício. Direitos fundamentais e concurso público. *Revista do Tribunal de Contas do Estado de Minas Gerais – Edição Especial*, v. 1, 2010. p. 75).

[100] "Por sua vez, os titulares do direito são, em sentido amplo e na forma do caput do art. 5º, os brasileiros e estrangeiros residentes no país. Em situações concretas de violação podem ser verificados titulares determinados" (MOTTA, Fabrício. Direitos fundamentais e concurso público. *Revista do Tribunal de Contas do Estado de Minas Gerais – Edição Especial*, v. 1, 2010. p. 75).

[101] MOTTA, Fabrício. Direitos fundamentais e concurso público. *Revista do Tribunal de Contas do Estado de Minas Gerais – Edição Especial*, v. 1, 2010. p. 75.

julgador deve, na análise do caso concreto, levar em consideração a prevalência do concurso público.[102]

Especificamente no caso de cargos efetivos e empregos públicos (que correspondem à maioria dos vínculos profissionais com a Administração Pública), a determinação constitucional é direta: a nomeação ou contratação se darão apenas mediante a prévia realização de concurso público, não comportando exceção, sob pena de reconhecimento da inconstitucionalidade e nulidade absoluta das admissões efetuadas. Nesta situação, o concurso comporta-se não apenas como princípio, mas como regra, ou seja, um mandamento ou exigência que deve ser satisfeita de acordo com os seus termos.[103]

Ademais, sendo um princípio constitucional expresso, e relacionado a direito fundamental, toda e qualquer norma que busque meio diverso do concurso público para o provimento de cargos efetivos e empregos públicos é inconstitucional, assim como instrumentos normativos que privilegiem outras formas de ingresso com vínculo profissional na Administração Pública em detrimento do concurso público.

Uma outra característica do concurso público estabelecida pela atual Constituição e pavimentada pelas anteriores é a limitação da forma da seleção, devendo ser necessariamente de provas ou de provas e títulos.

De acordo com a Lei Federal nº 14.965, de 9 de setembro de 2024, que dispõe sobre as normas gerais relativas a concursos públicos e tem sido denominada como "Lei Geral dos Concursos Públicos", as provas do certame deverão avaliar "os conhecimentos, as habilidades e, quando for o caso, as competências necessárias ao desempenho das atribuições do cargo ou emprego público",[104] podendo ser classificatórias, eliminatórias ou classificatórias e eliminatórias.[105]

---

[102] Também nesse sentido, Márcio Barbosa Maia e Ronaldo Pinheiro de Queiroz: "O concurso público constitui, em linha de princípio, requisito prévio para o acesso aos cargos e empregos públicos, salvante nas hipóteses constitucionalmente estabelecidas. Assim, em obséquio a postulado elementar de hermenêutica, a interpretação das situações excepcionadas deve ser restrita, não se admitindo, inclusive, o emprego de analogia" (MAIA, Márcio Barbosa; QUEIROZ, Ronaldo Pinheiro. *O regime jurídico do concurso público e seu controle jurisdicional*. São Paulo: Saraiva, 2007. p. 47-48).

[103] "...*regras* são normas que são sempre ou satisfeitas ou não satisfeitas. Se uma regra vale, então, deve se fazer exatamente aquilo que ela exige; nem mais, nem menos. Regras contêm, portanto, *determinações* no âmbito daquilo que é fática e juridicamente possível" (ALEXY, Robert. *Teoria dos Direitos Fundamentais*. 2. ed. São Paulo: Malheiros, 2015. p. 91).

[104] Art. 9º, caput, da Lei Federal nº 14.965/2024.

[105] Art. 9º, §1º, da Lei Federal nº 14.965/2024.

A expressão "provas" contida na Constituição é genérica, mas a práxis dominante na Administração Pública direciona o termo à realização de exames escritos para aferição dos conhecimentos necessários à execução das funções relacionadas aos cargos e empregos a serem providos, conforme a já citada inspiração nos exames imperiais chineses, podendo ser provas de conhecimento, objetivas ou discursivas (dissertativas).

Os concursos, no entanto, não se limitam às provas de exame escrito.

A Lei Geral dos Concursos Públicos, no §2º do art. 9º, sem prejuízo de outros tipos de prova previstos no edital, estabeleceu como válidas as seguintes formas de avaliação:

I – de conhecimentos: provas escritas, objetivas ou dissertativas, e provas orais, que cubram conteúdos gerais ou específicos;

II – de habilidades: elaboração de documentos e simulação de tarefas próprias do cargo ou emprego público, bem como testes físicos compatíveis com suas atividades;

III – de competências: avaliação psicológica, exame de higidez mental ou teste psicotécnico, conduzido por profissional habilitado nos termos da regulamentação específica.

Além dos exames escritos, portanto, as provas podem exigir a expressão do conhecimento pela via oral (provas orais), a verificação prática das habilidades exigidas para o exercício do cargo (provas de habilidades práticas), a capacidade física dos candidatos de acordo com a natureza do cargo (provas de habilidades físicas), a aptidão psicológica para determinados cargos (provas de competências psicotécnicas, avaliações psicológicas ou exames de higidez mental), dentre outras, desde que resguardada a compatibilidade com as atribuições do cargo e previsão normativa[106] e editalícia para a sua exigência. Os concursos que exigem a realização desses tipos de provas geralmente os elencam como etapas subsequentes à avaliação escrita.

A avaliação de títulos corresponde à verificação das qualificações prévias do candidato mediante sua formação e produção científica,

---

[106] MAIA, Márcio Barbosa; QUEIROZ, Ronaldo Pinheiro. *O regime jurídico do concurso público e seu controle jurisdicional*. São Paulo: Saraiva, 2007. p. 104.

academica, profissional e artística, com caráter, via de regra, classificatório.[107] Os títulos avaliados costumam corresponder a critérios além dos requisitos mínimos exigidos para a ocupação dos cargos. Destaca-se, ademais, que não é possível, em razão da determinação constitucional ("provas ou provas e títulos"), a realização de concursos apenas de títulos.

É cabível como etapa do concurso público, ainda, a realização de curso ou programa de formação, que, nos termos do §1º do art. 11 da Lei Geral dos Concursos Públicos, "introduzirá os candidatos às atividades do órgão ou ente" e "avaliará seu desempenho na execução de atribuições ligadas ao cargo e emprego público". O curso ou programa de formação deverá ter sua necessidade de realização justificada quando

---

[107] Para José dos Santos Carvalho Filho, "a titulação dos candidatos não pode servir como parâmetro para aprovação ou reprovação no concurso público, pena de serem prejudicados seriamente aqueles que, contrariamente a outros candidatos, e às vezes por estarem em início da profissão, ainda não tenham tido oportunidade de obterem esta ou aquela titulação. Entendemos, pois, que os pontos atribuídos à prova de títulos só podem refletir-se na classificação dos candidatos, e não em sua aprovação ou reprovação. De outro lado, revela-se ilegítima a pontuação desproporcional atribuída a títulos; aqui a Administração deve respeitar o princípio da proporcionalidade, pois que, não agindo dessa maneira, pesarão fundadas suspeitas sobre o propósito de favorecimento de determinados candidatos. Só assim é possível considerar o concurso de provas e títulos compatível com o princípio da impessoalidade inscrito no art. 37 da CF" (CARVALHO FILHO, José dos Santos. *Manual de Direito Administrativo*. 34. ed. São Paulo: Atlas, 2020. *E-book*).
Ocorre que o Superior Tribunal de Justiça entende pela possibilidade do caráter eliminatório da prova de títulos, seguintes termos: "Possível, consoante o entendimento deste STJ, a atribuição de caráter eliminatório à prova de títulos, desde que respeitados os princípios administrativos da legalidade, impessoalidade, moralidade, publicidade e finalidade" (STJ. RMS nº 12908/PE. Relator Ministro Edson Vidigal. Quinta Turma. Julgamento em 02/04/2002. Publicado em 10/06/2002).
Já o STF tem precedentes no sentido de que a prova de títulos tem caráter apenas classificatório: "Com efeito, extrai-se da leitura da Constituição da República que a fase de títulos, em qualquer concurso público, assume caráter acessório ou ancilar. Sua realização, em verdade, sequer é imposta pela Lei Maior, que se limita a exigir provas, cumuladas ou não com a análise de títulos, consoante expressa redação do seu art. 37, inciso II. A *contrario sensu*, veda-se a realização de concurso público apenas baseado em provas de títulos, justamente porque tal exame não é capaz de, *per se*, identificar o candidato necessariamente portador de maior conhecimento. Somente as provas é que permitem inferir quão preparado o concorrente efetivamente está. Os títulos, ainda que possam revelar experiências, não traduzem mecanismo idôneo para a avaliação do mérito individual, cerne de qualquer regime verdadeiramente republicano" (STF. MS nº 31176/DF. Relator Ministro Luiz Fux. Primeira Turma. Julgamento em 02/09/2014. Publicado em 06/11/2014).
Com a Lei Geral dos Concursos Públicos, a temática deve ser pacificada tendo em vista a previsão apenas do caráter classificatório para a avaliação por títulos, nos termos seu art. 10: "A avaliação por títulos terá por base os conhecimentos, as habilidades e as competências necessários ao desempenho das atribuições do cargo ou emprego público e terá caráter classificatório".

não houver previsão legal específica[108] e poderá ter caráter classificatório, eliminatório, ou classificatório e eliminatório. Essa etapa é vista mais comumente nos certames para admissão na carreira policial.[109]

O concurso público é, de acordo com a atual sistemática constitucional, um processo administrativo destinado à seleção igualitária e impessoal de candidatos para o provimento de cargos públicos efetivos, de determinados cargos vitalícios, ou para a ocupação de empregos públicos em regime concorrencial, mediante a aplicação de provas ou de provas e títulos a todos os brasileiros e estrangeiros que preencham os requisitos necessários ao cargo ou emprego, na forma da lei, no sentido de recrutar os indivíduos que detenham, pela via do mérito, a aptidão, a capacidade e o conhecimento – teórico e/ou prático – exigidos para o exercício das atribuições necessárias ao desempenho das funções do cargo ou emprego.[110]

Sendo um processo administrativo, ou seja, um instrumento formal de encadeamento de atos administrativos, com vinculação direta de seus interessados, destinados ao atingimento de uma finalidade específica[111] – neste caso, a admissão de pessoal para relação profissional com o Estado mediante a ocupação de um cargo ou emprego público –, o concurso público deve obedecer aos princípios gerais da Administração Pública, e não apenas os constitucionais, podendo ser incluídos, também, os previstos pelas leis processuais administrativas dos respectivos entes federados.

Para este trabalho, serão elencados os princípios previstos pela Lei Federal nº 9.784, de 29 de janeiro de 1999, normativo paradigma do

---

[108] Art. 2º, §§2º e 3º, da Lei Federal nº 14.965/2024.

[109] TOURINHO, Rita. *Concurso público*: análise abrangente de questões doutrinárias, legais e jurisprudenciais. Belo Horizonte: Fórum, 2020. p. 141.

[110] Segue também a definição de José dos Santos Carvalho Filho: "Concurso público é o procedimento administrativo que tem por fim aferir as aptidões pessoais e selecionar os melhores candidatos ao provimento de cargos e funções públicas. Na aferição pessoal, o Estado verifica a capacidade intelectual, física e psíquica de interessados em ocupar funções públicas e no aspecto seletivo são escolhidos aqueles que ultrapassam as barreiras opostas no procedimento, obedecida sempre a ordem de classificação. Cuida-se, na verdade, do mais idôneo meio de recrutamento de servidores públicos. Abonamos, então, a afirmação de que o certame público está direcionado à boa administração, que, por sua vez, representa um dos axiomas republicanos" (CARVALHO FILHO, José dos Santos. *Manual de Direito Administrativo*. 34. ed. São Paulo: Atlas, 2020. *E-book*).

[111] "Processo administrativo é o instrumento formal que, vinculando juridicamente os sujeitos que dele participam através da sucessão ordenada de atos e atividades, tem por fim alcançar determinado objetivo, previamente identificado pela Administração Pública" (CARVALHO FILHO, José dos Santos. *Processo Administrativo Federal*: Comentários à Lei nº 9.784, de 29.1.1999. 5. ed. São Paulo: Atlas, 2013. p. 21).

processo administrativo,[112] tendo sido utilizado de referência para os demais entes, e cuja maioria replicou, em seus conteúdos, se não todos, a maior parte dos princípios lá catalogados.[113] Seguem, abaixo, linhas sintéticas sobre a incidência de cada um dos princípios que norteiam o concurso público.

O princípio da *legalidade* delineia que o concurso público deverá obedecer ao modelo jurídico estabelecido pela Constituição e pela lei,[114] tanto a que reja a própria condução do certame quanto a que estabeleça os requisitos para provimento dos cargos e empregos postos em disputa.

O princípio da *impessoalidade* é basilar ao concurso público, tendo em vista a finalidade do instituto, que é a de selecionar, por critérios objetivos, o melhor candidato ao cargo ou emprego público, sem preferências ou distinções que não aquelas previstas pela lei. Sendo um derivado do direito fundamental à igualdade no acesso aos cargos públicos,[115] a impessoalidade deve ser observada durante todo o trâmite do certame, não se permitindo ao gestor do órgão destinatário dos novos servidores ou à banca organizadora do concurso distinção nos critérios avaliação entre os candidatos, nos termos da lei, observada a razoabilidade e as atribuições do cargo, posto ou emprego.

Considera-se como corolário do princípio da impessoalidade e garantia da igualdade material no acesso aos cargos públicos, a reserva de vagas para as pessoas com deficiência, nos termos do art. 37, VII da Constituição de 1988, assim como a reserva de vagas em razão da cor,

---

[112] Em conjunto com a Lei Estadual de São Paulo nº 10.177, de 30 de dezembro de 1998, pelo seu pioneirismo na positivação do processo administrativo.

[113] Conforme o seu art. 2º: "A Administração Pública obedecerá, dentre outros, aos princípios da legalidade, finalidade, motivação, razoabilidade, proporcionalidade, moralidade, ampla defesa, contraditório, segurança jurídica, interesse público e eficiência".

[114] "Pelo princípio constitucional da legalidade, os modelos jurídicos legislativos veiculados por lei devem prevalecer sobre os demais modelos jurídicos que compõem o ordenamento jurídico brasileiro. Em rigor, os demais modelos devem existir para integrar as lacunas legislativas ou elucidar os modelos jurídicos legislativos vigentes, em todos os campos do sistema do Direito Positivo" (FRANÇA, Vladimir da Rocha. *Crise da legalidade e jurisdição constitucional*: o princípio da legalidade administrativa e a vinculação do Estado-Administração aos direitos fundamentais. Curitiba: Juruá, 2023. p. 130).

[115] FREITAS, Juarez. *O controle dos atos administrativos e os princípios fundamentais*. 5. ed. São Paulo: Malheiros, 2013. p. 71-72.

raça ou origem,[116] e a busca pela garantia da igualdade de acesso aos vínculos públicos a ambos os sexos, seja de natureza civil ou militar.[117]

---

[116] "DIREITO CONSTITUCIONAL. AÇÃO DIRETA DE CONSTITUCIONALIDADE. RESERVA DE VAGAS PARA NEGROS EM CONCURSOS PÚBLICOS. CONSTITUCIONALIDADE DA LEI Nº 12.990/2014. PROCEDÊNCIA DO PEDIDO. 1. É constitucional a Lei nº 12.990/2014, que reserva a pessoas negras 20% das vagas oferecidas nos concursos públicos para provimento de cargos efetivos e empregos públicos no âmbito da administração pública federal direta e indireta, por três fundamentos.
1.1. Em primeiro lugar, a desequiparação promovida pela política de ação afirmativa em questão está em consonância com o princípio da isonomia. Ela se funda na necessidade de superar o racismo estrutural e institucional ainda existente na sociedade brasileira, e garantir a igualdade material entre os cidadãos, por meio da distribuição mais equitativa de bens sociais e da promoção do reconhecimento da população afrodescendente.
1.2. Em segundo lugar, não há violação aos princípios do concurso público e da eficiência. A reserva de vagas para negros não os isenta da aprovação no concurso público. Como qualquer outro candidato, o beneficiário da política deve alcançar a nota necessária para que seja considerado apto a exercer, de forma adequada e eficiente, o cargo em questão. Além disso, a incorporação do fator "raça" como critério de seleção, ao invés de afetar o princípio da eficiência, contribui para sua realização em maior extensão, criando uma "burocracia representativa", capaz de garantir que os pontos de vista e interesses de toda a população sejam considerados na tomada de decisões estatais.
1.3. Em terceiro lugar, a medida observa o princípio da proporcionalidade em sua tríplice dimensão. A existência de uma política de cotas para o acesso de negros à educação superior não torna a reserva de vagas nos quadros da administração pública desnecessária ou desproporcional em sentido estrito. Isso porque: (i) nem todos os cargos e empregos públicos exigem curso superior; (ii) ainda quando haja essa exigência, os beneficiários da ação afirmativa no serviço público podem não ter sido beneficiários das cotas nas universidades públicas; e (iii) mesmo que o concorrente tenha ingressado em curso de ensino superior por meio de cotas, há outros fatores que impedem os negros de competir em pé de igualdade nos concursos públicos, justificando a política de ação afirmativa instituída pela Lei nº 12.990/2014.
[...]
4. Procedência do pedido, para fins de declarar a integral constitucionalidade da Lei nº 12.990/2014. Tese de julgamento: 'É constitucional a reserva de 20% das vagas oferecidas nos concursos públicos para provimento de cargos efetivos e empregos públicos no âmbito da administração pública direta e indireta. É legítima a utilização, além da autodeclaração, de critérios subsidiários de heteroidentificação, desde que respeitada a dignidade da pessoa humana e garantidos o contraditório e a ampla defesa'" (STF. ADC nº 41/DF. Relator Ministro Roberto Barroso. Plenário. Julgamento em 08/06/2017. Publicado em 16/06/2017).

[117] Em recente decisão, o STF reconheceu que não deve haver restrição de vagas por gênero em concursos da área de segurança pública, especialmente a polícia militar: "Concurso público. Polícia Militar. Limite de vagas para candidatas do sexo feminino. [...] O percentual de 10% reservado às candidatas do sexo feminino parece afrontar os ditames constitucionais quanto à igualdade de gênero, sendo um dos objetivos fundamentais da República Federativa do Brasil à promoção do bem de todos, sem preconceitos de origem, raça, sexo, cor, idade e quaisquer outras formas de discriminação (art. 3º, IV, da CF/1988). O princípio da igualdade, insculpido no caput do art. 5º, da CF, garante os mesmos direitos e obrigações aos homens e mulheres (art. 5º, I, da CF/1988), proibindo a diferenciação de salários, de exercício de funções e de critério de admissão por motivo de sexo, idade, cor ou estado civil (art. 7º, XXX, da CF/1988)" (STF. ADI nº 7483 MC-REF. Relator Ministro Cristiano Zanin. Plenário. Julgamento em 27/11/2023. Publicado em 06/12/2023).

Na Lei Federal nº 14.965/2024 se destacam os seguintes dispositivos em relação à igualdade material: a) a previsão expressa de vedação à discriminação ilegítima de candidatos baseados em aspectos como idade, sexo, estado civil, condição física, deficiência, etnia, naturalidade, proveniência ou local de origem, observadas as políticas de ações afirmativas (art. 2º, §4º); b) a possibilidade de realização do concurso à distância, de forma *online* ou por plataforma eletrônica, eliminando barreiras logísticas para os candidatos que não residam nos principais centros do país (art. 8º); e c) a previsão de que o curso ou programa de formação dos novos servidores poderá ocorrer à distância (art. 11, §2º).

O princípio da *moralidade* pública, com associação direta à probidade administrativa,[118] norteia o concurso público como um processo que seguirá os padrões normativos e principiológicos da Administração Pública, com intensa incidência, aqui, do princípio da impessoalidade tratado acima. Meios de burlar o concurso público constituem afronta direta aos três princípios aqui já tratados, tendo em vista consistirem na utilização de mecanismos fora da legalidade para privilegiar o acesso aos cargos e empregos públicos a indivíduos determinados.

O concurso público deve seguir à risca o princípio da *publicidade*: sendo um processo administrativo, deve-se cuidar para que todos os atos a ele relacionados sejam tornados públicos e disponíveis à sociedade em geral, sob pena de nulidade de parte ou de todo o certame, ressalvados os casos de necessário sigilo. É a publicidade que confere a eficácia dos atos que compõem o processo de concurso público, proporcionando, ainda, a possibilidade de controle da sua condução.[119]

O princípio da *eficiência* não constava na redação original da PEC nº 173/1995, sendo incluído durante o seu trâmite no Congresso Nacional, conforme se viu anteriormente. Na ótica da doutrina jurídica a eficiência está atrelada à prestação célere, econômica e efetiva do serviço público.[120] Nessa perspectiva, o concurso público eficiente é

---

[118] FREITAS, Juarez. *O controle dos atos administrativos e os princípios fundamentais*. 5. ed. São Paulo: Malheiros, 2013. p. 74-77.

[119] MAIA, Márcio Barbosa; QUEIROZ, Ronaldo Pinheiro. *O regime jurídico do concurso público e seu controle jurisdicional*. São Paulo: Saraiva, 2007. p. 31-32.

[120] CARVALHO FILHO, José dos Santos. *Manual de Direito Administrativo*. 34. ed. São Paulo: Atlas, 2020. *E-book*.
Na visão da ciência política, há plena distinção entre eficiência, efetividade e eficácia, conforme descrição no tópico 2.1.4 deste trabalho. Na ótica jurídica, a eficiência permeia os três conceitos, levando inclusive a uma imprecisão da sua definição e ampla subjetividade na análise do serviço público, prejudicando a efetividade do preceito constitucional.

aquele que atingiu o seu objetivo, isto é, selecionar os candidatos mais bem habilitados ao exercício do cargo ou emprego com os meios mais eficazes e econômicos, sempre observando a garantia do amplo acesso.

Por ser um procedimento bastante oneroso, a Administração deve ponderar quanto ao melhor momento para a sua realização, devendo, ainda, conduzir o certame, de forma direta ou indireta, com total seguimento às normas e princípios aplicáveis, evitando que surjam questionamentos e paralisações não desejadas, aumentando o custo do concurso e atrasando a admissão do pessoal que proporcionaria a melhoria do serviço público. Ainda sobre a eficiência, ponderações a nível da procedimentalização e escopo do concurso público com vistas ao atendimento deste princípio serão realizadas no tópico 1.4.

O princípio da *finalidade* se relaciona com o concurso público na medida em que o fim da Administração Pública, em um Estado Democrático de Direito, é o de atender ao *interesse público*,[121] tanto em no seu plano abstrato quanto no plano concreto,[122] tendo em vista a garantia do amplo acesso aos cargos públicos, com destinação geral, e a finalidade do concurso público em si, que é a de selecionar os mais aptos à prestação efetiva dos serviços ofertados pelo Poder Público, independente do seu destinatário.

A *motivação* deve estar presente nos atos administrativos relacionados aos processos de concurso público. É necessária a exposição dos fatos e fundamentos jurídicos que levaram à decisão da Administração em realizar o certame, e nos demais atos que o constituem, até a sua conclusão.[123] A motivação traduz a necessidade de se elencar os elementos que levaram a Administração a emanar determinado ato, sendo um

---

[121] "O interesse público foi compreendido como possibilidade de satisfação de necessidade a partir de um bem, porém com suas devidas especificidades. [...] a necessidade a ser satisfeita por tal interesse não pode ser simplesmente pessoal, sem qualquer coerência com o Direito vigente, o mesmo acontecendo com o bem apto a satisfazê-la. Tal bem deve ser dotado dessa conformidade jurídica, sem que carregue consigo a marca da ilicitude, podendo ser um bem de ordem pública ou privada, de essência individual ou coletiva" SIQUEIRA, Mariana de. *Interesse público no direito administrativo brasileiro:* da construção da moldura à composição da pintura. Rio de Janeiro: Lumen Juris, 2016. p. 267).

[122] SIQUEIRA, Mariana de. *Interesse público no direito administrativo brasileiro:* da construção da moldura à composição da pintura. Rio de Janeiro: Lumen Juris, 2016. p. 147-150.

[123] Assim está expresso na Lei Federal nº 9.784/1999:
"Art. 50. Os atos administrativos deverão ser motivados, com indicação dos fatos e fundamentos jurídicos, quando:
[...]
III – decidam processos administrativos de concurso ou seleção pública".

corolário do Estado Democrático de Direito,[124] possibilitando, ofertada a sua publicidade (relação intrínseca), o controle da juridicidade das ações da Administração.[125]

Conforme Vladimir da Rocha França, a motivação deve conter os pressupostos de fato e de direito, assim como o detalhamento da causa, do cenário e dos interesses que levaram à expedição do ato, devendo, ainda, compor a formalização do próprio ato.[126]

A Lei Federal nº 14.965/2024, em seu art. 3º, prevê que a autorização para abertura de concurso deverá ser motivada de forma expressa, devendo ela conter, no mínimo, os seguintes elementos:

> I – evolução do quadro de pessoal nos últimos 5 (cinco) anos e estimativa das necessidades futuras em face das metas de desempenho institucional para os próximos 5 (cinco) anos;
> II – denominação e quantidade dos cargos e empregos públicos a serem providos, com descrição de suas atribuições;
> III – inexistência de concurso público anterior válido para os mesmos cargos e empregos públicos, com candidato aprovado e não nomeado;
> IV – adequação do provimento dos cargos e empregos públicos, em face das necessidades e possibilidades de toda a administração pública;
> V – estimativa de impacto orçamentário-financeiro no exercício previsto para o provimento e nos 2 (dois) exercícios seguintes, bem como sua adequação à Lei Complementar nº 101, de 4 de maio de 2000 (Lei de Responsabilidade Fiscal).

A necessidade de abertura de concurso público e os seus atos derivados devem estar amparados pela *razoabilidade*, isto é, conforme os parâmetros definidos pela motivação e congruentes com o objeto

---

[124] "É mediante a análise da fundamentação do ato administrativo que se mostra viável a verificação de sua racionalidade perante a ideologia constitucional. E não deixa de ser um meio para que a autoridade administrativa procure garantir a legitimidade política de sua decisão perante o povo, ao tentar convencê-lo quanto à justiça e certeza jurídica do ato que expediu" (FRANÇA, Vladimir da Rocha. *Estrutura e motivação do ato administrativo*. São Paulo: Malheiros, 2007. p. 102).

[125] "A motivação do ato administrativo tanto viabiliza um controle mais eficiente da sua juridicidade como ajuda a prevenir seu desencadeamento pelo administrado. Com o acesso aos fundamentos da decisão administrativa, o administrado ganha a oportunidade para oferecer uma contestação administrativa ou judicial mais competente e racional, bem como para aderir à decisão administrativa, caso julgue pertinentes os elementos argüidos pela Administração" (FRANÇA, Vladimir da Rocha. *Estrutura e motivação do ato administrativo*. São Paulo: Malheiros, 2007. p. 103-104).

[126] FRANÇA, Vladimir da Rocha. *Estrutura e motivação do ato administrativo*. São Paulo: Malheiros, 2007. p. 129-131.

visado, dentro dos limites aceitáveis.[127] A título ilustrativo, não se afigura razoável a realização de certame que não tenha a finalidade de ampliar ou repor o quadro de pessoal no curto ou médio prazo, gerando gastos desnecessários e instituindo uma situação de frustração entre os candidatos, sem perspectivas de assunção ao cargo ou emprego.

Outra situação de inobservância ao princípio da razoabilidade é o estabelecimento de parâmetros de avaliação que não tenham coerência com o cargo ou emprego posto em disputa, como a instituição de exame de capacidade física para ocupações que não tenham atribuições relacionadas ao esforço físico ou prática de desportos, assim como a exigência de conteúdos de conhecimento não compatíveis com as atividades a serem desempenhadas.

Exemplo da aplicação do princípio da razoabilidade na Lei Federal nº 14.965/2024 é a competência da comissão organizadora do concurso público em relação aos seguintes aspectos, constantes no art. 6º:

> II – identificar os conhecimentos, as habilidades e, quando for o caso, as competências necessários ao exercício dos cargos ou empregos públicos a serem providos;
> III – decidir sobre os tipos de prova e os critérios de avaliação mais adequados à seleção, em vista dos conhecimentos, das habilidades e das competências necessários;
> IV – definir, com base nas atribuições dos cargos e empregos públicos, o conteúdo programático, as atividades práticas e as habilidades e competências a serem avaliados;
> V – decidir sobre o uso de avaliação por títulos, se lei específica não a determinar, bem como sobre os títulos a serem considerados, em vista dos conhecimentos, das habilidades e das competências necessários;
> [...]
> VIII – designar os avaliadores das provas, com formação acadêmica e atividade profissional compatíveis e sujeitos às vedações e aos impedimentos previstos nos §§2º e 3º do art. 5º desta Lei;
> IX – designar os supervisores do programa de formação, segundo os requisitos constantes do inciso VIII do caput deste artigo.

Tendo relação intrínseca com o princípio da razoabilidade, o princípio da *proporcionalidade* exige que a Administração atue fundamentada nos direitos e princípios constitucionais fundamentais, com equilíbrio

---

[127] CARVALHO FILHO, José dos Santos. *Processo Administrativo Federal:* Comentários à Lei nº 9.784, de 29.1.1999. 5. ed. São Paulo: Atlas, 2013. p. 50-51.

CAPÍTULO 1
O PRINCÍPIO DO CONCURSO PÚBLICO NO ORDENAMENTO JURÍDICO BRASILEIRO | 65

e impondo o mínimo de incidência limitadora ou restritiva sobre estes, mediante a observância da adequação, exigibilidade ou necessidade, e proporcionalidade em sentido estrito.[128] No caso de concursos públicos, a proporcionalidade é evidente nas situações que possam incorrer em exclusões ou eliminações indiscriminadas e irrazoáveis de candidatos por razões insuficientes para tanto.[129]

Voltados historicamente à área criminal no direito brasileiro,[130] os direitos ao *contraditório* e à *ampla defesa* no processo administrativo eram comumente mais atrelados ao exercício da função sancionadora da Administração, especialmente nos processos disciplinares para apurar a conduta de servidores públicos.[131]

A Constituição de 1988 reconheceu de forma expressa o direito ao contraditório e à ampla defesa nos processos administrativos em geral, mesmo os não vinculados à atuação sancionadora do Estado, conforme o inc. LV do art. 5º: "aos litigantes, em processo judicial ou administrativo, e aos acusados em geral são assegurados o contraditório e ampla defesa, com os meios e recursos a ela inerentes".

A expressão "processo administrativo", conforme Odete Medauar,[132] envolve a oferta do contraditório, tendo em vista ser esse elemento essencial à constituição da dinâmica processual a nível geral. O estabelecimento dessas garantias remodelou a ideia de supremacia do Estado ou da primazia do interesse público, passando a ser observado o interesse individual como elemento também definidor da atuação estatal.[133]

No caso dos concursos públicos, o exercício do contraditório e da ampla defesa, também podendo ser incluído aqui o direito de petição, é mais comumente notado quando da contestação de atos da Administração que prejudiquem ou possam prejudicar o interesse do

---

[128] CARVALHO FILHO, José dos Santos. *Processo Administrativo Federal:* Comentários à Lei nº 9.784, de 29.1.1999. 5. ed. São Paulo: Atlas, 2013. p. 51-52.

[129] OLIVEIRA, Francis Junio de. *Concurso Público:* Forma de Ingresso no Serviço Público Brasileiro – Doutrina e Jurisprudência. Rio de Janeiro: Lumen Juris, 2017. p. 21-22.

[130] CINTRA, Antonio Carlos de Araújo. GRINOVER, Ada Pellegrini. DINAMARCO, Cândido Rangel. *Teoria geral do processo.* 31. ed. São Paulo: Malheiros Editores, 2015. p. 80-81.

[131] MEDAUAR, Odete. *A processualidade no Direito Administrativo.* 3. ed. Belo Horizonte: Fórum, 2021. p. 134.

[132] MEDAUAR, Odete. *A processualidade no Direito Administrativo.* 3. ed. Belo Horizonte: Fórum, 2021. p. 113.

[133] MAFFINI, Rafael Cás. Administração pública dialógica (proteção procedimental da confiança). Em torno da Súmula Vinculante nº 3, do Supremo Tribunal Federal. *Revista de Direito Administrativo,* v. 253, 2010. p. 163.

candidato. A entidade que organiza e/ou conduz o concurso público deve garantir que os postulantes tenham o direito de se manifestar em relação aos atos do concurso público, independente da fase. Assim é previsto pela Lei Geral dos Concursos Públicos, no inc. XIV do art. 7º, ao estabelecer que o edital deve conter "a forma e o prazo para interposição de recursos". Nada impede, ademais, o ingresso pela via judicial para a defesa de direitos eventualmente violados em um concurso público.

A junção de todos os princípios até aqui apresentados se coadunam com uma máxima da burocracia clássica, que é a busca pela *segurança jurídica*. A segurança jurídica, no caso do concurso público, pode ser traduzida na estabilidade da relação jurídica do candidato ou dos interessados com a Administração mediante a perfectibilização do processo do concurso público realizado, fundado na legitimidade de todos os atos que levaram até a homologação do resultado final e à consequente nomeação em razão da aprovação, aqui interpretado pelo viés do aspecto subjetivo do princípio, voltado à proteção à confiança.[134]

Um princípio além dos previstos na Lei Federal nº 9.784/1999 que merece destaque e que está intimamente associado ao princípio da segurança jurídica é o da *vinculação ao edital*. Ao formalizar as diretrizes do certame mediante o instrumento editalício, a Administração diminui a discricionariedade no seu proceder durante a realização do concurso.[135] É o edital que guia a conduta e o preparo do candidato durante todo o certame, devendo ser garantido o máximo possível de estabilidade nas regras postas originalmente. Nesse sentido, a Lei Federal nº 14.965/2024 atribui a regência do concurso não apenas pelas normas e regulamentos aplicáveis, incluindo o edital respectivo entre os instrumentos balizadores do certame.[136]

Outrossim, o seguimento aos princípios norteadores do processo administrativo garante a governança sobre a gestão do certame, característica da Administração gerencial, incorporando à sua rotina o conceito de *compliance*, ou seja, a cultura de orientação e assimilação da organização e de seus componentes ao conjunto de padrões, procedimentos,

---

[134] SILVA, Almiro do Couto e. O princípio da segurança jurídica (proteção à confiança) no direito público brasileiro. *Revista de Direito Administrativo*. v. 237, 2004. p. 274.

[135] MAIA, Márcio Barbosa; QUEIROZ, Ronaldo Pinheiro. *O regime jurídico do concurso público e seu controle jurisdicional*. São Paulo: Saraiva, 2007. p. 38-40.

[136] Art. 1º, §1º.

regras, normas e requisitos éticos e legais,[137] com instrumentos de controle voltados a evitar o desvio de finalidade e garantir a integridade de todo o procedimento.

O concurso público é uma ferramenta que pode fomentar a cultura do *compliance* aos novos servidores arregimentados. A seleção de candidatos mediante a avaliação não apenas de conhecimentos sobre rotinas de trabalho, mas sobre os princípios éticos e de boa gestão e governança garante que esses agentes públicos ingressem no serviço público investidos dos valores voltados à missão da organização para a qual atuam.

Em que pese a disposição expressa sobre a necessidade de concurso público para o provimento de cargo e emprego público no inc. I do art. 37, a Constituição em vigor buscou reforçar, de forma explícita, a importância e obrigatoriedade do instituto para carreiras específicas, quais sejam: a) os cargos necessários à administração da Justiça, à exceção dos de confiança (art. 96, I, "e"); b) os cargos do quadro próprio de pessoal dos Tribunais de Contas, à exceção dos de confiança (art. 73); c) os cargos auxiliares do Ministério Público (art. 127, §2º); d) os membros da advocacia pública, de qualquer dos entes federativos, devendo o concurso ser necessariamente de provas e títulos (art. 131, §2º e art. 132); e) os defensores públicos de qualquer dos entes federativos, devendo o concurso ser necessariamente de provas e títulos (art. 134, §1º); e f) os profissionais da educação escolar da rede pública de ensino, devendo o concurso ser necessariamente de provas e títulos (art. 206, V).

De forma não explícita, observa-se que as administrações tributárias dos entes federativos devem ser exercidas por servidores de carreira, conforme o inc. XXII do art. 37 da CF/1988. O termo "servidores

---

[137] VALLE, Vanice Regina Lírio do; SANTOS, Marcelo Pereira dos. Governança e compliance na administração direta: ampliando as fronteiras do controle democrático. *A&C – Revista de Direito Administrativo & Constitucional*, Belo Horizonte, ano 19, n. 75, jan./mar. 2019. p. 167-168.
Para Ricardo Marcondes Martins, o sentido jurídico da expressão *"compliance"* foi adotado maneira distinta da sua etimologia técnica, de capacidade de adaptação ao cumprimento da lei, para ter sentido de fiel obediência ao direito em vigor: "Consagrou-se, então, o conceito jurídico de *compliance*, em que pese já estar consagrada no vernáculo a palavra 'compilância' com o sentido técnico de 'adaptação', ideia oposta à rigidez. Todavia, ao menos no direito brasileiro, a partir da cultura social vigente, o conceito jurídico de *compliance* não se associa, nem de modo remoto, ao sentido de adaptar, de contornar a norma. Ao revés: a ideia é de *rigidez*, de respeito ao ordenamento jurídico vigente. A proposta, no Brasil, de combate à corrupção é uma proposta contrária à cultura do 'jeitinho'" (MARTINS, Ricardo Marcondes. Considerações críticas ao conceito de compliance. *Revista Internacional de Direito Público – RIDP*, Belo Horizonte, ano 6, n. 10, jan./jun. 2021. p. 19).

de carreira" pressupõe a ocupação de cargo público efetivo, sujeito, portanto, a concurso público. Outros organismos públicos especificam a estruturação de seu pessoal em carreira, como a polícia federal (art. 144, §1º), a polícia rodoviária federal (art. 144, §2º), a polícia ferroviária federal (art. 144 §3º), as polícias civis (art. 144, §4º), o quadro de servidores da polícia penal (art. 4º da EC nº 104, de 4 de dezembro de 2019) e os agentes de trânsito, voltados à segurança viária (art. 144, §10). Também há menção específica à carreira diplomática, que pode ser ocupada apenas por brasileiro nato (art. 12, §3º, V).

Como dito anteriormente, ademais, os oficiais das Forças Armadas e os praças e oficiais dos corpos militares estaduais ingressam apenas via concurso público.

Observa-se que, afora os professores da rede pública, todas as previsões explícitas ou implícitas sobre a obrigatoriedade de concurso público para o provimento são voltadas aos cargos que desempenham atividades típicas de Estado, isto é, aquelas que o Poder Público deve prestar de forma direta, sem permissibilidade de delegação da sua execução ao setor privado,[138] em razão das funções desempenhadas pelos seus ocupantes serem essenciais ao funcionamento do próprio Estado.[139]

Além do respaldo constitucional, tem-se o já citado art. 2º da Lei Federal nº 6.185/1974, além das exigências normativas próprias, a exemplo da carreira diplomática, cujo ingresso deve se dar mediante

---

[138] Tem-se os seguintes exemplos na legislação nacional: a) a Lei Federal nº 5.172, de 25 de outubro de 1966 (Código Tributário Nacional) estatui em seu art. 7º e em seu §3º que as funções de arrecadação ou fiscalização de tributos, assim como a de executar leis, serviços, atos ou decisões administrativas em matéria tributária são indelegáveis a pessoas de direito privado; e b) na Lei Federal nº 11.079, de 30 de dezembro de 2004, que institui normas gerais para licitação e contratação de parceria público-privada no âmbito da administração pública, dispõe, no inc. III do art. 4º, que é indelegável o exercício das "funções de regulação, jurisdicional, do exercício do poder de polícia e de outras atividades exclusivas do Estado". Não há uma conceituação normativa para a expressão "carreira típica de estado". Para o Fórum Nacional Permanente de Carreiras Típicas de Estado (FONACATE), elas são "aquelas que exercem atribuições relacionadas à expressão do Poder Estatal, não tendo, portanto, correspondência no setor privado. Integram o núcleo estratégico do Estado, requerendo, por isso, maior capacitação e responsabilidade" (disponível em: https://fonacate.org.br/o-fonacate/. Acesso em: 16 jun. 2024.).

[139] "[...] o Estado Democrático requer (ao mesmo tempo, suscita) o protagonismo do agente tipicamente estatal (não apenas dos membros de Poder), que, com independência e sem vinculação partidária, promove o "bem de todos" (CF, art. 3º, IV). É o Estado da continuidade planejada dos serviços essenciais, do intangível equilíbrio econômico-financeiro dos ajustes e da superação da lógica antagonizadora, partidária e adversarial nas relações de administração" (FREITAS, Juarez. Carreiras de Estado e o direito fundamental à boa administração pública. *Revista Interesse Público*, n. 53, jan./mar. 2009. p. 14).

concurso público de provas ou de provas e títulos, de acordo com o art. 35 da Lei Federal nº 11.440, de 29 de dezembro de 2006.

A distinção constitucional em relação aos cargos que exercem atividade típica de Estado se explicita pelo teor do art. 246 da Constituição de 1988, incluído pela EC nº 19/1998, no qual se prevê um regime especial de aplicação das disposições do inc. III do art. 41[140] e dos §§4º e 7º do art. 169[141] do texto constitucional ao servidor público estável que, em decorrência das atribuições do seu cargo efetivo, desenvolva atividades exclusivas de Estado. Sendo atividades relacionas à expressão do Poder Estatal, os cargos que as exercem são reconhecidos como de maior responsabilidade e por isso devem ter um tratamento mais distinto em relação às demais ocupações públicas, incluindo-se a indispensabilidade de concurso público para o seu provimento, como garantia de imparcialidade e atendimento ao interesse público.[142]

Há também a exigência explícita de concurso público, apenas de provas e títulos, para os seguintes cargos vitalícios: a) juiz de Direito, cujo ingresso na carreira se dá no cargo inicial de juiz substituto (art. 93, I); e b) membro do Ministério Público, estadual ou federal (art. 129, §3º). No caso do auditor do Tribunal de Contas, também denominado

---

[140] "Art. 41. São estáveis após três anos de efetivo exercício os servidores nomeados para cargo de provimento efetivo em virtude de concurso público.
[...]
III - mediante procedimento de avaliação periódica de desempenho, na forma de lei complementar, assegurada ampla defesa".

[141] "Art. 169. A despesa com pessoal ativo e inativo e pensionistas da União, dos Estados, do Distrito Federal e dos Municípios não pode exceder os limites estabelecidos em lei complementar.
[...]
§4º Se as medidas adotadas com base no parágrafo anterior não forem suficientes para assegurar o cumprimento da determinação da lei complementar referida neste artigo, o servidor estável poderá perder o cargo, desde que ato normativo motivado de cada um dos Poderes especifique a atividade funcional, o órgão ou unidade administrativa objeto da redução de pessoal.
[...]
§7º Lei federal disporá sobre as normas gerais a serem obedecidas na efetivação do disposto no §4º".

[142] "Apenas servidor de carreira, e por conseguinte, ocupante de cargos de provimento efetivo, pode executar as funções peculiares à fiscalização, haja vista que as suas tarefas são de cunho permanente (*ständige Aufgabe*) e, ao pressuporem 'utilização de poderes de soberania' (*Ausübung hoheitsrechlicher Befugnisse*), exigem, por simetria, o arrimo estatutário de um 'status especial' (*besonderen status*)" (FREITAS, Juarez. Carreiras de Estado: o núcleo estratégico contra as falhas de mercado e de governo. *In*: FORTINI, Cristiana (org.). *Servidor Público:* Estudos em homenagem ao Professor Pedro Paulo de Almeida Dutra. Belo Horizonte: Fórum, 2009. p. 198-199).

Ministro-Substituto ou Conselheiro-Substituto,[143] em que pese não haver referência explícita a concurso público na redação da CF/1988, as Constituições Estaduais[144] e a legislação em geral[145] exigem a realização de concurso público para o seu provimento. Trata-se de mais um reforço em relação à obrigatoriedade de realização do concurso público para o provimento de cargos que exercem atividades típicas de Estado.

Em resumo, os cargos que exercem atividade típica de Estado e que devem ser obrigatoriamente providos mediante a realização de concurso público são aqueles relacionados às atribuições de segurança pública, diplomacia, tributação, arrecadação, fiscalização de tributos e contribuições previdenciárias, advocacia pública, defensoria pública, controle interno, controle pelo Tribunal de Contas, inteligência de Estado, Ministério Público e magistratura. O Fórum Nacional Permanente de Carreiras Típicas de Estado (FONACATE) ainda considera como atividades típicas de Estado a fiscalização agrária, agropecuária e de relação de trabalho, gestão pública, comércio exterior, política monetária, e planejamento e orçamento federal.[146]

Além dos cargos e empregos públicos, o concurso público é o meio de seleção obrigatório para uma delegação específica de serviço público a ser exercido em caráter privado, o de cartórios e registros extrajudiciais. O art. 236, §3º da CF/1988 estabelece que "o ingresso na atividade notarial e de registro depende de concurso público de provas e títulos". Ainda nos termos do dispositivo constitucional mencionado, no caso de serventia vaga o Tribunal de Justiça responsável

---

[143] Algumas legislações têm utilizado a denominação Ministro-Substituto ou Conselheiro-Substituto (com atribuições de judicatura nos processos dos Tribunais de Contas) para fazer distinção do cargo de Auditor de Controle Externo, este último com competência para realizar as fiscalizações e a instrução técnica dos processos dos Tribunais de Contas.

[144] Um exemplo é o §5º do art. 56 da Constituição do Estado do Rio Grande do Norte: "Os Auditores são nomeados mediante concurso público de provas e títulos, dentre portadores de título de curso superior em Ciências Contábeis e Atuariais, Ciências Jurídicas e Sociais, Ciências Econômicas ou Administração, observando-se o disposto nos arts. 26, §6º e 110, quando em substituição a Conselheiros, têm as mesmas garantias e impedimentos dos titulares e, quando no exercício das demais atribuições da judicatura, as de Juiz da mais alta entrância".

[145] Tem-se como paradigma o art. 77 da Lei Federal nº 8.443, de 16 de julho de 1992, a Lei Orgânica do Tribunal de Contas da União: "Os auditores, em número de três, serão nomeados pelo Presidente da República, dentre os cidadãos que satisfaçam os requisitos exigidos para o cargo de ministro do Tribunal de Contas da União, mediante concurso público de provas e títulos, observada a ordem de classificação".

[146] Disponível em: https://fonacate.org.br/o-fonacate/. Acesso em: 20 jan. 2024.

CAPÍTULO 1
O PRINCÍPIO DO CONCURSO PÚBLICO NO ORDENAMENTO JURÍDICO BRASILEIRO | 71

pelo respectivo cartório deve abrir concurso público para provimento ou remoção no prazo de seis meses.[147]

Também devem prover seus quadros mediante prévio concurso público os conselhos de fiscalização profissional. Essas instituições exercem atividades típicas da Administração Pública, sendo delegatários do Estado para regulamentar e fiscalizar o exercício das profissões liberais, sendo possível a sua criação e dotação de personalidade jurídica apenas por lei.[148]

O Supremo Tribunal Federal os reconhece como dotados de personalidade jurídica de direito público, conferindo-lhes a natureza de autarquia federal[149]. Na qualidade de pessoa jurídica de direito público, qualificados como autarquias, portanto, os conselhos de fiscalização profissional estão sujeitos ao princípio do concurso público para a admissão de seu pessoal.[150]

1.2.2 Admissão por livre nomeação e exoneração (cargos em comissão)

Um permissivo além do concurso público para a ocupação de cargos públicos é aquele relacionado ao provimento dos cargos em

---

[147] "Serventias judiciais e extrajudiciais. Concurso público: arts. 37, II, e 236, §3º, da CF. Ação direta de inconstitucionalidade do art. 14 do ADCT da Constituição do Estado de Santa Catarina, de 5-10-1989, que diz: 'Fica assegurada aos substitutos das serventias, na vacância, a efetivação no cargo de titular, desde que, investidos na forma da lei, estejam em efetivo exercício, pelo prazo de três anos, na mesma serventia, na data da promulgação da Constituição'. É inconstitucional esse dispositivo por violar o princípio que exige concurso público de provas ou de provas e títulos, para a investidura em cargo público, como é o caso do titular de serventias judiciais (art. 37, II, da CF), e também para o ingresso na atividade notarial e de registro (art. 236, §3º)" (STF. ADI nº 363/SC. Relator Ministro Sydney Sanches. Plenário. Julgamento em 15/02/1996. Publicado em 03/05/1996).

[148] MAIA, Márcio Barbosa; QUEIROZ, Ronaldo Pinheiro. *O regime jurídico do concurso público e seu controle jurisdicional*. São Paulo: Saraiva, 2007. p. 71-77.

[149] "Criação do Conselho Federal e dos Conselhos Regionais de Educação Física e disciplina da eleição de seus membros efetivos e suplentes. Lei de iniciativa parlamentar. Inconstitucionalidade formal. Os conselhos de fiscalização profissional têm natureza jurídica de autarquia federal, de forma que somente podem ser criados por lei de iniciativa do presidente da república (artigo 61, §1º, II, a, da constituição federal)" (STF. ADI nº 3428/DF. Relator Ministro Luiz Fux. Plenário. Julgamento em 01/03/2023. Publicado em 24/04/2023).

[150] "Os conselhos de fiscalização profissional, posto autarquias criadas por lei e ostentando personalidade jurídica de direito público, exercendo atividade tipicamente pública, qual seja, a fiscalização do exercício profissional, submetem-se às regras encartadas no art. 37, II, da Constituição do Brasil/1988, quando da contratação de servidores" (STF. RE nº 539224/CE. Relator Ministro Luiz Fux. Plenário. Julgamento em 22/05/2012. Publicado em 18/06/2012).

comissão declarados em lei de livre nomeação e exoneração, conforme estabelecido pelo inc. I do art. 37 da CF/1988.

O cargo em comissão se funda na necessidade do gestor público em contar com pessoal de sua confiança para auxiliá-lo de forma direta na execução do seu plano de governo ou das diretrizes definidas para a sua administração, cabendo-lhes ser a "voz" da autoridade máxima do Poder ou entidade perante o quadro de pessoal do órgão, assim como respondê-lo sobre demandas e resultados atingidos ou assessorá-lo de forma direta, representando "as mais elevadas responsabilidades a serem exercidas sob a fidúcia da autoridade nomeante".[151]

O elemento "confiança" é característica inerente aos cargos em comissão, e, por isso, o vínculo para esse tipo de cargo público tem natureza precária, para que o gestor, no caso do não atingimento de resultados ou quebra da confiança, por exemplo, possa desligar o servidor do vínculo sem maiores formalidades além das exigidas pela lei.

Nesse sentido, o cargo em comissão pode ser exercido por qualquer pessoa, tenha ela ou não vínculo público, desde que atendidos os requisitos estabelecidos em lei para o seu provimento. A principal distinção em relação à função de confiança, nos termos do inc. V do art. 37 da CF/1988, é que a função de confiança só pode ser atribuída a servidor ocupante de cargo efetivo, prevalecendo o requisito de aprovação prévia em concurso público para que a designação seja regular.[152]

Ainda conforme o inc. V do art. 37, e tendo em vista a definição geral acima, os cargos em comissão (e funções de confiança) destinam-se apenas às atribuições de direção, chefia e assessoramento.[153] Isto é: o cargo em comissão não pode ser revestido de funções relacionadas à atividade de natureza técnica, burocrática ou operacional, devendo elas estarem atreladas a cargos de provimento efetivo. No caso de atribuições

---

[151] MAIA, Márcio Barbosa; QUEIROZ, Ronaldo Pinheiro. *O regime jurídico do concurso público e seu controle jurisdicional*. São Paulo: Saraiva, 2007. p. 51.

[152] "Funções de confiança e cargos em comissão têm semelhanças e diferenças, que devem ser atentamente analisadas: As semelhanças são basicamente: (a) restrição das atividades desempenhadas; (b) existência de vínculo subjetivo de confiança; (c) instabilidade do vínculo; e (d) constituem exceções à regra de investidura mediante concurso público" (DI PIETRO, Maria Sylvia Zanella; MOTTA, Fabrício; FERRAZ, Luciano de Araújo. *Servidores Públicos na Constituição de 1988*. São Paulo: Atlas, 2011. p. 13).

[153] "A) *Chefia* evoca autoridade, poder de decisão e mando situado em patamar hierarquicamente superior na estrutura da organização. B) *Direção* liga-se a comando, liderança, condução e orientação de rumos, gerenciamento. C) *Assessoramento* envolve atividades auxiliares de cunho técnico e especializado" (DI PIETRO, Maria Sylvia Zanella; MOTTA, Fabrício; FERRAZ, Luciano de Araújo. *Servidores Públicos na Constituição de 1988*. São Paulo: Atlas, 2011. p. 14-15).

dessas naturezas, é mais adequada a criação de funções de confiança destinadas a servidores efetivos cujos cargos detenham a competência para a realização desses atos.[154]

Ademais, as atribuições do cargo em comissão devem estar claramente definidas, dentro do rol permitido pela Constituição, não sendo possível a criação de cargo em comissão com atribuições genéricas.

Uma outra previsão do inc. V do art. 37 da Constituição Federal, com redação trazida pela EC nº 19/1998, é de que deverá haver um percentual mínimo de cargos em comissão a serem preenchidos por servidores de carreira. No caso do Governo Federal, a Lei Federal nº 14.204, de 16 de setembro de 2021, estabelece que o Poder Executivo Federal deverá destinar no mínimo 60% (sessenta por cento) do total de cargos em comissão na administração pública federal direta, autárquica e fundacional a servidores de carreira.

O Supremo Tribunal Federal, em análise de processo submetido à sistemática da repercussão geral,[155] tema de nº 1010, reforçou os ditames estabelecidos pelos incs. I e V do art. 37 da Constituição Federal no tratamento a ser dado aos cargos de provimento em comissão, conforme linhas abaixo:

> a) A criação de cargos em comissão somente se justifica para o exercício de funções de direção, chefia e assessoramento, não se prestando ao desempenho de atividades burocráticas, técnicas ou operacionais; b) tal criação deve pressupor a necessária relação de confiança entre a autoridade nomeante e o servidor nomeado; c) o número de cargos comissionados criados deve guardar proporcionalidade com a necessidade que eles visam suprir e com o número de servidores ocupantes de cargos efetivos no ente federativo que os criar; e d) as atribuições dos cargos em comissão devem estar descritas, de forma clara e objetiva, na própria

---

[154] Na Ação Direta de Inconstitucionalidade de nº 6655/SE, o STF firmou entendimento no sentido da impossibilidade de servidores puramente comissionados exercerem a chefia ou direção de unidades do Tribunal de Contas do Estado de Sergipe com competências de fiscalização (atividade típica de Estado): "Inconstitucionalidade material do §3º e caput do art. 9º da LCE 232/2013, na redação dada pelo art. 1º da LCE 256/2015, visto que conferem a um 'cargo em comissão' (Coordenadores de Unidade Orgânica do Tribunal), atribuições de Estado exclusivas de cargo de provimento efetivo integrante do quadro próprio do TCE/SE, em violação aos arts. 37, II e V, e também aos arts. 70, 71, 73 e 75 da CRFB" (STF. ADI nº 6655/SE. Relator Ministro Edson Fachin. Plenário. Julgamento em 09/05/2022. Publicado em 03/06/2022).

[155] Art. 102, §3º da Constituição Federal: "No recurso extraordinário o recorrente deverá demonstrar a repercussão geral das questões constitucionais discutidas no caso, nos termos da lei, a fim de que o Tribunal examine a admissão do recurso, somente podendo recusá-lo pela manifestação de dois terços de seus membros".

lei que os instituir (STF. RE nº 1041210 RG/SP. Relator Ministro Dias Toffoli. Plenário. Julgamento em 27/09/2018. Publicado em 21/05/2019).

Outro aspecto a se observar é que o termo "livre nomeação e exoneração" não significa salvo-conduto para exercício amplo da discricionariedade do gestor na nomeação para cargos em comissão. O exercício de um cargo de chefia, direção e assessoramento por um ocupante que não tenha as aptidões e qualificações necessárias ofende diretamente o princípio constitucional da eficiência administrativa, sendo possível, assim, a incidência do controle sobre a admissão do servidor inapto no cargo, com a respectiva anulação do ato.[156]

Além das restrições impostas pela Constituição Federal, o STF elencou uma outra limitação específica ao provimento dos cargos em comissão, no sentido de coibir a prática do nepotismo, isto é, o ingresso em cargos públicos de parentes das autoridades públicas, uma prática de caráter notadamente patrimonialista, como já exposto anteriormente. O instrumento utilizado pela Suprema Corte brasileira foi a Súmula Vinculante, de nº 13, no seguinte teor:

> A nomeação de cônjuge, companheiro ou parente em linha reta, colateral ou por afinidade, até o terceiro grau, inclusive, da autoridade nomeante ou de servidor da mesma pessoa jurídica investido em cargo de direção, chefia ou assessoramento, para o exercício de cargo em comissão ou de confiança ou, ainda, de função gratificada na administração pública direta e indireta em qualquer dos poderes da União, dos Estados, do Distrito Federal e dos Municípios, compreendido o ajuste mediante designações recíprocas, viola a Constituição Federal.

---

[156] "Muitas vezes o respeito à eficiência administrativa pelo administrador é visto através da maximização dos recursos públicos em contratações econômicas, mas um fator também lhe é característico: o perfil técnico dos agentes públicos investidos em cargos de gestão, porquanto a finalidade da investidura é obedecer aos parâmetros do regime jurídico-administrativo e, como o interesse público é indisponível, é necessário que a formação profissional de um postulante a um cargo em comissão seja condizente com o perfil esperado pela função administrativa que vá exercer.
Desse modo, a discricionariedade administrativa para investidura em cargos em comissão, de livre nomeação e exoneração, resta vinculada à natureza jurídica do interesse público e caso não fique demonstrado o preenchimento dos requisitos técnicos para o exercício do cargo, logo deve a nomeação ser anulada e para isso a teoria do desvio de finalidade se apresenta como alternativa" (ARAÚJO, Mário Augusto Silva. O princípio da eficiência como instrumento de controle do ato administrativo à luz da teoria do desvio de finalidade da investidura de cargos públicos de livre nomeação e exoneração. *Revista de Direito Administrativo, Infraestrutura, Regulação e Compliance*, v. 24, ano 7, jan./mar. 2023. p. 135-136).

CAPÍTULO 1
O PRINCÍPIO DO CONCURSO PÚBLICO NO ORDENAMENTO JURÍDICO BRASILEIRO | 75

Busca-se, pelo comando acima, proteger os princípios constitucionais da Administração Pública, no sentido de impedir o privilégio no acesso a cargos apenas em razão de laços de parentesco.

A vedação acima, no entanto, não atinge a nomeação para cargos de natureza política (cargos político-administrativos), como Ministros de Estado e Secretários dos Estados e dos Municípios.[157] Salienta-se não se tratar de um permissivo absoluto, tendo em vista a possibilidade do controle sobre essas admissões sob o prisma dos princípios da impessoalidade, moralidade e eficiência, especialmente.[158]

Nota-se que o controle sobre o provimento de cargos político-administrativos por parentes se volta principalmente ao desvio de finalidade na sua ocupação, levando em consideração o caso concreto para o reconhecimento da concretização da prática do nepotismo em sua acepção vinculada ao patrimonialismo, ao arrepio da capacidade e do mérito, necessários ao bom exercício da função e atendimento ao interesse público.[159]

---

[157] O próprio STF referenda esse entendimento: "1. Nos representativos que embasaram a aprovação da Súmula Vinculante 13, a discussão centrou-se nas nomeações para cargos em comissão e funções de confiança da administração pública (art. 37, V, CF/1988), conforme demonstram os quatro precedentes: a ADC 12 (Rel. Min. AYRES BRITTO, Tribunal Pleno, julgamento em 16/2/2006, DJ de 1º/9/2006), que declarou a constitucionalidade da Resolução 7/2005 do Conselho Nacional de Justiça, vedando o nepotismo no Poder Judiciário; a ADI 1.521 (Rel. Min. RICARDO LEWANDOWSKI, Tribunal Pleno, julgado em 19/3/2013, DJe de 13/8/2013); o MS 23.780 (Rel. Min. JOAQUIM BARBOSA, Tribunal Pleno, julgado em 28/09/2005, DJ 3/3/2006); e o RE 579951 RG (Rel. Min. RICARDO LEWANDOWSKI, Tribunal Pleno, julgado em 20/08/2008, DJe de 23/10/2008, resultando no julgamento do Tema 66, com tese fixada no sentido de que a vedação ao nepotismo não exige a edição de lei formal para coibir a prática, dado que essa proibição decorre diretamente dos princípios contidos no art. 37, caput, da Constituição Federal. 2. A grande distinção é que a construção do enunciado se refere especificamente ao art. 37, V, CF/1988, e não a cargos políticos e nomeação política. A previsão de nomeação do primeiro escalão do chefe do Executivo está no art. 84 da Constituição Federal, tal entendimento deve ser aplicado por simetria aos Secretários estaduais e municipais (art. 76, da CF/1988). 3. A nomeação de parente, cônjuge ou companheira para cargos de natureza eminentemente política, como no caso concreto, em que a esposa do Prefeito foi escolhida para exercer cargo de Secretária Municipal, não se subordina ao Enunciado Vinculante 13 (Rcl 30.466, de minha relatoria, 1ª Turma, Dje de 26/11/2018)" (STF. Rcl nº 31732/SP. Relator Ministro Marco Aurélio. Primeira Turma. Julgamento em 05/11/2019. Publicado em 03/02/2020).

[158] "Nos [...] cargos político-funcionais e cargos político-administrativos, a apuração sobre desvio na escolha do governante é sempre cabível, sendo possível cogitar inclusive de situações típicas de desvio de finalidade e ilegitimidade constitucional por nepotismo" (MODESTO, Paulo. Promoção da confiança pública e paralisia decisória durante a pandemia de COVID-19: encontro marcado com o RE nº 1.133.118 (nepotismo em cargos político-administrativos). *Revista brasileira de Direito Público*, ano 18, n. 69, abr./jun. 2020. p. 100).

[159] "Em hipóteses que atinjam ocupantes de cargos políticos, a configuração do nepotismo deve ser analisada caso a caso, a fim de se verificar eventual 'troca de favores' ou fraude a

No âmbito do Supremo Tribunal Federal está em discussão a constitucionalidade de norma que prevê a possibilidade de cônjuge, companheiro ou parente, em linha reta colateral ou por afinidade, até o terceiro grau, inclusive, da autoridade nomeante, para o exercício de cargo político, tendo a repercussão geral reconhecida, com tema sob o nº 1000.[160] Em caso de adoção da tese pela inconstitucionalidade, os efeitos da Súmula Vinculante nº 13 se estenderão para os cargos político-administrativos, o que gerará consequências positivas no tratamento da matéria, em especial na uniformização do tratamento e proteção da moralidade e impessoalidade no trato da coisa pública pelas autoridades e gestores.

1.2.3 Contratação temporária para atender a excepcional interesse público

Outra hipótese de admissão no serviço público sem a prévia realização de concurso público autorizada pelo atual texto da Constituição está prevista no inc. IX do art. 37, com a seguinte redação: "a lei estabelecerá os casos de contratação por tempo determinado para atender a necessidade temporária de excepcional interesse público".

Essa exceção ao concurso público foi concebida para situações nas quais a Administração Pública necessite de pessoal para uma reação

---

lei." (STF. Rcl nº 7.590/PR. Relator Ministro Dias Toffoli. Primeira Turma. Julgamento em 30/09/2014. Publicado em 14/11/2014).

[160] Recurso Extraordinário nº 1133118/SP, sob relatoria do Ministro Luiz Fux: "Vê-se, assim, que a indefinição acerca da constitucionalidade da nomeação de parentes do nomeante para cargos de natureza política tem provocado grande insegurança jurídica. Tanto o administrado quanto o poder público desconhecem a real legitimidade de diversas nomeações a cargos públicos até que haja um pronunciamento definitivo do poder judiciário. O resultado prático é de comprometimento do adequado desenvolvimento de agendas políticas pretendidas pelos indicados, e, consequentemente, do funcionamento eficiente da administração. Destarte, a *vexata questio* transcende os limites subjetivos da causa, porquanto, ao versar sobre a extensão da limitação imposta a práticas de nepotismo, a questão tem impacto em diversos casos em que, à semelhança do presente recurso extraordinário, discute-se a legalidade de indicações para cargos públicos. Configura-se, assim, a relevância da matéria sobre as perspectivas social e jurídica, bem como a transcendência da questão cuja repercussão geral ora se submete ao escrutínio da Corte, sob o tema sugerido de que é inconstitucional a nomeação, para o exercício de cargo político, de cônjuge, companheiro ou parente em linha reta, colateral ou por afinidade, até o terceiro grau, inclusive, da autoridade nomeante" (STF. RE nº 1133118/SP. Relator Ministro Luiz Fux. Plenário Virtual. Julgamento em 14/06/2018. Publicado em 21/06/2018).
O tema foi pautado para julgamento diversas vezes, porém excluído em todas as ocasiões. Em 17 de abril de 2024, foi lido o relatório e realizada a sustentação oral, sendo o julgamento suspenso, sem previsão de sua continuidade.

eficaz e eficiente ao cenário de excepcionalidade, quando a realização de concurso público (frequentemente um processo de longa duração e destinado ao provimento dos cargos de natureza permanente) não tenha viabilidade. O teor do dispositivo constitucional delimita os requisitos necessários à permissibilidade da contratação temporária.

O primeiro deles é a *previsão em lei* das hipóteses que autorizam a contratação temporária, a serem definidas mediante critérios objetivos. As hipóteses devem estar relacionadas ao atendimento das situações excepcionais em razão do interesse público.[161] É vedada a previsão genérica ou meramente autorizativa de contratações a nível geral pela lei, sendo imprescindível a já mencionada especificidade dos critérios e hipóteses ensejadoras da contratação.[162]

Um outro aspecto que deve permear a permissão de contratações temporárias é a *temporariedade do vínculo e da necessidade da Administração*. O vínculo deve ter "duração determinada e identificável no tempo",[163] devendo se manter apenas enquanto a situação de excepcionalidade perdurar ou no prazo delimitado pelo contrato, observados os limites previstos pela lei autorizadora.

Salienta-se que se afigura irrazoável a duração de um contrato com alto lapso temporal ou sucessivas prorrogações de contratos temporários nos termos do inc. IX do art. 37 da Constituição Federal. O vínculo permanente é intrínseco ao regime de cargos ou empregos públicos a serem providos por concurso.

Em relação à duração dos contratos, conforme já dito, cabe à lei a sua delimitação. No caso do Governo Federal, a Lei Federal nº 8.745, de 9 de dezembro de 1993, que dispõe sobre a contratação temporária, a extensão temporal dos contratos, incluindo suas prorrogações, vai de seis meses a seis anos, a depender da situação. Já houve permissivo de duração máxima de oito anos para as atividades desenvolvidas no âmbito dos projetos do Sistema de Vigilância da Amazônia e Sistema

---

[161] DI PIETRO, Maria Sylvia Zanella; MOTTA, Fabrício; FERRAZ, Luciano de Araújo. *Servidores Públicos na Constituição de 1988*. São Paulo: Atlas, 2011. p. 69-70.

[162] "A lei referida no inciso IX do art. 37, C.F., deverá estabelecer os casos de contratação temporária. No caso, as leis impugnadas instituem hipóteses abrangentes e genéricas de contratação temporária, não especificando a contingência fática que evidenciaria a situação de emergência, atribuindo ao chefe do Poder interessado na contratação estabelecer os casos de contratação: inconstitucionalidade" (STF. ADI nº 3210/PR. Relator Ministro Carlos Velloso. Plenário. Julgamento em 11/11/2004. Publicado em 03/12/2004).

[163] DI PIETRO, Maria Sylvia Zanella; MOTTA, Fabrício; FERRAZ, Luciano de Araújo. *Servidores Públicos na Constituição de 1988*. São Paulo: Atlas, 2011. p. 70.

de Proteção da Amazônia, pela Lei Federal nº 9.849, de 26 de outubro de 1999.

Em relação à temporariedade da necessidade da Administração, a contratação deve atender a situações que tenham duração que, se não com prazo certo, pelo menos se vincule a necessidade ao encerramento do fator que gerou a demanda extraordinária. Se a necessidade é permanente, deve ser priorizada a admissão em cargo efetivo ou emprego público, preenchidos mediante concurso público.

A *excepcionalidade* é um outro requisito a ser observado quando das contratações temporárias de pessoal, ou seja, "a comprovação do excepcional interesse público, da ingente necessidade, da situação incomum e inesperada por que passa a Administração".[164] As contratações são voltadas ao atendimento do interesse público para suprir a cobertura da situação extraordinária, com a qual o Estado não dispõe de pessoal adequado ou suficiente para lidar.

Um outro elemento a se considerar é o da *indispensabilidade* da contratação. A admissão de servidores temporários deve ser fator de preponderância na capacidade da Administração Pública em providenciar sua cobertura ante a situação excepcional que levou a essa necessidade.

Sobre os requisitos constitucionais para a contratação temporária de pessoal, o Supremo Tribunal Federal tem a seguinte tese de repercussão geral, de nº 612:

> Nos termos do art. 37, IX, da Constituição Federal, para que se considere válida a contratação temporária de servidores públicos, é preciso que: a) os casos excepcionais estejam previstos em lei; b) o prazo de contratação seja predeterminado; c) a necessidade seja temporária; d) o interesse público seja excepcional; e) a contratação seja indispensável, sendo vedada para os serviços ordinários permanentes do Estado que estejam sob o espectro das contingências normais da Administração (STF. RE nº 658026/MG. Relator Ministro Dias Toffoli. Plenário. Julgamento em 09/04/2014. Publicado em 30/10/2014).

Em relação ao não cabimento de contratações temporárias para atividades permanentes e ordinárias da Administração, o próprio STF

---

[164] MAIA, Márcio Barbosa; QUEIROZ, Ronaldo Pinheiro. *O regime jurídico do concurso público e seu controle jurisdicional*. São Paulo: Saraiva, 2007. p. 47.

tem precedentes no sentido de sua permissão, prevalecendo a situação de excepcionalidade que demanda a contratação.[165]

Tem-se como exemplo a contratação para o exercício de atividades de natureza permanente como a de profissionais de ensino para substituição de profissionais de ensino afastados em decorrência de afastamentos legais, ou de profissionais de saúde para o atendimento de uma crise sanitária, como se deu recentemente durante a pandemia da covid-19. Vislumbra-se, no entanto, a impossibilidade dessa modalidade de admissão para o exercício de atividades típicas de Estado, em especial as que têm previsão específica na Constituição de ingresso exclusivo por concurso público.

Ademais, admite-se a possibilidade da admissão temporária de pessoal para operacionalizar um órgão público recém-criado ou com expansão de atribuições até a realização de concurso, tendo em vista a necessidade de efetiva e imediata prestação dos serviços pelo Estado e o atendimento ao princípio da eficiência.[166]

Deve ser observada, ainda, a obediência ao direito fundamental à ampla acessibilidade aos cargos, empregos e funções públicas também nas contratações temporárias. Não obstante o caráter emergencial das contratações, deve-se zelar pela realização de um processo seletivo que obedeça aos princípios estatuídos pelo texto constitucional federal, em especial aos postulados da impessoalidade, moralidade e publicidade, evitando-se critérios subjetivos para avaliação, além de se observar "a compatibilidade da formação e habilitação do contratado com as atividades a serem desempenhadas no exercício da respectiva função".[167]

---

[165] "1. A natureza permanente de algumas atividades públicas - como as desenvolvidas nas áreas da saúde, educação e segurança pública – não afasta, de plano, a autorização constitucional para contratar servidores destinados a suprir demanda eventual ou passageira. Necessidade circunstancial agregada ao excepcional interesse público na prestação do serviço para o qual a contratação se afigura premente autoriza a contratação nos moldes do art. 37, inc. IX, da Constituição da República. 2. A contratação destinada a atividade essencial e permanente do Estado não conduz, por si, ao reconhecimento da alegada inconstitucionalidade. Necessidade de exame sobre a transitoriedade da contratação e a excepcionalidade do interesse público que a justifica. 3. Ação direta de inconstitucionalidade julgada parcialmente procedente para dar interpretação conforme à Constituição" (STF. ADI nº 3247/MA. Relatora Ministra Carmen Lúcia. Plenário. Julgamento em 26/03/2014. Publicado em 15/08/2014).

[166] DI PIETRO, Maria Sylvia Zanella; MOTTA, Fabrício; FERRAZ, Luciano de Araújo. *Servidores Públicos na Constituição de 1988*. São Paulo: Atlas, 2011. p. 70-72.

[167] MELO, Frederico Jorge Gouveia de. *Admissão de Pessoal no Serviço Público*: Procedimentos, restrições e controles (de acordo com a Lei de Responsabilidade Fiscal). 2. ed. Belo Horizonte: Fórum, 2009. p. 72.

Esse tipo de certame, comumente chamado de processo seletivo simplificado, deve ser realizado de forma célere, de modo a permitir uma rápida e eficiente prospecção de pessoas interessadas em assumir as funções temporárias estabelecidas na ocasião de excepcionalidade, observando-se, como já dito, o caráter impessoal da administração. A dispensa de um processo seletivo pode ser permitida apenas nos casos em que a urgência da situação excepcional ponha em risco o interesse público, com a devida motivação e nos casos previstos pela legislação, quando houver.

1.2.4 Admissão de agente comunitário de saúde e agente de combate às endemias

O constituinte derivado elencou uma outra forma de ingresso profissional no serviço público além das originalmente previstas pela Constituição de 1988: o processo seletivo público. Essa modalidade de seleção passou a ser prevista em razão da publicação da Emenda Constitucional nº 51, de 14 de fevereiro de 2006, que incluiu no texto constitucional dispositivos relativos ao tratamento a ser dado aos agentes comunitários de saúde (ACS) e agentes de combate às endemias (ACE).

A EC nº 51/2006 adveio da PEC nº 7/2003, fundamentada na evolução dos programas de saúde da família como componentes essenciais do Sistema Único de Saúde (SUS), com a atuação de profissionais residentes na própria comunidade atendida para a prevenção e combate a doenças por meio de ações comunitárias. Em que pese o reconhecimento da função e de requisitos básicos,[168] não havia definição sobre a forma de admissão desse pessoal, bem como o regime jurídico aplicável. Em razão disso, os Municípios comumente realizavam contratações temporárias, nos termos do inc. IX do art. 37 da Constituição, para a oferta do serviço público, em que pese a caracterização das atribuições dos agentes de saúde serem de natureza permanente.[169]

Originalmente, a PEC nº 7/2003 propunha a alteração do inc. II do art. 37 da Constituição para prever o processo seletivo público dentre o

---

[168] Lei Federal nº 10.507, de 10 de julho de 2002.

[169] VARGAS, Darlã Martins; RODRIGUES, Gustavo Augusto Ferraz. Uma discussão a respeito dos agentes comunitários de saúde e de combate às endemias: a Emenda Constitucional nº 51/2006 e a Lei nº 11.350/06. *Revista Interesse Público – IP*, n. 47, jan. 2008. p. 242-245.

rol dos meios de admissões permitidas por aquele dispositivo,[170] porém no seu trâmite foi encaminhado substitutivo que previu o acréscimo dos §§4º, 5º e 6º ao art. 198 da Constituição Federal. Especificamente em relação à forma de selecionar os ACS e ACE, assim ficou a redação final, constante no §4º do art. 198 da CF/1988:

> §4º Os gestores locais do sistema único de saúde poderão admitir agentes comunitários de saúde e agentes de combate às endemias por meio de processo seletivo público, de acordo com a natureza e complexidade de suas atribuições e requisitos específicos para sua atuação.

A distinção da modalidade de seleção para o desempenho dessas funções se dá principalmente pela liberdade de opção pelo regime jurídico (celetista ou estatutário) entre os entes federativos e pela exigência de que os ACS e ACE devem residir na área da comunidade em que atuarem (apenas para os ACS), e terem concluído, com aproveitamento, curso de formação inicial, nos termos da Lei Federal nº 11.350, de 5 de outubro de 2006. Afora a observância desses requisitos, os processos seletivos se assemelham a concursos públicos nos seus procedimentos em geral, ocorrendo de diversos entes realizarem concursos, e não processos seletivos públicos, para o ingresso desses profissionais.[171]

Permitiu-se, ainda, que os profissionais que já desempenhassem as atividades de ACS e ACE antes da entrada em vigor da EC nº 51/2006 ficassem dispensados de submissão a processo seletivo público, desde que tivessem sido contratados a partir de anterior processo de seleção pública efetuado ou supervisionado por órgãos ou entes da Administração Direta ou Indireta do Estado, Distrito Federal ou Município.[172]

Por fim, o Supremo Tribunal Federal, ao apreciar a constitucionalidade de lei que definia o regime jurídico dos ACE como de natureza

---

[170] "II – a investidura em cargo ou emprego público depende de aprovação prévia em concurso público de provas ou de provas e títulos, de acordo com a natureza e a complexidade do cargo ou emprego, na forma prevista em lei, ressalvadas as nomeações para cargo em comissão declarado em lei de livre nomeação e exoneração, bem como as contratações dos agentes comunitários de saúde integrados ao sistema único de saúde que serão admitidos através de processo seletivo público."

[171] Para Frederico Jorge Gouveia de Melo, "não se justifica entender tal forma de seleção de pessoal como uma nova modalidade de admissão, pelo contrário, trata-se do concurso público adequado às necessidades da administração do SUS" (MELO, Frederico Jorge Gouveia de. *Admissão de Pessoal no Serviço Público*: Procedimentos, restrições e controles (de acordo com a Lei de Responsabilidade Fiscal). 2. ed. Belo Horizonte: Fórum, 2009. p. 78).

[172] Art. 2º, parágrafo único da EC nº 51/2006.

estatutária, fixou tese de reconhecimento do processo seletivo público como exceção ao princípio do concurso público no seguinte sentido:

> A EC nº 51/2006, ao prever a admissão de agentes de combate às endemias por processo seletivo público, estabeleceu exceção constitucional à regra do concurso público, cabendo ao legislador ordinário definir o regime jurídico aplicável aos profissionais (STF. ADI nº 5554/DF. Relator Ministro Luís Roberto Barroso. Plenário. Julgamento de 14/04/2023 a 24/04/2023. Publicado em 05/05/2023).

1.2.5 Admissão em cargos de natureza jurídico-política especial

Em razão da natureza jurídico-política de determinados órgãos e cargos, o texto constitucional de 1988 previu que, através do preenchimento de requisitos preestabelecidos, indivíduos podem, por escolha do Chefe do Poder Executivo ou mediante deliberação dos Poderes Legislativos e Judiciário, ingressar no serviço público sem a necessidade de prestar concurso.

O rol é o seguinte: a) Ministros do Supremo Tribunal (art. 101, parágrafo único); b) Ministros do Superior Tribunal de Justiça (art. 104, parágrafo único); c) Ministros do Tribunal Superior do Trabalho (art. 111-A, I e II); d) Ministros do Superior Tribunal Militar (art. 123 e seu parágrafo único); e) Ministros e Conselheiros dos Tribunais de Contas (art. 73, §2º, I e II); f) Desembargadores dos Tribunais de Justiça (art. 93, III e art. 94, parágrafo único) e Tribunais Regionais Federais (art. 107, I e II); g) Ministros do Superior Tribunal Eleitoral (art. 119, I, "a" e "b", e II); e h) Juízes dos Tribunais Regionais Eleitorais (art. 120, §1º, I, "a" e "b", e II e III).

Com exceção dos cargos vinculados à Justiça Eleitoral, o rol acima contém apenas vínculos de natureza vitalícia. Em relação aos Desembargadores, prescindem de prévio vínculo com o Estado como juiz ou Membro do Ministério Público as vagas destinadas aos advogados, o chamado quinto constitucional, nos termos do art. 94 da Constituição.

1.2.6 Provimento derivado

Todo o exposto até o momento denota que o concurso público deve ser priorizado para o provimento de cargos e empregos públicos. Especificamente em relação a cargos públicos, constam permissivos legais

O PRINCÍPIO DO CONCURSO PÚBLICO NO ORDENAMENTO JURÍDICO BRASILEIRO

no sentido da sua ocupação (ou reocupação) sem a prévia realização de concursos públicos, sendo necessária a preexistência de vínculo junto à Administração. Como já definido anteriormente, esta modalidade é denominada como provimento derivado. Abaixo se verão as modalidades atualmente permitidas.

A *promoção* deriva da existência de uma carreira. Carreira consiste em um conjunto de cargos ordenados em classes ou níveis, escalonados "em função de grau de responsabilidade e nível de complexidade das atribuições".[173] Isto é, o provimento originário em uma carreira se dá mediante concurso público, no cargo inicial, e, durante a vida funcional, o servidor, ao preencher os requisitos previstos em lei e havendo vagas disponíveis, passa a ocupar cargos de níveis superiores na estrutura da carreira. Ele é promovido.[174]

Geralmente as promoções são regulamentadas pelas leis que regem os planos de carreira das categorias assim organizadas.[175] Um outro critério é de que a promoção deve ser prevista em lei em sentido estrito, incluindo o quantitativo de cargos disponíveis, não sendo cabível esse tipo de regulamentação em atos infralegais, como decretos ou instrumentos de natureza similar.

A *readaptação* ocorre em razão da limitação que um servidor tenha sofrido por razões de saúde, verificada em inspeção médica oficial. A partir da verificação, a Administração deve alocá-lo em um cargo de atribuições equivalentes, respeitada a habilitação exigida e compatível com a limitação que tenha sofrido em sua capacidade física ou mental, desde que esta limitação não enseje em aposentadoria por incapacidade permanente para o trabalho. O instituto, até então previsto apenas em leis, sem questionamento sobre sua constitucionalidade,[176] passou

---

[173] MELLO, Celso Antônio Bandeira de. *Curso de Direito Administrativo*. 32. ed. São Paulo: Malheiros, 2015. p. 312.

[174] Convém fazer distinção em relação aos cargos isolados, que, mesmo sem estarem insertos em uma carreira, têm padrões remuneratórios que podem ser alcançados de acordo com o preenchimento dos requisitos previstos em lei, porém as atribuições e o nível de responsabilidade não se modificam, como ocorre em uma estrutura de carreira em sentido estrito.

[175] MADEIRA, José Maria Pinheiro. *Servidor público na atualidade*. 8. ed. Rio de Janeiro: Elsevier, 2010. p. 343-344.

[176] Para Celso Antônio Bandeira de Mello, a readaptação seria uma modalidade de transferência, forma de provimento considerada inconstitucional, conforme se verá adiante (MELLO, Celso Antônio Bandeira de. *Curso de Direito Administrativo*. 32. ed. São Paulo: Malheiros, 2015. p. 318). O STF, até o momento, não se manifestou em qualquer sentido sobre a inconstitucionalidade da readaptação.

a ter permissivo constitucional com a inclusão do §13[177] ao art. 37 da Constituição Federal pela Emenda Constitucional nº 103, de 12 de novembro de 2019, que alterou o sistema de previdência social.

A *reversão* se dá quando o servidor aposentado retorna à atividade, no mesmo cargo em que se aposentou, quando junta médica oficial verificar a cessação do fator que o levou a se aposentar por incapacidade permanente para o trabalho, ou no interesse da Administração, mediante pedido do próprio servidor, devendo a aposentadoria ter se dado da forma voluntária, ocorrida nos cinco anos anteriores à solicitação e havendo cargo vago. Na Lei Federal nº 8.112, de 11 de dezembro de 1990, que dispõe sobre o regime jurídico dos servidores públicos da União, das autarquias e das fundações públicas federais, a reversão está prevista no art. 25.

A *reintegração* é instituto previsto na Constituição para proteção do servidor público estável, localizado no §2º do art. 41.[178] Ela ocorre nos casos em que a penalidade de demissão aplicada a servidor estável é invalidada por sentença judicial ou decisão administrativa, devendo a Administração, de ofício, proceder com a abertura de processo para efetuar a reintegração do servidor.[179]

A *recondução* é a volta do servidor estável ao cargo anteriormente ocupado, podendo ocorrer em duas hipóteses: a) se o ocupante anterior do cargo atualmente preenchido foi reintegrado, nos termos do §2º do art. 41 da Constituição Federal; e b) se ele foi inabilitado em estágio probatório relativo a outro cargo.[180] Salienta-se a necessidade de vacância do cargo de origem para que a recondução seja possível.

---

[177] "§13. O servidor público titular de cargo efetivo poderá ser readaptado para exercício de cargo cujas atribuições e responsabilidades sejam compatíveis com a limitação que tenha sofrido em sua capacidade física ou mental, enquanto permanecer nesta condição, desde que possua a habilitação e o nível de escolaridade exigidos para o cargo de destino, mantida a remuneração do cargo de origem".

[178] "§2º Invalidada por sentença judicial a demissão do servidor estável, será ele reintegrado, e o eventual ocupante da vaga, se estável, reconduzido ao cargo de origem, sem direito a indenização, aproveitado em outro cargo ou posto em disponibilidade com remuneração proporcional ao tempo de serviço".

[179] "Mesmo que o estatuto não preveja a reintegração administrativa, aplica-se em homenagem ao princípio da autotutela dos atos administrativos" (MADEIRA, José Maria Pinheiro. *Servidor público na atualidade*. 8. ed. Rio de Janeiro: Elsevier, 2010. p. 359).

[180] O Supremo Tribunal Federal já se manifestou no sentido de que é possível a recondução em caso de desistência de permanência no novo cargo ainda durante o período de estágio probatório: "EMENTA: CONSTITUCIONAL. ADMINISTRATIVO. SERVIDOR PÚBLICO. ESTÁGIO PROBATÓRIO. Lei 8.112/90, art. 20, §2º. C.F., art 41. I.- O direito de o servidor, aprovado em concurso público, estável, que presta novo concurso e, aprovado, é nomeado para cargo outro, retornar ao cargo anterior ocorre enquanto estiver sendo submetido ao

CAPÍTULO 1
O PRINCÍPIO DO CONCURSO PÚBLICO NO ORDENAMENTO JURÍDICO BRASILEIRO | 85

O *aproveitamento* é o provimento voltado ao servidor posto em disponibilidade em razão de recondução ou reintegração sem cargo disponível ou extinção do cargo anteriormente ocupado. O cargo no qual o servidor será aproveitado deverá ter atribuições e remuneração compatíveis com o cargo originalmente ocupado. A Constituição Federal confere legitimidade ao instituto mediante o §3º do art. 41,[181] sendo derivado do princípio constitucional da disponibilidade.[182]

Salienta-se que a *remoção*[183] não se constitui em modalidade de provimento derivado. Na remoção deve prevalecer o interesse da Administração (ou interesse público) sobre o interesse do servidor no deslocamento nos quadros. Ademais, o ato de remoção deve estar devidamente motivado, sob pena de invalidação.[184] Ressalta-se que a remoção não consiste na mudança para cargo diverso, mas para quadro distinto, com manutenção do cargo originalmente provido.

Outro instituto que também não é forma de provimento derivado é a *cessão*, isto é, a colaboração entre diferentes órgãos públicos com vistas à prestação de serviços do servidor de um órgão para outro órgão ou esfera, com a manutenção do vínculo original, sendo remunerado pelo órgão cedente ou pelo cessionário, a depender do ato emitido.

Ressalta-se que a cessão deve guardar relação com as atividades realizadas pelo servidor cedido no sentido de atendimento ao interesse da Administração com vistas à melhoria ou efetivação das atividades

---

estágio probatório no novo cargo: Lei 8.112/90, art. 20, §2º. É que, enquanto não confirmado no estágio do novo cargo, não estará extinta a situação anterior. II.- No caso, o servidor somente requereu a sua recondução ao cargo antigo cerca de três anos e cinco meses após a sua posse e exercício neste, quando, inclusive, já estável: C.F., art. 41. III.- M.S. indeferido" (STF. MS nº 24542/DF. Relator Ministro Carlos Velloso. Plenário. Julgamento em 21/08/20023. Publicado em 12/09/2003).

[181] "§3º Extinto o cargo ou declarada a sua desnecessidade, o servidor estável ficará em disponibilidade, com remuneração proporcional ao tempo de serviço, até seu adequado aproveitamento em outro cargo".

[182] MADEIRA, José Maria Pinheiro. *Servidor público na atualidade*. 8. ed. Rio de Janeiro: Elsevier, 2010. p. 370.

[183] "Remoção é o ato pelo qual o servidor sofre o deslocamento a pedido ou *ex officio* no âmbito interno dos quadros da Administração" (MADEIRA, José Maria Pinheiro. *Servidor público na atualidade*. 8. ed. Rio de Janeiro: Elsevier, 2010. p. 378).

[184] MADEIRA, José Maria Pinheiro. *Servidor público na atualidade*. 8. ed. Rio de Janeiro: Elsevier, 2010. p. 379.

desempenhadas pelo órgão cessionário.[185] O desvio de finalidade na cessão pode caracterizar burla ao princípio do concurso público.[186]

Já o *enquadramento* pode ser definido como a reestruturação de um cargo ou carreira, com a adaptação e nova organização de estrutura remuneratória, nomenclatura e ajuste ou atualização de atribuições, não implicando em provimento.[187] Deve-se observar a manutenção do nível de escolaridade e requisitos para a sua assunção, e que as atribuições do novo cargo correspondam às daquele que compunha o quadro anterior, além da necessária identidade remuneratória entre os cargos.[188]

A não observância do disposto no parágrafo anterior configura provimento derivado irregular de cargo público,[189] tendo em vista o preenchimento de vagas sem prévio concurso público em cargo recém-criado, sem a necessária correspondência com o cargo transformado ou extinto.[190] Trata-se de prática que demanda atenção em relação em

---

[185] "A cessão de servidores entre os diferentes entes estatais e entre estes e as organizações sociais [...], somente se encontrará consentânea com os princípios insertos no art. 37, da CF, se tiver por objetivo uma das seguintes situações: o desenvolvimento de cooperação em ações tendentes à arrecadação de tributos que deverão ser partilhados, em razão da previsão constitucional; ou para a transferência de conhecimento técnico, cuja detenção esteja ainda restrita ao ente cedente, neste caso como forma de cooperação com o desenvolvimento da prestação dos serviços públicos e da atividade administrativa, especialmente aqueles previstos no art. 23, da CF, cuja competência é comum às três esferas de governo; ou, finalmente, para o desempenho de atividades públicas não restritas à atuação de apenas uma das esferas de governo, como aquelas descritas nos arts. 23, da CF e naquelas normas constitucionais denominadas de programáticas e que se definem como sendo objetivo do Estado (em sentido genérico) e direito do cidadão, como é o caso da saúde (art. 196, CF), educação (art. 205, CF), segurança (art. 144, CF) etc." (OLIVEIRA, Antônio Flávio de. *Servidor Público:* Remoção, Cessão, Enquadramento e Redistribuição. 3. ed. Belo Horizonte: Editora Fórum, 2009. p. 144).

[186] OLIVEIRA, Antônio Flávio de. *Servidor Público:* Remoção, Cessão, Enquadramento e Redistribuição. 3. ed. Belo Horizonte: Editora Fórum, 2009. p. 144-145.

[187] OLIVEIRA, Antônio Flávio de. *Servidor Público:* Remoção, Cessão, Enquadramento e Redistribuição. 3. ed. Belo Horizonte: Editora Fórum, 2009. p. 159-160.

[188] "A reestruturação de cargos, fundada em evolução legislativa de aproximação e na progressiva identificação de atribuições, não viola o princípio do concurso público quando: (i) uniformidade de atribuições entre os cargos extintos e aquele no qual serão os servidores reenquadrados; (ii) identidade dos requisitos de escolaridade para ingresso no cargo público; (iii) identidade remuneratória entre o cargo criado e aqueles extintos" (STF. ADI 5406/PE. Plenário. Relator Ministro Edson Fachin. Julgamento em 27/04/2020. Publicado em 26/06/2020).

[189] "A transformação de carreira de nível médio em outra de nível superior, com atribuições distintas, constitui forma de provimento derivado vedada pelo art. 37, II, da CF/88" (STF. ADI 7229/AC. Plenário. Relator Ministro Dias Toffoli. Redator do Acórdão Ministro Luís Roberto Barroso. Julgamento em 13/11/2023. Publicado em 06/12/2023).

[190] "[...] a transformação só é possível quando diante de similaridade absoluta, tanto entre funções a serem desempenhadas, como em relação as exigências do concurso público a que o servidor se submeteu para o provimento inicial" (PEREIRA, Maria Fernanda Pires

seu tratamento e que tem sido recorrente na Administração Pública,[191] como será visto em exemplos da atuação do controle externo no capítulo 3 desta obra.

1.2.7 Servidores estabilizados e servidores não estáveis

A Constituição Federal de 1988, a exemplo de textos anteriores, como os de 1946 e 1967,[192] previu a estabilidade para os servidores que ingressaram no serviço público sem a prévia realização de concurso público, desde que contassem com pelo menos cinco anos continuados em exercício na Administração Pública na data de promulgação da atual Constituição, e cujos vínculos não fossem de natureza comissionada ou temporária, nos termos do art. 19 do ADCT.[193] Esses servidores são denominados "servidores estabilizados".

Como visto no histórico das admissões nas Constituições brasileiras, especialmente no período de vigência da EC nº 1/1969, o ingresso no serviço público se deu de forma ampla sob o regime trabalhista. Como o art. 19 do ADCT não delimitou o regime jurídico do servidor, a garantia da estabilidade não se limitou aos servidores estatutários, abrangendo,

---

de Carvalho; CAMARÃO, Tatiana Martins da Costa. Criação, alteração e extinção de cargo público. *In*: FORTINI, Cristiana (org.). *Servidor Público*: Estudos em homenagem ao Professor Pedro Paulo de Almeida Dutra. Belo Horizonte: Fórum, 2009. p. 303).

[191] "[...] a transformação do cargo tem de ser vista com reserva, porque, como forma de provimento derivado, na maior parte das vezes, visa burlar o concurso público" (PEREIRA, Maria Fernanda Pires de Carvalho; CAMARÃO, Tatiana Martins da Costa. Criação, alteração e extinção de cargo público. *In*: FORTINI, Cristiana (org.). *Servidor Público*: Estudos em homenagem ao Professor Pedro Paulo de Almeida Dutra. Belo Horizonte: Fórum, 2009. p. 303).

[192] Conforme previsão do §2º do art. 177 deste texto: "São estáveis os atuais servidores da União, dos Estados e dos Municípios, da Administração centralizada ou autárquica, que, à data da promulgação desta Constituição, contem, pelo menos, cinco anos de serviço público".

[193] "Art. 19. Os servidores públicos civis da União, dos Estados, do Distrito Federal e dos Municípios, da administração direta, autárquica e das fundações públicas, em exercício na data da promulgação da Constituição, há pelo menos cinco anos continuados, e que não tenham sido admitidos na forma regulada no art. 37, da Constituição, são considerados estáveis no serviço público.
§1º O tempo de serviço dos servidores referidos neste artigo será contado como título quando se submeterem a concurso para fins de efetivação, na forma da lei.
§2º O disposto neste artigo não se aplica aos ocupantes de cargos, funções e empregos de confiança ou em comissão, nem aos que a lei declare de livre exoneração, cujo tempo de serviço não será computado para os fins do 'caput' deste artigo, exceto se se tratar de servidor.
§3º O disposto neste artigo não se aplica aos professores de nível superior, nos termos da lei".

também, aqueles sob o regime da CLT, desde que estivessem vinculados à Administração Direta, autárquica ou das fundações públicas.[194]

Salienta-se, ademais, que a garantia concedida aos servidores que preenchessem os requisitos do art. 19 do ADCT foi de estabilidade, e não de efetividade. A efetividade pressupõe a realização de concurso público, havendo inclusive previsão no mesmo art. 19 do ADCT em relação à submissão desse pessoal a concurso público para fins de efetivação.

Sobre o concurso para efetivação, o Supremo Tribunal Federal reconheceu em um caso específico que a efetivação nos termos do art. 19, §1º do ADCT não se trata de admissão em cargo efetivo, mas de reconhecimento de efetividade, sendo possível, portanto, a realização de concurso interno.[195] Impende salientar que a realização de concurso interno para efetivação depende de lei instituindo e regulamentando o instrumento.

Ademais, a estabilidade excepcional não confere ao servidor a titularidade do cargo que ocupa, assim como ele não integra uma carreira, devendo a estabilidade abranger apenas a sua manutenção no cargo para o qual foi admitido sem prévio concurso. Sendo assim, não se pode proceder com eventual reenquadramento desse pessoal em plano de cargos, carreiras e remuneração, conforme tese de repercussão geral fixada pelo STF, tema de nº 1157:

> É vedado o reenquadramento, em novo Plano de Cargos, Carreiras e Remuneração, de servidor admitido sem concurso público antes da promulgação da Constituição Federal de 1988, mesmo que beneficiado pela estabilidade excepcional do artigo 19 do ADCT, haja vista que esta regra transitória não prevê o direito à efetividade, nos termos do artigo 37, II, da Constituição Federal e decisão proferida na ADI 3609 (STF. ARE nº 1306505/AC. Relator Ministro Alexandre de Moraes. Plenário. Julgamento em 28/03/2022. Publicado em 04/04/2022).

---

[194] DI PIETRO, Maria Sylvia Zanella; MOTTA, Fabrício; FERRAZ, Luciano de Araújo. *Servidores Públicos na Constituição de 1988*. São Paulo: Atlas, 2011. p. 143.

[195] "3. O concurso a que se refere o §1º do art. 19 do ADCT apenas reconhece como efetivos servidores públicos que detêm a estabilidade por força do caput, não se revelando forma de ingresso no serviço público.
4. O servidor que vier a preencher as condições previstas no art. 19 do ADCT – por ser estável no serviço público, mas não titular de cargo efetivo –, ao submeter-se a processo seletivo interno, fará jus à efetividade se aprovado" (STF. AI nº 746083 AgR/MG. Relator Ministro Nunes Marques. Segunda Turma. Julgamento em 24/10/2023. Publicado em 30/11/2023).

De toda forma, a concessão da estabilidade a esses servidores lhes conferiu garantias como a reintegração, a disponibilidade e o aproveitamento, além da perda do cargo apenas nas hipóteses elencadas no art. 41 da Constituição em vigor.[196]

Essas garantias não se estendem aos denominados "servidores não estáveis". Nos termos do art. 33 da EC nº 19/1998, os servidores não estáveis são os admitidos na Administração Direta, autárquica e fundacional sem concurso público nos cinco anos anteriores à promulgação da Constituição de 1988, ou seja, aqueles que ingressaram entre 5 de outubro de 1983 e 4 de outubro de 1988.

Outrossim, de acordo com o STF, em decisão tomada na Arguição de Descumprimento de Preceito Fundamental (ADPF) nº 573,[197] os servidores não estáveis devem permanecer no regime jurídico no qual foram contratados, enquanto os servidores estabilizados admitidos em regime celetista podem passar para o regime estatutário.

No mesmo julgamento, reforçou-se que o regime próprio de previdência social dos servidores públicos (RPPS) abrange exclusivamente os que detenham cargo efetivo, devendo os admitidos sem concurso, estáveis ou não, serem vinculados ao regime geral de previdência social. Esse posicionamento foi elevado à categoria de tese de repercussão geral, tema nº 1254, porém garantindo a permanência no RPPS daqueles que já tivessem se aposentado ou que tenham preenchido os requisitos para aposentadoria na data de publicação da ata de julgamento do caso paradigmático:

> Somente os servidores públicos civis detentores de cargo efetivo (art. 40, CF, na redação dada pela EC 20/98) são vinculados ao regime próprio de

---

[196] "Art. 41. São estáveis após três anos de efetivo exercício os servidores nomeados para cargo de provimento efetivo em virtude de concurso público.
§1º O servidor público estável só perderá o cargo:
I - em virtude de sentença judicial transitada em julgado;
II - mediante processo administrativo em que lhe seja assegurada ampla defesa;
III - mediante procedimento de avaliação periódica de desempenho, na forma de lei complementar, assegurada ampla defesa".

[197] "1. É incompatível com a regra do concurso público (art. 37, II, CF) a transformação de servidores celetistas não concursados em estatutários, com exceção daqueles detentores da estabilidade excepcional (art. 19 do ADCT); 2. São admitidos no regime próprio de previdência social exclusivamente os servidores públicos civis detentores de cargo efetivo (art. 40, CF, na redação dada pela EC nº 20/98), o que exclui os estáveis na forma do art. 19 do ADCT e demais servidores admitidos sem concurso público" (STF. ADPF nº 573/PI. Relator Ministro Roberto Barroso. Plenário. Julgamento em 06/03/2023. Publicado em 09/03/2023).

previdência social, a excluir os estáveis nos termos do art. 19 do ADCT e os demais servidores admitidos sem concurso público, ressalvadas as aposentadorias e pensões já concedidas ou com requisitos já satisfeitos até a data da publicação da ata de julgamento destes embargos declaratórios (STF. RE nº 1426306/TO RG-ED. Relator Ministro Luís Roberto Barroso. Plenário Virtual. Julgamento de 31/05/2024 a 10/06/2024. Publicado em 17/06/2024).

1.2.8   Terceirização

De acordo com o disposto no inc. XXI[198] do art. 37 da Constituição Federal, e nos termos da Lei Federal nº 14.133, de 1º de abril de 2021 – a Lei de Licitações e Contratos Administrativos –, preferencialmente mediante procedimento concorrencial (licitação), a Administração Pública pode contratar terceiros para a execução indireta das atividades materiais acessórias, instrumentais ou complementares aos assuntos que constituam área de competência legal do órgão ou entidade.

Há, portanto, a possibilidade da terceirização de serviços executados pela Administração Pública. A terceirização se dá mediante a já mencionada contratação de terceiros (em geral pessoas jurídicas) que empregarão mão de obra própria destinada a realizar o serviço contratado.

Até a edição da Lei Federal nº 13.429, de 31 de março de 2017, era pacífico que a execução indireta de serviços na Administração Pública se voltava apenas às chamadas atividades-meio, isto é, aquelas que não se relacionam diretamente com os serviços prestados pelo órgão ou entidade relacionados à sua finalidade e objetivos, que têm caráter meramente complementar ou acessório.[199] Eram voltadas à terceirização apenas as atividades relacionadas a conservação, limpeza, segurança, vigilância, transportes, informática, copeiragem, recepção, reprografia, telecomunicações e manutenção de prédios, equipamentos

---

[198] "XXI - ressalvados os casos especificados na legislação, as obras, serviços, compras e alienações serão contratados mediante processo de licitação pública que assegure igualdade de condições a todos os concorrentes, com cláusulas que estabeleçam obrigações de pagamento, mantidas as condições efetivas da proposta, nos termos da lei, o qual somente permitirá as exigências de qualificação técnica e econômica indispensáveis à garantia do cumprimento das obrigações".

[199] TEIXEIRA, Francisco Eugênio Vilar Tôrres. A terceirização na Administração Pública e o Decreto nº 9.507/18. *Revista Brasileira de Infraestrutura – RBINF*, n. 17, jan./jun. 2020. p. 109.

e instalações,[200] conforme previsão no Decreto Federal nº 2.271, de 7 de julho de 1997.

Após a edição da lei supra, foi editado o Decreto Federal nº 9.507, de 21 de setembro de 2018, que serviu de parâmetro para os demais entes federativos, no qual não foram elencadas as atividades expressamente permitidas para execução indireta, podendo, portanto, a terceirização abranger a atividade finalística do órgão.

No caso da Administração Direta, autárquica e fundacional, o art. 3º do Decreto Federal nº 9.507/2018 estabeleceu vedação de terceirização nas seguintes hipóteses:

> I - que envolvam a tomada de decisão ou posicionamento institucional nas áreas de planejamento, coordenação, supervisão e controle;
> II - que sejam considerados estratégicos para o órgão ou a entidade, cuja terceirização possa colocar em risco o controle de processos e de conhecimentos e tecnologias;
> III - que estejam relacionados ao poder de polícia, de regulação, de outorga de serviços públicos e de aplicação de sanção; e
> IV - que sejam inerentes às categorias funcionais abrangidas pelo plano de cargos do órgão ou da entidade, exceto disposição legal em contrário ou quando se tratar de cargo extinto, total ou parcialmente, no âmbito do quadro geral de pessoal.

Conforme se extrai do dispositivo acima, a vedação às terceirizações na Administração Direta, autárquica e fundacional se aplica basicamente às atividades típicas de Estado, especialmente as relacionadas à fiscalização, regulação, planejamento e sanção.[201] De leitura do normativo, também se conclui que é vedada a terceirização voltada às atividades relacionadas aos cargos cujo provimento deve se dar apenas por concurso público, com previsão expressa na Constituição, se tratando ou não atividade típica de Estado.

Já nas empresas públicas e sociedades de economia mista, a exemplo das empresas privadas, houve um permissivo bem mais

---

[200] A antiga lei de licitações e contratos administrativos (Lei Federal nº 8.666, de 21 de junho de 1993) definia serviços como "toda atividade destinada a obter determinada utilidade de interesse para a Administração, tais como: demolição, conserto, instalação, montagem, operação, conservação, reparação, adaptação, manutenção, transporte, locação de bens, publicidade, seguro ou trabalhos técnico-profissionais".

[201] TEIXEIRA, Francisco Eugênio Vilar Tôrres. A terceirização na Administração Pública e o Decreto nº 9.507/18. *Revista Brasileira de Infraestrutura – RBINF*, n. 17, jan./jun. 2020. p. 113-114.

amplo, permitindo a realização de serviços relacionados às atribuições dos cargos ou empregos que integrem os planos de cargos e salários da instituição em diversas situações.[202]

Ademais, a atual lei de licitações e contratos administrativos expandiu o conceito de serviços para "atividade ou conjunto de atividades destinadas a obter determinada utilidade, intelectual ou material, de interesse da Administração", nos termos do seu art. 6º, XI, sacramentando a possibilidade de execução indireta de serviços relacionados à atividade-fim do órgão público.

O Supremo Tribunal Federal pronunciou-se no sentido da constitucionalidade da terceirização de atividade finalística, seja no âmbito público ou no âmbito privado, na apreciação conjunta de diversas Ações Diretas de Inconstitucionalidade que pediram a inconstitucionalidade da Lei Federal nº 13.249/2017.[203]

Ademais, em análise específica sobre o argumento de que a terceirização de atividades finalísticas da Administração Pública violava o princípio do concurso público, entendeu-se pela compatibilidade da terceirização com o concurso público, conforme voto do Relator, Ministro Gilmar Mendes:

> O concurso público é a única via de ingresso em cargo ou emprego público e qualquer forma de utilização, pela administração pública, do serviço temporário para burlar a regra constitucional do concurso público já encontra sanção em nossa ordenamento e na jurisprudência do STF. Portanto, a contratação de empresa de serviço temporário para terceirizar o desempenho de determinadas atividades dentro da administração pública não implica em violação à regra do concurso público, uma vez que não permite a investidura em cargo ou emprego público, devendo a Administração observar todas as normas pertinentes a contratação de

---

[202] "Art. 4º Nas empresas públicas e nas sociedades de economia mista controladas pela União, não serão objeto de execução indireta os serviços que demandem a utilização, pela contratada, de profissionais com atribuições inerentes às dos cargos integrantes de seus Planos de Cargos e Salários, exceto se contrariar os princípios administrativos da eficiência, da economicidade e da razoabilidade, tais como na ocorrência de, ao menos, uma das seguintes hipóteses:
I - caráter temporário do serviço;
II - incremento temporário do volume de serviços;
III - atualização de tecnologia ou especialização de serviço, quando for mais atual e segura, que reduzem o custo ou for menos prejudicial ao meio ambiente; ou
IV - impossibilidade de competir no mercado concorrencial em que se insere".

[203] ADIs nº 5.685, 5.686, 5.687, 5.695 e 5.735, relatadas em conjunto pelo Ministro Gilmar Mendes, com julgamento em 16 de junho de 2020 e publicação em 20 de agosto de 2020.

tais empresas (STF. ADI nº 5735/DF. Relator Ministro Gilmar Mendes. Plenário. Julgamento em 16/06/2020. Publicado em 21/08/2020).

Portanto, desde que se configure como contratação de serviço, e não de mão de obra – o que configuraria admissão irregular no serviço público – e que, no caso da Administração Direta, autárquica e fundacional, as atividades a serem executadas de forma indireta não estejam relacionadas a atividades que envolvam tomada de decisão, as típicas de Estado ou que não sejam executadas apenas por servidores cujo ingresso deve se dar por concurso público por expressa previsão constitucional, a terceirização de atividades inerentes à atividade-fim do órgão estatal tem respaldo normativo e jurisprudencial.

Tem-se, no atual cenário, um perigoso permissivo para práticas patrimonialistas, em especial a substituição de mão de obra por indicação indireta dos profissionais a serem contratados pela empresa prestadora de serviço, e o desvirtuamento do vínculo do profissional terceirizado, com subordinação direta à Administração e não à empresa contratada. No capítulo 3 deste trabalho serão expostos casos concretos que tendem a ser cada vez mais comuns na rotina administrativa de qualquer dos entes federativos, o que demandará uma atuação cada vez mais intensa dos órgãos de controle.

1.2.9 Outros meios de admissão no serviço público

Afora as modalidades mais comuns vistas acima, para Celso Antônio Bandeira de Mello é possível a *contratação direta de profissionais com qualificação notória pelas empresas públicas e sociedades de economia mista que explorem atividade econômica de produção ou comercialização de bens e serviços*, nos termos do art. 173, §1º, II da Constituição Federal.[204]

Esse tipo de admissão se daria em razão do caráter concorrencial das atividades econômicas exercidas pelo Estado, sendo o concurso público um meio que poderia prejudicar a prospecção de profissionais com potencial de colaborar, de forma imprescindível e/ou diferenciada

---

[204] MELLO, Celso Antônio Bandeira de. *Curso de Direito Administrativo*. 32. ed. São Paulo: Malheiros, 2015. p. 225.

em relação aos profissionais comuns, com o atingimento dos fins da empresa pública ou sociedade de economia mista.[205]

Cabe aqui discordar da possibilidade acima mencionada. Trata-se, em verdade, de situação que seria satisfeita mediante a admissão desse profissional em cargo ou emprego[206] em comissão do quadro da empresa pública ou sociedade de economia mista. Como levantado por Rita Tourinho, "nada impede a criação de empregos em comissão na Administração indireta, desde que previsto no plano de carreira, cargos e salários da entidade".[207]

Havendo a oportunidade de contar com a capacidade do referido profissional de qualificação notória, nada mais adequado do que o seu recrutamento não para compor o quadro geral de pessoal de uma empresa pública ou sociedade de economia mista – esse sim preenchido apenas mediante concurso público –, mas para exercer o papel de liderança, integrando, por exemplo, o Conselho de Administração ou a Diretoria Executiva respectiva, e colaborando a nível tático ou

---

[205] Também reconhecem essa possibilidade Márcio Barbosa Maia e Ronaldo Pinheiro de Queiroz (MAIA, Márcio Barbosa; QUEIROZ, Ronaldo Pinheiro. *O regime jurídico do concurso público e seu controle jurisdicional*. São Paulo: Saraiva, 2007. p. 56-57). Denota-se aqui incongruência no posicionamento expressado, tendo em vista que, conforme a nota de rodapé nº 102, segundo os mesmos autores, a interpretação das situações de exceção ao concurso público deve ser restrita, tendo em vista o valor do concurso público como princípio, regra e direito fundamental.

[206] A definição de emprego em comissão ou emprego de confiança nas estatais é similar ao dos cargos em comissão, de acordo com Ilmar Galvão: "O emprego de confiança, de previsão constitucional, está para as empresas estatais, assim como o cargo em comissão está para a Administração direta, as autarquias e as fundações de direito público, destinando-se ao recrutamento de servidores tecnicamente qualificados e que gozem de confiança específica dos dirigentes a que estarão subordinados" (GALVÃO, Ilmar. Os empregos de confiança nas empresas estatais. *In:* BRASIL. Superior Tribunal de Justiça. *Doutrina:* edição comemorativa, 20 anos. Brasília: Superior Tribunal de Justiça, 2009. p. 511).
No âmbito do Tribunal de Contas do Distrito Federal, em decisão sobre a possibilidade jurídica de serem criados cargos e empregos na Administração indireta sem o requisito do concurso público, assim foi estabelecido: "a) criação de empregos em comissão, na Administração Indireta, não fere a Constituição Federal, porquanto prevista sua existência no próprio texto constitucional, 'ex-vi' dos artigos 37, II; 54, I, "b" e 19, §2º, do Ato das Disposições Constitucionais Transitórias; b) independe de lei, estrito senso, a criação de empregos em comissão, sendo válida tal prática desde que previstos no Plano de Carreira Cargos e Salários da Entidade, autorizado pelo Conselho de Política de Recursos Humanos – CPRH, da Secretaria de Gestão Administrativa do GDF e devidamente homologado pelo Governador do Distrito Federal, após aprovação da Diretoria Colegiada e 'referendum' do Conselho de Administração; c) é pressuposto de existência do emprego em comissão a necessária especialização em funções de assessoria, direção ou chefia, consagradas no texto constitucional no artigo 37" (TCDF. Processo nº 6273/2005. Decisão nº 56/2006. Tribunal Pleno. Relator Conselheiro Jorge Ulisses Jacoby Fernandes. Julgamento em 02.02.2006).

[207] TOURINHO, Rita. *Concurso público:* análise abrangente de questões doutrinárias, legais e jurisprudenciais. Belo Horizonte: Fórum, 2020. p. 41.

estratégico, no sentido de disseminar, entre os demais integrantes e empregados da entidade, o conhecimento e expertise necessários ao sucesso da estatal.

É possível ainda o ingresso no serviço público mediante *eleição direta, pela população local, dos membros para comporem o Conselho Tutelar*, que se constitui em um órgão permanente e autônomo, não jurisdicional, encarregado pela sociedade de zelar pelo cumprimento dos direitos da criança e do adolescente, nos termos do Estatuto da Criança e do Adolescente.[208]

A função de conselheiro tutelar, em que pese a sua transitoriedade, é considerada serviço público relevante e devidamente remunerada, nos termos da lei local que disponha sobre o Conselho Tutelar respectivo, sendo garantidos, ainda, a cobertura previdenciária, gozo de férias anuais remuneradas, licença-maternidade, licença-paternidade e gratificação natalina.

Tem sido comum na Administração Pública brasileira, em diferentes esferas e órgãos, parcerias com a academia para ofertar *programas de capacitação executados na modalidade ensino-serviço*, isto é, prover a formação mediante a prática e prestação do serviço relacionado à área de especialização ou aprofundamento, em conjunto com ações complementares de educação, sob orientação de outros profissionais ou docentes, de modo a compreender o ensino, a pesquisa e a extensão, por período determinado, com o pagamento de bolsa e, em alguns casos, auxílios e valores de natureza indenizatória, sem constituir relação de emprego.

Um exemplo típico dessa modalidade de formação é a residência médica, regulamentada pela Lei Federal nº 6.932, de 7 de julho de 1981. Como dito, no entanto, a Administração Pública tem se utilizado desse tipo de formação para as mais diversas áreas. Dentro da própria área da saúde, o maior exemplo é o programa "Mais Médicos para o Brasil",[209] que, para interiorizar o atendimento médico no território bra-

---

[208] Lei Federal nº 8.069, de 13 de julho de 1990.

[209] O STF, em apreciação sobre a constitucionalidade do programa "Mais Médicos para o Brasil", reconheceu que a forma de recrutamento e o regime jurídico do vínculo não constituem burla ao princípio do concurso público: "Não se há de afirmar, portanto, afronta objetiva ao princípio do concurso público pois o 'Programa Mais Médicos' não cria cargos públicos. Estabelece nova modalidade 'de capacitação na modalidade ensino-serviço' [...], com duração de três anos, prorrogáveis por mais três, análoga e paralela ao da especialização por Residência Médica, igualmente remunerada por bolsa, 'em regime especial de treinamento em serviço' de 60 (sessenta) horas semanais" (STF. ADI nº 5035/DF. Relator Ministro Marco Aurélio. Relator para o acórdão Ministro Alexandre de Moraes. Plenário. Julgamento em 30/11/2017. Publicado em 29/07/2020).

sileiro, procedeu com a formação de médicos especialistas em Medicina Geral de Família e Comunidade. O programa é regulamentado pela Lei Federal nº 12.871, de 22 de outubro de 2013.

Outro exemplo que envolve o binômio ensino-serviço é a Residência Jurídica, voltada a bacharéis em Direito que estejam cursando pós-graduação para treinamento de serviço e auxílio aos magistrados, regulamentada pela Resolução nº 439, de 7 de janeiro de 2022, do Conselho Nacional de Justiça (CNJ).

Uma preocupação voltada a essa modalidade de recrutamento de residentes ou bolsistas para colaboração junto à Administração Pública mediante a prestação de serviços é o desvirtuamento da relação de ensino-aprendizagem para se tornar uma relação de trabalho ou substituição de mão de obra, com a realização de atividades inerentes a servidores ou empregados do órgão público.

Uma outra forma de admissão sem concurso público expressamente prevista pela Constituição Federal é a constante no art. 53, I, do ADCT. Esse dispositivo estabelece que que o *ex-combatente que tenha efetivamente participado de operações bélicas durante a Segunda Guerra Mundial* tem direito ao aproveitamento no serviço público, sem a exigência de concurso, com estabilidade.[210]

1.3 A prevalência do concurso público na ótica do Supremo Tribunal Federal

Como verificado no tópico 1.2, a Constituição Federal de 1988 restringiu de forma aguda o acesso ao exercício profissional da função pública sem a prévia realização de concurso público, estabelecendo como exceções principalmente as situações que configurassem excepcionalidade, de alta necessidade e/ou na precariedade do vínculo.

No entanto, foi necessária a conformação do concurso público como o meio primário no acesso a cargos e empregos públicos na realidade da atual Constituição na Administração Pública brasileira, especialmente mediante a jurisprudência firmada pelo Supremo Tribunal Federal.

---

[210] Trata-se de dispositivo que não tem mais aplicabilidade prática, tendo em vista que o membro vivo mais jovem da Força Expedicionária Brasileira nasceu em 6 de novembro de 1925, tendo na data de confecção deste trabalho 98 anos e, se tinha vínculo público, teria sido submetido à aposentadoria compulsória em 1995 (Fonte: censo da Força Expedicionária Brasileira. Disponível em: https://www.casadafeb.com/censo-da-feb. Acesso em: 9 fev. 2024).

Sendo o Tribunal Constitucional brasileiro e órgão de jurisdição última sobre a Constituição, o STF é revestido em suas decisões das dimensões política e interpretativas do texto constitucional[211]. Na primeira dimensão, o STF, mediante o exercício da jurisdição constitucional, é parte ativa no processo político-institucional, com decisões que impactam no exercício tanto da atividade política em si (como se vê na relação entre os Poderes Executivo e Legislativo, habitualmente), e da escolha e execução das políticas públicas por quem estiver na titularidade do governo nacional.

Na segunda dimensão, o STF delineia o conteúdo e o alcance do texto constitucional, expressando, mediante suas decisões, a uniformização dessa interpretação em relação aos demais atores envolvidos na aplicação da norma constitucional, especialmente quando no exercício do controle concentrado de constitucionalidade.[212]

No exercício da jurisdição constitucional, o STF estabeleceu os parâmetros interpretativos voltados à primazia do concurso público para o ingresso de pessoal no serviço público de acordo com a vontade do constituinte (originário ou derivado). A atuação do STF foi necessária desde os primeiros anos de vigência da Constituição Federal de 1988, tendo em vista que diversas Constituições Estaduais e Estatutos dos servidores dos Estados e dos Municípios, assim como o Estatuto dos servidores da União, buscaram estabelecer formas de admissão não previstas no texto nacional, em especial a transferência e o acesso (ou ascensão funcional), meios de provimento derivado de cargos públicos comumente utilizados na vigência das Constituições anteriores.

A *transferência* consiste na passagem horizontal do funcionário de um cargo ou carreira para outro cargo ou carreira, do mesmo quadro ou para o quadro de outro órgão.[213] Isto é, o funcionário passa a ocupar um outro cargo ou carreira, a pedido ou a critério da Administração, visando a conveniência e interesse de se utilizar daquela força de

---

[211] CANOTILHO, J. J. Gomes. *Direito constitucional e teoria da Constituição*. 7. ed. Coimbra: Almedina, 2003. p. 1305-1306.

[212] "Em todas as ações constitucionais que integram o modelo do controle principal e concentrado de constitucionalidade das leis e regulamentos pelo Supremo Tribunal Federal, as decisões definitivas de mérito instituem modelos jurídicos jurisdicionais que devem ser imediatamente observados e aplicados pelo Estado-administração em todos os seus níveis federativos e por todos os órgãos do Poder Judiciário" (FRANÇA, Vladimir da Rocha. *Crise da legalidade e jurisdição constitucional*: o princípio da legalidade administrativa e a vinculação do Estado-Administração aos direitos fundamentais. Curitiba: Juruá, 2023. p. 152).

[213] MELLO, Celso Antônio Bandeira de. *Apontamentos sobre os agentes e órgãos públicos*. São Paulo: Revista dos Tribunais, 1987. p. 33.

trabalho em um outro quadro, cargo ou carreira. Havia previsão específica dessa modalidade de provimento na Lei Federal nº 8.112/1990, em seu art. 23,[214] até sua revogação pela Lei Federal nº 9.527, de 10 de dezembro de 1997.

Previsto desde o Estatuto de 1952, em seu art. 255,[215] o *acesso ou ascensão funcional* consiste na passagem vertical de uma carreira auxiliar para uma carreira principal, de nível mais elevado: ao chegar à classe final de uma carreira auxiliar, o funcionário passava para a classe inicial da carreira principal, mediante o preenchimento dos requisitos estabelecidos por lei.[216] O acesso podia ser efetivado, por exemplo, mediante a formação no nível de ensino exigido pela carreira principal; pelo tempo de carreira ou de serviço público; ou pela realização de concursos internos. A ascensão foi elencada como forma de provimento de cargo público pela Lei Federal nº 8.112/1990, porém não houve aprofundamento conceitual no corpo da lei, até a revogação dos dispositivos que a mencionavam, também pela Lei Federal nº 9.527/1997.

Nos primeiros julgamentos sobre essas modalidades de provimento, o Supremo Tribunal Federal optou pela suspensão cautelar da eficácia dos dispositivos que permitiam institutos como a transferência, a ascensão e o "aproveitamento" (uma outra modalidade de transferência).[217] O julgamento paradigma sobre o assunto se deu no âmbito da Ação Direta de Inconstitucionalidade nº 231/RJ, relatada pelo Ministro Moreira Alves, realizado em 5 de agosto de 1992, contendo o seguinte conteúdo:

---

[214] "Art. 23. Transferência é a passagem do servidor estável de cargo efetivo para outro de igual denominação, pertencente a quadro de pessoal diverso, de órgão ou instituição do mesmo Poder.
§1º A transferência ocorrerá de ofício ou a pedido do servidor, atendido o interesse do serviço, mediante o preenchimento de vaga.
§2º Será admitida a transferência de servidor ocupante de cargo de quadro em extinção para igual situação em quadro de outro órgão ou entidade".

[215] "Art. 255. As vagas dos cargos de classe inicial das carreiras consideradas principais, nos casos de nomeação, serão providas da seguinte forma:
I - metade por ocupantes das classes finais das carreiras auxiliares, a metade por candidatos habilitados em concurso;
II - o acesso obedecerá ao critério de merecimento absoluto, apurado na forma da legislação vigente".

[216] MELLO, Celso Antônio Bandeira de. *Apontamentos sobre os agentes e órgãos públicos.* São Paulo: Revista dos Tribunais, 1987. p. 36-37.

[217] Conforme a ADI nº 308/DF (Relator Ministro Octavio Gallioti), ADI nº 368/ES (Relator Ministro Moreira Alves), ADI nº 351/RN (Relator Ministro Paulo Brossard), entre outras.

EMENTA: - Ação direta de inconstitucionalidade. Ascensão ou acesso, transferência e aproveitamento no tocante a cargos ou empregos públicos.
- O critério do mérito aferível por concurso público de provas ou de provas e títulos é, no atual sistema constitucional, ressalvados os cargos em comissão declarados em lei de livre nomeação e exoneração, indispensável para cargo ou emprego público isolado ou em carreira. Para o isolado, em qualquer hipótese; para o em carreira, para o ingresso nela, que só se fará na classe inicial e pelo concurso público de provas ou de provas títulos, não o sendo, porém, para os cargos subsequentes que nela se escalonam até o final dela, pois, para estes, a investidura se fará pela forma de provimento que é a "promoção".
Estão, pois, banidas das formas de investidura admitidas pela Constituição a ascensão e a transferência, que são formas de ingresso em carreira diversa daquela para a qual o servidor público ingressou por concurso, e que não são, por isso mesmo, ínsitas ao sistema de provimento em carreira, ao contrário do que sucede com a promoção, sem a qual obviamente não haverá carreira, mas, sim, uma sucessão ascendente de cargos isolados.
- O inciso II do artigo 37 da Constituição Federal também não permite o "aproveitamento", uma vez que, nesse caso, há igualmente o ingresso em outra carreira sem o concurso exigido pelo mencionado dispositivo. Ação direta de inconstitucionalidade que se julga procedente para declarar inconstitucionais os artigos 77 e 80 do Ato das Disposições Constitucionais Transitórias do Estado do Rio de Janeiro (STF. ADI nº 231/RJ. Relator Ministro Moreira Alves. Plenário. Julgamento em 05/08/1992. Publicado em 13/11/1992).

Com o julgado acima, prevaleceu o entendimento de que a Constituição Federal de 1988 passou a exigir o concurso público para assunção a cargo e emprego público independente de ter havido investidura anterior do postulante, ressalvados os casos de promoção em cargos estruturados em carreira. A distinção textual dada pelo inc. II do art. 37 da CF/1988 em relação às Constituições anteriores, conforme já exposto, com a supressão da expressão "primeira investidura", deu a tônica do princípio do concurso público no constitucionalismo atual, mesmo que por diversos momentos leis e atos administrativos busquem a efetivação de pessoal sem a sua prévia realização.[218]

---

[218] "O §1º do art. 97 da Carta de 1969 exigia concurso público para a 'primeira investitura' no serviço público, e não para cargo inicial de carreira, além de ressalvar outros casos indicados em lei; permitia, pois, o provimento derivado de cargos públicos pelo acesso, transferência, aproveitamento e progressão funcional. Precedente: Repr. nº 1.163-PI.
O art. 37, II, da Constituição exige concurso público para investidura em qualquer cargo público, salvo para os cargos em comissão declarado em lei de livre nomeação e exoneração e para os cargos subseqüentes da carreira, cuja investidura se faz pela forma de provimento denominada "promoção". Não permite, pois, o provimento por ascensão ou acesso, trans-

Salienta-se, no entanto, que foram resguardados os atos de transferência, ascensão e "aproveitamento" expedidos até 17 de fevereiro de 1993, data em que o STF suspendeu a eficácia dos dispositivos que previam a ascensão e a transferência na Lei Federal nº 8.112/1990, com efeitos não retroativos, no âmbito da ADI nº 837/DF.[219]

Em razão das reiteradas decisões tomadas no sentido da inconstitucionalidade de dispositivos que permitiam o provimento derivado irregular, o STF editou a Súmula nº 685, publicada em 9 de outubro de 2003, com o seguinte teor: "É inconstitucional toda modalidade de provimento que propicie ao servidor investir-se, sem prévia aprovação em concurso público destinado ao seu provimento, em cargo que não integra a carreira na qual anteriormente investido".

O conteúdo da Súmula nº 685 do STF foi posteriormente convertido em Súmula Vinculante, de nº 43, instrumento que busca conferir ao seu conteúdo efeito vinculante em relação aos demais órgãos do Poder Judiciário e à Administração Pública em geral, conferindo força normativa ao preceito constitucional albergado pelo instrumento.[220]

Ademais, o Supremo Tribunal Federal tem jurisprudência firmada no sentido de proteger a ordem jurídica em relação a eventuais provimentos derivados travestidos de reestruturação de carreiras ou

---

ferência e aproveitamento de servidor em cargos ou empregos públicos de outra carreira, diversa daquela para a qual prestou concurso público" (STF. ADI nº 242/RJ. Relator Ministro Paulo Brossard. Plenário. Julgamento em 20/10/1994. Publicado em 23/03/2001).

[219] "1. A jurisprudência do Supremo Tribunal Federal é no sentido de ser inconstitucional toda forma de provimento derivado após a Constituição Federal de 1988, sendo necessária a prévia aprovação em concurso de provas ou de provas e títulos para o ingresso em cargos públicos.
2. Contudo, no julgamento da medida cautelar na ADI nº 837, Relator o Ministro Moreira Alves, DJ de 17/2/93, suspendeu-se, com efeitos ex nunc, a eficácia dos arts. 8º, III, as expressões 'acesso e ascensão', do art. 13, parágrafo 4º, 'ou ascensão' e 'ou ascender', do art. 17, e do inciso IV do art. 33, todos da Lei nº 8.112, de 1990. 3. Posteriormente, com fundamento na referida ADI, cujo mérito foi julgado em 27/8/98 (DJ de 25/6/99), a Segunda Turma da Corte, ao examinar o RE nº 442.683/RS, concluiu pela subsistência de atos administrativos de provimentos derivados ocorridos entre 1987 a 1992, em respeito aos postulados da boa-fé e da segurança jurídica. Consignou-se que, à época dos fatos, o entendimento a respeito do tema não era pacífico, o que teria ocorrido somente em 17/02/93 (data da publicação da decisão proferida na medida cautelar)" (STF. RE nº 605762 AgR-Ag. Relator Ministro Dias Toffoli. Segunda Turma. Julgamento em 24/05/2016. Publicado em 09/06/2015).

[220] Segundo definição de Vladimir da Rocha França, "trata-se de um modelo jurídico jurisprudencial que se destina a pacificar a validade, a interpretação e a eficácia de normas determinadas, acerca das quais haja, entre órgãos judiciários ou entre esses e a administração pública, controvérsia atual que acarrete grave insegurança jurídica e relevante multiplicação de processos sobre idêntica questão" (FRANÇA, Vladimir da Rocha. *Crise da legalidade e jurisdição constitucional*: o princípio da legalidade administrativa e a vinculação do Estado-Administração aos direitos fundamentais. Curitiba: Juruá, 2023. p. 155).

CAPÍTULO 1
O PRINCÍPIO DO CONCURSO PÚBLICO NO ORDENAMENTO JURÍDICO BRASILEIRO | 101

transposição de cargos, ou seja, a instituição de nível de formação ou atribuições distintas dos cargos originalmente ocupados ou a equiparação remuneratória pela mera formação dos ocupantes dos cargos de nível inferior ou atribuições com menor plexo de responsabilidades e complexidade.[221]

Ressalta-se que tendo em vista o *status* do concurso público como princípio constitucional, as admissões realizadas sem a sua observância são atos flagrantemente inconstitucionais, ou seja, que afrontam de forma direta a Constituição Federal. Uma admissão que infrinja o princípio do concurso público é nula de pleno direito, isto é, é um ato que, desde o seu termo inicial, deve ser extinto (*ex tunc*). Sendo um ato inconstitucional, não lhe cabe a incidência da decadência da prerrogativa de sua anulação, tanto pela Administração quanto pelo Poder Judiciário.[222]

Não obstante, o próprio Supremo Tribunal Federal, mediante a modulação dos efeitos das decisões, com fundamento no art. 27 da Lei Federal nº 9.868, de 10 de novembro de 1999,[223] vem mitigando o rigor dos efeitos do reconhecimento da inconstitucionalidade das normas e atos que permitiram o provimento irregular de cargos e empregos públicos, tendo em vista principalmente o lapso temporal decorrido entre a expedição do ato e o reconhecimento de sua inconstitucionalidade, de acordo com os postulados da segurança jurídica e da proteção

---

[221] "A transformação de cargos e a concessão de equiparação remuneratória entre cargos distintos constituem flagrantes violações à regra do concurso público (art. 37, II, c/c art. 132, CF/1988), à vedação de equiparação ou vinculação remuneratória entre cargos públicos diversos (art. 37, XIII, CF/1988) e aos critérios de fixação remuneratória dos servidores públicos (art. 39, §1º, CF/1988)" (STF. ADI nº 5215/GO. Relator Ministro Luís Roberto Barroso. Plenário. Julgamento em 28/03/2019. Publicado em 01/08/2019).
"Nesse ponto, a pretendida reestruturação administrativa culminou no provimento de servidores ocupantes de cargos de nível fundamental e médio para cargos de nível superior. A diversidade de remuneração e requisitos de ingresso evidencia a inconstitucionalidade da medida, por violação ao art. 37, II, da Constituição e à Súmula Vinculante nº 43. Necessidade de afastar qualquer aplicação dos dispositivos que possibilite a investidura de ocupantes de cargos de nível fundamental e médio em cargo de nível superior" (STF. ADI nº 6532/AM. Relator Ministro Luís Roberto Barroso. Plenário. Julgamento em 19/12/2023. Publicado em 15/02/2024).

[222] "As situações flagrantemente inconstitucionais não devem ser consolidadas pelo transcurso do prazo decadencial previsto no art. 54 da Lei nº 9.784/99, sob pena de subversão dos princípios, das regras e dos preceitos previstos na Constituição Federal de 1988" (STF. RE nº 817338-DF. Relator Ministro Dias Toffoli. Plenário. Julgamento em 16/10/2019. Publicado em 31/07/2020).

[223] "Art. 27. Ao declarar a inconstitucionalidade de lei ou ato normativo, e tendo em vista razões de segurança jurídica ou de excepcional interesse social, poderá o Supremo Tribunal Federal, por maioria de dois terços de seus membros, restringir os efeitos daquela declaração ou decidir que ela só tenha eficácia a partir de seu trânsito em julgado ou de outro momento que venha a ser fixado".

à confiança do administrado. O precedente representativo dessa tendência consta abaixo:

> Ação direta de inconstitucionalidade. Artigo 7º da Lei Complementar nº 100/2007 do Estado de Minas Gerais. Norma que tornou titulares de cargos efetivos servidores que ingressaram na administração pública sem concurso público, englobando servidores admitidos antes e depois da Constituição de 1988. Ofensa ao art. 37, inciso II, da Constituição Federal, e ao art. 19 do Ato das Disposições Constitucionais Transitórias. Modulação dos efeitos. Procedência parcial.
> [...]
> 4. Modulação dos efeitos da declaração de inconstitucionalidade, nos termos do art. 27 da Lei nº 9.868/99, para [...] (a) aqueles que já estejam aposentados e aqueles servidores que, até a data de publicação da ata deste julgamento, tenham preenchido os requisitos para a aposentadoria, exclusivamente para efeitos de aposentadoria, o que não implica efetivação nos cargos ou convalidação da lei inconstitucional para esses servidores, uma vez que a sua permanência no cargo deve, necessariamente, observar os prazos de modulação acima (ADI 4876/MG. Plenário. Relator Ministro Dias Toffoli. Julgamento em 26/03/2014. Publicado em 01/07/2014).

Ou seja, tem-se reconhecido o direito à permanência no cargo público irregularmente provido aos servidores que já tenham preenchido os requisitos para a aposentadoria ou que já estivessem aposentados à data da publicação da decisão que reconheceu a norma ou o ato como inconstitucional, ou mediante efeitos prospectivos, conforme o caso. Trata-se de situações que, conforme Miguel Seabra Fagundes, "a invalidez do ato jurídico, como sanção à infringência da lei, importa em consequências mais nocivas que as decorrentes da sua validade".[224]

O STF também garante proteção ao princípio do concurso público na avaliação da proporcionalidade de cargos de provimento efetivo em relação ao número de cargos em comissão em um órgão público, garantindo a prevalência do desempenho das atividades do órgão público sobre papeis relacionados somente à chefia, direção e assessoramento,

---

[224] FAGUNDES, Miguel Seabra. *O controle dos atos administrativos pelo Poder Judiciário*. 7. ed. Rio de Janeiro: Forense, 2005. p. 66.
Ainda conforme Vladimir da Rocha, "não se trata de convalidação dos efeitos de um ato inválido, mas sim de manutenção da validade dos efeitos pretéritos e do impedimento de efeitos futuros, em prol dos princípios da indisponibilidade do interesse público e de sua prevalência sobre o interesse privado" (FRANÇA, Vladimir da Rocha. *Estrutura e motivação do ato administrativo*. São Paulo: Malheiros, 2007. p. 187).

conforme o "c" do já citado tema de repercussão geral nº 1.010: "que o número de cargos comissionados criados guarde proporcionalidade com a necessidade que eles visam suprir e com o número de servidores ocupantes de cargos efetivos no ente federativo que os institui".

Ressalta-se que, a nível geral, nas decisões tomadas pelo Supremo Tribunal Federal sobre o assunto não se especifica qual a proporção mínima a ser estabelecida,[225] devendo ser observada, de toda forma, a prevalência do ingresso via concurso público, de acordo com o art. 37, II, da CF/1988, com vistas ao pleno exercício das atividades finalísticas da entidade pública, não se asseverando razoável um quantitativo excessivo de servidores em atividade de chefia, direção e assessoramento em comparação com os cargos efetivos que desempenham as atividades de rotina e voltadas aos objetivos do órgão, de acordo com a sua natureza e finalidade.[226]

Constata-se que o Supremo Tribunal Federal consolidou, mediante o controle concentrado de constitucionalidade e da utilização de mecanismos de estabelecimento de parâmetros interpretativos, inclusive de caráter vinculante, o princípio do concurso público como prevalente na realidade jurídica e administrativa nacional, em um positivo exemplo de demonstração da força normativa da Constituição.

---

[225] A nível de análise de caso concreto, no Recurso Extraordinário nº 365.368/SC, a Primeira Turma do Supremo Tribunal considerou que um percentual de 62% de cargos em comissão (42) em relação a 38% de cargos efetivos (25) em uma Câmara Municipal era desproporcional, tendo em vista que a necessidade justificada pelo órgão público era de insuficiência de servidores para a prestação dos serviços de competência da entidade.
Em caso diverso, na Ação Direta de Inconstitucionalidade de nº 5.934/ES, questionou-se a constitucionalidade de dispositivos de lei estadual que criou um alto número de cargos comissionados no Ministério Público Estadual, chegando o número de cargos em comissão a uma quantidade quase igual ao de cargos efetivos (512 a 517). O Ministro Nunes Marques propôs a observância de proporção de 70 (setenta por cento) dos cargos em provimento efetivo para 30% (trinta por cento) dos cargos em comissão providos, em atendimento ao princípio da proporcionalidade e ao constante no art. 37, incs. II e V, da Constituição Federal de 1988. A ação, por fim, perdeu o objeto por superveniência de novo dispositivo legal, revogando a norma questionada, porém o voto do Ministro Nunes Marques, além dos demais Ministros que se pronunciaram, trouxe indicativo de que o quantitativo de cargos em comissão não deve se aproximar à igualdade do número de cargos efetivos, devendo o número de cargos efetivos corresponda a ainda mais do que "a metade mais um" do quadro de cargos da entidade.

[226] "A Constituição reservou à Administração um regime jurídico minucioso na confirmação do interesse público a fim de resguardar a isonomia e eficiência na formação de seus quadros, do qual decorre a excepcionalidade da categoria 'cargo em comissão'" (STF. ADI nº 6655/SE. Plenário. Relator Ministro Edson Fachin. Julgamento em 09/05/2022. Publicado em 03/06/2022).

1.4 Perspectivas para o sistema de concursos públicos e a busca pela eficiência na admissão de pessoal: a Lei Geral dos Concursos Públicos, o Concurso Nacional Unificado e a PEC nº 32/2020

A prevalência do concurso público para a constituição de relação de trabalho com o Estado é uma realidade na Administração Pública brasileira contemporânea. A proteção conferida ao instituto pela Constituição Federal de 1988 e pelo seu principal intérprete, o Supremo Tribunal Federal, estabeleceu o concurso público como um instituto jurídico-administrativo primordial para o desenvolvimento da Administração Pública e consecução de seus objetivos.

Por todo o exposto neste capítulo, é de se notar que, na sistemática adotada para a realização dos concursos públicos, ainda prevalece a ótica da administração burocrática weberiana, com foco no recrutamento de acordo com a medição do conhecimento teórico, em especial das normas aplicáveis ao exercício da atividade a ser desempenhada e da entidade que o servidor integrará em caso de aprovação, provocando o insulamento burocrático já desde a seleção.[227] A segurança jurídica oferecida pelo modelo burocrático ainda adotado na Administração

---

[227] Em pesquisa sobre o assunto, Fernando de Souza Coelho e Isabela de Oliveira Menon constataram que as seleções de pessoal no serviço público, em especial nos Estados e Municípios, permaneciam voltados à sistemática burocrática como implementada nas décadas de 1930 e 1940, com o seguinte cenário: "predomínio de cargos (sem estruturas de carreiras), ênfase na especialização funcional com *design* ocupacional estreito, vinculação institucional verticalizada, associação entre ocupação e profissão, abordagem da qualificação com viés conteudista, desenvolvimento profissional atrelado aos critérios de antiguidade e conformidade, foco em valores coletivos (*esprit de corps*) da burocracia, entre outros. [...] Dito de outra maneira, estamos enclausurados no ideário fundante de profissionalização da administração pública que condiciona a sua existência exclusivamente ao grau de institucionalização da burocracia pelos moldes weberianos, dentro da tradição de formação de corpos profissionais permanentes e estáveis que têm como normativa a dicotomia entre política e administração" (COELHO, Fernando de Souza; MENON, Isabela de Oliveira. A quantas anda a gestão de recursos humanos no setor público brasileiro? Um ensaio a partir das (dis)funções do processo de recrutamento e seleção – os concursos públicos. *Revista do Serviço Público*, v. 69, 2018. p. 170).
Ricardo Marcondes Martins entende em sentido contrário, devendo prevalecer o modelo burocrático, tendo em vista a realidade nacional: "O modelo burocrático, de cumprimento impessoal a regras abstratas, foi contraposto ao modelo gerencial, de liberdade de atuação em prol de fins a serem perseguidos. Concluiu-se que a realidade brasileira, marcada pela corrupção, exige uma atuação administrativa burocrática e repugna a atuação administrativa gerencial". Nota-se que o cenário de burocracia incompleta é um empecilho para que se estabeleça com sucesso um modelo gerencial (MARTINS, Ricardo Marcondes. Considerações críticas ao conceito de compliance. *Revista Internacional de Direito Público – RIDP*, Belo Horizonte, ano 6, n. 10, jan./jun. 2021. p. 21).

Pública brasileira não garante, na visão de pesquisadores da área de Gestão de Recursos Humanos, a admissão de servidores com real aptidão para o exercício da função pública, mesmo em carreiras exclusivas de Estado, mas principalmente em relação aos cargos que têm atribuições burocráticas e administrativas.[228]

O padrão até agora adotado pelas entidades públicas e instituições ou empresas organizadoras de certames, assim como a discrepância salarial entre os diversos cargos públicos, independente do nível de escolaridade para o seu acesso, fomenta a admissão de pessoal de acordo com um parâmetro, apenas, além de proporcionar a existência de pessoas que não permanecem em um cargo de menor nível remuneratório por muito tempo, sendo aprovados em outros certames – os chamados "escadinhas", derivados dos "concurseiros": pessoas que, de forma quase profissional, se dedicam à preparação de concursos e alimentam uma indústria de grande proeminência, a de cursos e dos famigerados livros preparatórios para concursos públicos.[229]

Outro aspecto relacionado ainda à segurança jurídica é que o maior balizador de sua realização tem sido por muito tempo a própria Constituição Federal, tendo carecido a Administração Pública, em todas as suas esferas, de uma uniformização, a nível normativo, dos procedimentos de preparação e realização dos concursos públicos, levando-se em consideração a particularidade dos órgãos, carreiras e cargos destinatários dos novos profissionais.

Ademais, o recrutamento para pessoal no serviço público ainda é realizado com visão distante do planejamento e operacionalização das políticas públicas, com foco na multidisciplinariedade, sendo voltado principalmente ao provimento de cargos isolados nos diversos órgãos públicos, com atribuições por muitas vezes de pouca ou nenhuma

---

[228] "Em todos os níveis de governo (e nas organizações públicas), é fundamental que a importância que se atribui aos concursos públicos para a alta e média burocracia se estenda para os certames voltados para a *street level bureaucracy* e o corpo burocrático operacional. Muitas vezes, a GRH não trata os concursos públicos de nível médio, por exemplo, com o devido zelo e acuracidade, acentuando algumas disfunções como a sobrequalificação" (COELHO, Fernando de Souza; MENON, Isabela de Oliveira. A quantas anda a gestão de recursos humanos no setor público brasileiro? Um ensaio a partir das (dis)funções do processo de recrutamento e seleção – os concursos públicos. *Revista do Serviço Público*, v. 69, 2018. p. 176).

[229] SANTOS, Aline Sueli de Salles. *Os concursos públicos no campo jurídico-acadêmico*, 2014. Tese (Doutorado) – Doutorado em Direito, Programa de Pós-Graduação em Direito, Universidade de Brasília, Brasília, 2014. p. 127.

compatibilidade com o conteúdo apreendido para a realização das provas do certame.

É nesse cenário em que se mostram necessárias práticas voltadas à concretização do princípio da eficiência no recrutamento de pessoal na Administração Pública. Um concurso público que não se volta à avaliação de competências tende a ser apenas um meio para recrutamento daquele que mais estudou, mas não tem aptidão para o exercício da função, a desempenhando de maneira inadequada e gerando um resultado aquém do esperado na atuação da Administração. A realização de um procedimento custoso e, por vezes, moroso, termina por não gerar a prestação efetiva do serviço público que demandava pessoal adequado para tanto. É uma situação que não atende ao princípio da eficiência nos termos postos pela vontade do constituinte derivado, como já relatado.

Outrossim, a multidisciplinariedade buscada pela corrente voltada à implementação definitiva do modelo gerencial de Administração Pública leva naturalmente à aceitação da mobilidade do pessoal, isto é, o deslocamento físico de atribuições dos servidores para o atendimento das necessidades cada vez mais dinâmicas da Administração.[230] Trata-se basicamente do retorno da transferência à realidade jurídica brasileira, atualmente vedada.

Como visto no tópico 1.2.1, foi sancionada a Lei Federal nº 14.965/2024, oriunda do Projeto de Lei nº 2.258/2022,[231] cujo conteúdo é referente às normas gerais relativas a concursos públicos, contendo aspectos principiológicos sobre a temática e pontos relacionados ao planejamento, execução, modalidades de avaliação e programas de formação dos novos servidores.

A Lei Geral dos Concursos Públicos se aplica aos certames destinados ao provimento de cargos efetivos e empregos públicos na Administração Pública Federal direta, autárquica, fundacional e para as empresas públicas e sociedades de economia mista que recebam recursos da União, dos Estados, do Distrito Federal e dos Municípios para o pagamento de despesas com pessoal ou de custeio em geral.

Além da Administração Federal, a referida lei deve ser observada pelos demais entes federativos nos seus concursos, e, mesmo que eles

---

[230] LONGO, Francisco. *Mérito e flexibilidade:* A gestão das pessoas no setor público. São Paulo: FUNDAP, 2007. p. 214-215.

[231] Substitutivo da Câmara dos Deputados ao Projeto de Lei do Senado nº 92, de 2000.

editem normas próprias, o seu conteúdo deve refletir os princípios constitucionais da Administração pública e da própria Lei Federal nº 14.965/2024 (art. 13, §2º).

A Lei Geral dos Concursos Públicos não se aplica de forma automática aos concursos para a magistratura, para o cargo de membro do Ministério Público, para o cargo de defensor público e para os postos de oficial das Forças Armadas (art. 1º, §3º, I); para os empregos públicos das estatais que não recebam recursos da União, dos Estados, do Distrito Federal e dos Municípios para o pagamento de despesas de pessoal ou de custeio em geral (art. 1º, §3º, II e III). O ato de autorização da abertura dos concursos para essas situações, no entanto, pode adotar a aplicação total ou parcial da Lei Federal nº 14.965/2024 para orientar a condução do certame respectivo (art. 1º, §4º).

O normativo também pode ser aplicado para os processos seletivos destinados à contratação temporária para atendimento a excepcional interesse público, nos termos do inc. IX do art. 37 da CF/1988; aos processos seletivos públicos para a admissão de Agentes Comunitários de Saúde e Agentes de Combate às Endemias; à admissão de professores, técnicos e cientistas estrangeiros pelas universidades; e ao ingresso em outros vínculos não sujeitos à obrigatoriedade do concurso público para o seu preenchimento (art. 1º, §4º).

Ainda, a Lei Federal nº 14.965/2024 será aplicada de forma subsidiária aos concursos voltados ao provimento dos cargos de advocacia pública, nos termos do §2º do art. 131 e do art. 132 da Constituição Federal, naquilo que não confrontar com as previsões específicas do próprio texto constitucional e das respectivas leis orgânicas (art. 1º, §2º).

O normativo amplia o escopo do concurso público e busca atingir a eficiência no recrutamento de pessoal, ao menos em termos conceituais, ao destacar, em seu art. 2º (destaque nosso):

> Art. 2º O concurso público tem por objetivo a seleção isonômica de candidatos fundamentalmente por meio da avaliação dos *conhecimentos, das habilidades e, nos casos em que couber, das competências necessários ao desempenho com eficiência das atribuições do cargo ou emprego público,* assegurada, nos termos do edital do concurso e da legislação, a promoção da diversidade no setor público.
>
> §1º Para os fins desta Lei, considera-se:
>
> I – conhecimentos: domínio de matérias ou conteúdos relacionados às atribuições do cargo ou emprego público;

II – habilidades: aptidão para execução prática de atividades compatíveis com as atribuições do cargo ou emprego público;
III – competências: aspectos inter-relacionais vinculados às atribuições do cargo ou emprego público.

Outro ponto de atenção em relação à Lei Federal nº 14.965/2024 é que a sua vigência se iniciará apenas em 1º de janeiro de 2028, autorizada a antecipação de sua aplicação pelo ato autorizativo de cada concurso individualmente (art. 13), não se aplicando aos concursos com abertura já autorizada antes da sua entrada em vigor (art. 13, §1º). Haverá, portanto, um período de adaptação da Administração Pública (e dos entes que adotarem o normativo) para a realização dos certames nos exatos termos previstos pela norma.

Em termos práticos, na realização dos próprios concursos públicos, e como uma prévia de algumas das definições constantes na Lei Federal nº 14.965/2024, foi instituído em 2023, pelo Decreto Federal nº 11.722, de 28 de setembro de 2023, e deflagrado por diversos editais em janeiro de 2024, o Concurso Nacional Unificado (CNU). Nos termos do art. 2º do referido Decreto, o CNU:

> [...] consiste em modelo de realização conjunta de concursos públicos para o provimento de cargos públicos efetivos no âmbito dos órgãos e das entidades da administração pública federal direta, autárquica e fundacional, mediante a aplicação simultânea de provas em todos os Estados e no Distrito Federal.

Ainda nos termos do Decreto regulamentador, o CNU busca ampliar o acesso aos cargos efetivos, com foco na padronização dos procedimentos de aplicação das provas e aprimorar os métodos de seleção de servidores públicos, priorizando as qualificações para o desempenho das atividades inerentes ao setor público.

Dentre os diferenciais do CNU está a aplicação nacional e simultânea de provas para cargos públicos de diversos órgãos da Administração Federal, em todos os Estados da Federação, promovendo ampla acessibilidade e diminuição de custos para os candidatos que desejarem prestar o certame, independente do local de lotação do cargo ao qual concorre.

Ademais, as vagas disponibilizadas (6.640 em 21 órgãos) foram agrupadas por blocos temáticos, conforme a natureza, atribuições e complexidade dos cargos, relacionados inclusive aos objetivos das políticas públicas priorizadas no Plano Plurianual do período 2024-2027 ou de programas governamentais prioritários, permitindo uma visão sistêmica das capacidades estatais e auxiliando a racionalização do processo de seleção, sendo possível, ainda, concorrer a vagas em diversas carreiras, de acordo com as opções escolhidas pelos candidatos. Os blocos temáticos, ademais, se bem definidos, abrem a possibilidade de se avaliar não apenas os conhecimentos, mas as competências dos candidatos, de modo ao preenchimento da vaga por pleiteantes vocacionados ao desempenho das funções, em detrimento da lógica meramente remuneratória.

Ponderações devem ser feitas em relação à vinculação aos blocos temáticos e opções dos cargos selecionados para concorrer, em especial no caso de um candidato em um cargo escolhido como segunda opção obtenha notas maiores do que candidatos que o definiu como primeira opção, impactando na gestão do cadastro de reserva, o que poderá gerar diversos questionamentos judiciais em razão de possível quebra de ordem de classificação. Ademais, a garantia de segurança jurídica e respeito às atribuições dos cargos deve estar em consonância com a pretensa racionalização e seleção por competências.[232]

Tendo em vista que os resultados e o início das nomeações em razão do CNU se darão após a finalização deste trabalho, seus resultados e suas consequências jurídicas poderão ser avaliados posteriormente, em estudos específicos.

No âmbito normativo, um outro elemento que pode gerar impacto na visão sobre o concurso público no ordenamento jurídico brasileiro é a Proposta de Emenda à Constituição nº 32/2020, voltada à alteração de disposições sobre servidores, empregados públicos e organização administrativa, a nova Reforma Administrativa, com vistas, nos termos da sua exposição de motivos, a:

> (a) modernizar o Estado, conferindo maior dinamicidade, racionalidade e eficiência à sua atuação; (b) aproximar o serviço público brasileiro da realidade do país; e (c) garantir condições orçamentárias e financeiras para a existência do Estado e para a prestação de serviços públicos de qualidade.

A PEC nº 32/2020 propõe uma profunda transformação em relação ao trato com o servidor público, passando, dentre outros aspectos,

---

[232] MOTTA, Fabrício. Concurso unificado: a novidade do momento. *Consultor Jurídico*, Coluna Interesse Público, 25 jan. 2024.

pela relativização da estabilidade, passando a ser prevista apenas para cargos que exercessem atividades típicas de Estado,[233] e prevendo novas regras sobre a acumulação de cargos públicos.

Especificamente quanto às formas de ingresso profissional no serviço público, de início o texto prevê, além dos cargos e empregos públicos, uma nova modalidade de relação jurídica, os "vínculos públicos".[234]

Em relação aos cargos públicos, a proposta faz distinção entre os cargos típicos de Estado e os demais cargos "com vínculo por prazo indeterminado" para o desempenho de atividades de caráter contínuo ou permanente,[235] sendo prevista ainda avaliação do vínculo de experiência, de no mínimo dois anos para o primeiro caso e de no mínimo um ano para o segundo. Em que pese a semelhança com o estágio probatório, o período de experiência constitui-se em etapa do certame. Salienta-se, ademais, a exclusão do termo "provimento efetivo", que corresponderia a esses tipos de cargo.

Em substituição aos atuais cargos de provimento em comissão, previu-se a instituição dos cargos de "liderança e assessoramento", voltados às atribuições "estratégicas, gerenciais ou técnicas",[236] com previsão de lei complementar federal para dispor sobre normas gerais de ocupação desses cargos,[237] com competência suplementar dos demais entes federativos,[238] quando publicada, e, enquanto não editada, os entes federativos terão competência plena legislar, atendendo a suas peculiaridades,[239] cabendo ainda ao chefe de cada Poder estabelecer os critérios mínimos de acesso.[240]

---

[233] Em que pese não ser tema deste trabalho, convém destacar ponderação de Fabrício Motta sobre a estabilidade e sua extinção para cargos públicos que não exerçam atividades típicas de Estado: "A estabilidade é instituto jurídico com vocação instrumental, concebido para garantir o desempenho impessoal do servidor público. Trata-se de meio imaginado para impedir que a influência política (notadamente político-partidária) comprometa o desempenho da missão de bem servir o público, por temor de qualquer tipo de represália ou consequência negativa" (MOTTA, Fabrício. Reforma Administrativa: a PEC 32/20 e o risco de retrocessos no regime jurídico dos cargos em comissão e da estabilidade. *In*: ZOCKUN, Maurício; GABARDO, Emerson. *O direito administrativo do pós-crise*. Curitiba: Íthala, 2021. p. 258).

[234] Art. 37, I.

[235] Art. 37, II-A e II-B.

[236] Art. 37, V.

[237] Art. 39, III.

[238] Art. 39, §1º.

[239] Art. 39, §1º-A

[240] Art. 37, §18.

CAPÍTULO 1
O PRINCÍPIO DO CONCURSO PÚBLICO NO ORDENAMENTO JURÍDICO BRASILEIRO | 111

Considerando o histórico patrimonialista das Administrações locais e os casos concretos já julgados pelo Supremo Tribunal Federal,[241] constata-se uma alta tendência à deturpação dos conceitos e requisitos atinentes a essa modalidade de cargo.[242]

Consta ainda a previsão de admissão para vínculo por prazo determinado, em substituição ao atual inc. IX do art. 37, que pode ser voltada a: a) atender a necessidade temporária decorrente de calamidade, de emergência, de paralisação de atividades essenciais ou de acúmulo transitório de serviço; b) atividades, projetos ou necessidades de caráter temporário ou sazonal, com indicação expressa da duração dos contratos; e c) atividades ou procedimentos sob demanda.[243] Trata-se de ampliação considerável das hipóteses para contratação temporária de pessoal, incluindo, ainda, a possibilidade de contratação de empregados públicos temporários.[244]

No caso dos vínculos temporários, a competência para legislar sobre seu regime jurídico é plena para qualquer dos entes federativos, com a possibilidade de ampliação indevida do já vasto rol permitido pela PEC nº 32/2020, podendo a celebração desse tipo de vínculo se constituir em regra, em detrimento da prevalência da admissão de pessoal por concurso público, destoando do estabelecido pelo constituinte

---

[241] "Uma breve pesquisa na jurisprudência do STF utilizando-se como argumento de pesquisa a expressão 'cargos em comissão' é capaz de afastar a aparente simplicidade do regime jurídico-constitucional. Mais do que isso, uma pequena amostra do que se encontra nessa pesquisa é capaz de assustar quem imagina compreender o alcance dos princípios constitucionais aplicáveis à Administração Pública: a) no Estado do Tocantins foram criados 28.098 cargos em comissão para o exercício de atribuições técnicas e operacionais; b) em Goiás, Lei Estadual excepcionava o nepotismo ao permitir a admissão ou a permanência de até dois parentes de autoridades em cargos em comissão; c) já foram criados, dentre muitos outros, cargos em comissão de Oficial de Justiça e Oficial de Secretaria e ainda cargos de Perito Médico-Psiquiátrico, Perito Médico-Clínico, Auditor de Controle Interno, Produtor Jornalístico, Repórter Fotográfico, Perito Psicológico, Enfermeiro e Motorista de Representação" (MOTTA, Fabrício. Reforma Administrativa: a PEC 32/20 e o risco de retrocessos no regime jurídico dos cargos em comissão e da estabilidade. *In*: ZOCKUN, Maurício; GABARDO, Emerson. *O direito administrativo do pós-crise*. Curitiba: Íthala, 2021. p. 255).

[242] "A regra proposta aparenta enrijecer o regime dos cargos em comissão (por meio da previsão de uma norma geral nacional, em lei complementar), mas flexibiliza como nunca a disciplina infraconstitucional ao remeter aos chefes do Executivo, Legislativo e Judiciário a competência para disporem, unilateralmente, sobre os critérios mínimos para acesso aos cargos" (MOTTA, Fabrício. Reforma Administrativa: a PEC 32/20 e o risco de retrocessos no regime jurídico dos cargos em comissão e da estabilidade. *In*: ZOCKUN, Maurício; GABARDO, Emerson. *O direito administrativo do pós-crise*. Curitiba: Íthala, 2021. p. 256).

[243] Art. 39-A, §2º.

[244] Art. 39-A, §3º.

originário, tendo em vista que mesmo na vigência das regras atualmente estabelecidas pelo inc. IX do art. 37 da CF/1988 e pela jurisprudência do STF, de teor mais restritivo, diversos entes se utilizam da contratação temporária como expediente para burlar o princípio do concurso público, conforme se verá no decorrer do capítulo 3.

O atual conteúdo constitucional sobre os permissivos relacionados à admissão no serviço público e à prevalência dos cargos de natureza efetiva e dos empregos públicos para a execução das atividades estatais revela-se plenamente adequado, levando em consideração que a finalidade da atuação estatal é o atendimento ao interesse público e o bem-estar da população, e que o concurso público, mesmo com conformações predominantemente burocráticas, ainda é um meio de garantia do amplo acesso às funções públicas por qualquer indivíduo que preencha os requisitos estabelecidos em lei para tanto.

As disfunções existentes em relação à admissão, manutenção e desenvolvimento de pessoal no serviço público estão relacionadas não à inadequação constitucional – talvez um empecilho na busca pela maior mobilidade dos servidores, de acordo com suas atribuições e competências –, mas à efetivação de institutos já previstos, como o fomento à organização funcional em carreiras (em detrimento ao modelo de cargos isolados); a cobertura e valorização salarial dos cargos e carreiras vinculados a Estados e Municípios; e a instauração de procedimentos efetivos de avaliação tanto do estágio probatório quanto do restante da vida funcional dos servidores, de modo a garantir sua permanente formação, capacitação e eficiência na realização de suas funções.

Em que pese a intenção de modernização e racionalização da Administração Pública, sob uma roupagem gerencial, a PEC nº 32/2020 pode, se aprovada pelo Congresso Nacional,[245] se constituir em um escudo para gestores interessados em favorecer apenas a quem lhes interessar, em detrimento da garantia do princípio do amplo acesso aos cargos e empregos públicos, especialmente mediante a criação e

---

[245] Cumpre registrar que a PEC está pronta para pauta no Plenário, conforme informações de sua tramitação disponíveis em: https://www.camara.leg.br/proposicoesWeb/fichadetramitacao?idProposicao=2262083. Acesso em: 18 fev. 2024. Ademais, após um período de silêncio sobre sua eventual apreciação plenária, o assunto voltou à tona na Câmara dos Deputados: https://www.camara.leg.br/noticias/1034922-arthur-lira-cita-reforma-administrativa-e-pauta-verde-como-prioridades-de-2024/. Acesso em: 18 fev. 2024.

provimento arbitrário dos cargos de liderança e assessoramento e o excesso de admissões em vínculos precários, sujeitos a interferências externas.[246]

De toda forma, a busca por um modelo que una o mérito (destinado a evitar práticas clientelistas e patrimonialistas, sempre presentes na história da Administração Pública brasileira) e a flexibilidade (voltada ao profissionalismo e eficiência na prestação dos serviços públicos pelos profissionais a serem selecionados)[247] permanece em debate no nos círculos jurídicos, governamentais, acadêmicos (em especial na área de gestão de recursos humanos no setor público) e legislativos.[248]

---

[246] Esse entendimento é compartilhado por Renato Monteiro de Rezende: "No que concerne à regra do concurso, o risco embutido em tais propostas flexibilizadoras é o de retorno ao predomínio das conhecidas práticas do Estado patrimonialista, em um país no qual sequer se pode dizer tenha se completado, de forma universal, a implantação do sistema burocrático de recrutamento por mérito no setor público" (REZENDE, Renato Moreira de. Concurso público: avanços e retrocessos. *In*: DANTAS, Bruno. (org.). *Constituição de 1988*: o Brasil 20 anos depois. Volume II. Brasília: Senado Federal, 2008. p. 44).

[247] LONGO, Francisco. *Mérito e flexibilidade*: A gestão das pessoas no setor público. São Paulo: FUNDAP, 2007. p. 223-226.

[248] "[...] desafio é a construção de um olhar sobre os concursos públicos que não se restrinja à função de constituição de uma burocracia estatal pela garantia dos direitos individuais e com o objetivo único de proteção do funcionalismo público de ações arbitrárias dos políticos. A questão central é como (re)conectar substantivamente os anseios de mérito ao propósito de alcance de resultados na ação estatal" (COELHO, Fernando de Souza; MENON, Isabela de Oliveira. A quantas anda a gestão de recursos humanos no setor público brasileiro? Um ensaio a partir das (dis)funções do processo de recrutamento e seleção – os concursos públicos. *Revista do Serviço Público, v.* 69, 2018. p. 171).

CAPÍTULO 2

O CONTROLE DA ADMINISTRAÇÃO PÚBLICA EFETUADO PELOS TRIBUNAIS DE CONTAS

O advento do Estado Liberal, e, principalmente, do Estado Democrático de Direito foram marcos transformadores da relação do Poder Estatal com os indivíduos em geral, passando estes de meros súditos ou comandados a sujeitos de direito, isto é, os principais destinatários da atuação e proteção do Estado.

Para garantir de fato o indivíduo como sujeito de direitos, além da necessária preexistência de norma jurídica para a atribuição ou extinção das competências estatais, estabeleceu-se o controle da Administração Pública, podendo ser conceituado como o conjunto de instrumentos voltados ao estabelecimento das atividades estatais à ordem jurídica, impedindo o exercício arbitrário de suas funções e o abuso de poder.[249]

Em que pese a sua origem possivelmente remontar à Antiguidade,[250] especialmente em relação à fiscalização e verificação do uso das riquezas do Estado, foi após a Revolução Francesa que a temática passou a ter a devida relevância, constando na Declaração de Direitos do Homem e do Cidadão, em seu art. 15: "A sociedade tem o direito de pedir contas a todo o agente público pela sua administração".

---

[249] Conforme José dos Santos Carvalho Filho e Fernando Dias Menezes de Almeida, "o controle do Estado integra o feixe de atribuições do povo para verificar o modo e a forma como se comporta, além de integrar as relações do Estado com o Direito" (CARVALHO FILHO, José dos Santos; MENEZES DE ALMEIDA, Fernando Dias. *Controle da administração pública e responsabilidade do Estado*. 3. ed. São Paulo: Thomson Reuters Brasil, 2022, RB1-1).

[250] LIMA, Luiz Henrique. *Controle Externo:* Teoria e Jurisprudência para os Tribunais de Contas. 6. ed. Rio de Janeiro: Forense; São Paulo: Método, 2015. *E-book.*

Em análise da etimologia do termo "controle", Odete Medauar, evocando Bergeron, indica as seguintes acepções da expressão: a) dominação (referente ao exercício pleno do poder sobre os que estão sob o seu domínio, sendo considerado o sentido mais forte do termo); b) direção (no sentido de gestão e comando); c) limitação (voltado ao aspecto restritivo, de proibir, regulamentar e impor limites ao controlado); d) vigilância ou fiscalização (alusivo à supervisão, censura, no sentido de continuidade); e) verificação (avaliação ou exame de aspectos, para verificar a sua veracidade); e f) registro (identificação, equivalência ou autenticação, sendo esta a acepção de menor intensidade conferida ao termo).[251]

A modalidade de controle objeto deste estudo está enquadrada em uma das dimensões do controle propostas por Carlos Estevam Martins e explicadas por Bruno Speck, qual seja, a dimensão na qual o sistema político exerce controle sobre si mesmo, ou seja, o Estado, mediante a divisão de poderes e funções, controla o próprio Estado.[252] E o controle exercido pelo próprio Estado sobre si mesmo se enquadra nas acepções "b", "c", "d", "e" e "f" expostas no parágrafo acima, a depender do órgão que o exercite.

No atual cenário constitucional, consolidando um modelo de Estado Democrático de Direito, a atividade de controle se insere como um aspecto fundamental à consecução dos objetivos da República e à efetivação dos direitos fundamentais, em especial aqueles relacionados à proteção do indivíduo em relação à atuação Estatal.

Em sede da Administração Pública a necessidade do controle é ainda mais premente, tendo em vista o tratamento que atual Constituição deu à matéria, destacando a obediência não apenas aos princípios fundamentais (art. 37), mas estabelecendo uma série de aspectos a serem observados na sua condução.

O controle da Administração Pública – na classificação proposta por Odete Medauar – em relação ao agente controlador é dividido entre o controle interno, aquele exercido pela própria entidade Administrativa (independente da sua função estatal típica) sobre si mesma, e o controle

---

[251] MEDAUAR, Odete. *Controle da Administração Pública.* 4. ed. Belo Horizonte: Fórum, 2020. p. 22-23.

[252] SPECK, Bruno Wilhelm. Inovação e rotina no Tribunal de Contas da União: o papel da instituição superior de controle financeiro no sistema político-administrativo do Brasil. São Paulo: Fundação Konrad Adenauer, 2000. p. 13-16.

externo, realizado por entidade externa à estrutura da Administração controlada.[253]

No âmbito do controle interno situam-se o controle hierárquico,[254] os poderes de tutela[255] – podendo ser considerados decorrência do controle hierárquico – e de autotutela, além do controle exercido pelo sistema de controle interno a nível de fiscalização contábil, financeira, orçamentária e patrimonial, nos termos do art. 74 da CF/1988.[256]

O controle externo, a nível amplo, é exercido mediante a atuação do controle parlamentar – aquele exercido de forma direta pelo Poder Legislativo a nível político e pelos Tribunais de Contas a nível técnico[257] –, do controle jurisdicional – realizado pelo Poder Judiciário e voltado à resolução do contencioso entre o Estado e indivíduos, ou até mesmo entre diferentes órgãos estatais[258] –, do controle exercido pelo Ministério Público, e do controle social.

Sendo desnecessário maior aprofundamento sobre tipologias, a atividade controladora a ser aqui estudada será a desempenhada pelos Tribunais de Contas, cujos aspectos serão aprofundados no decorrer deste capítulo.

---

[253] MEDAUAR, Odete. *Controle da Administração Pública*. 4. ed. Belo Horizonte: Fórum, 2020. p. 46.

[254] Para Amauri Saad, o poder hierárquico não se constitui em uma forma de controle, tendo em vista, dentre outros aspectos, que enquanto a finalidade do controle é a integração da ordem jurídica, a da hierarquia é a criação da utilidade pública, isto é, o atingimento da finalidade do Estado (SAAD, Amauri Feres. *Do controle da administração pública*. São Paulo, 2018. *E-book*).

[255] Art. 26 do Decreto-Lei nº 200/1967.

[256] "Ao controle interno cabe identificar conflito de interesses, especialmente entre exercentes de cargos integrantes da alta estrutura estatal – secretários e diretores – e pessoas físicas e jurídicas contratadas pela administração. Daí que esse controle administrativo, dentro da própria esfera do órgão ou entidade da administração, constitui eficiente meio indutivo de boa gestão de recursos públicos, o que justifica a necessidade institucional da sua estruturação tempestiva, adequada, consistente e congruente com suas finalidades" (VIANA, Ismar dos Santos; PIMENTA OLIVEIRA, José Roberto. O papel dos Tribunais de Contas no controle das contratações públicas: dos aspectos estruturais aos procedimentais. *Revista Controle – Doutrina e Artigos*, v. 21, n. 2, jul./dez. 2023. p. 118).

[257] ZYMLER, Benjamim. *Direito administrativo e controle*. 3. ed. Belo Horizonte: Fórum, 2012. p. 166.

[258] FAGUNDES, Miguel Seabra. *O controle dos atos administrativos pelo Poder Judiciário*. 7. ed. Rio de Janeiro: Forense, 2005. p. 133-135.

2.1 Controle externo da Administração Pública: aspectos relevantes

2.1.1 Da associação do termo "controle externo" à atuação dos Tribunais de Contas

Conforme visto acima, o controle externo, em sentido amplo, é o exercício da atividade controladora efetuada por organização ou agente que não faça parte da entidade ou órgão controlado, englobando, neste aspecto o controle legislativo, o controle jurisdicional, o efetuado pelo Ministério Público, e o controle social.

A Constituição Federal de 1988 utiliza a expressão "controle externo" para referir-se: a) ao Poder Legislativo,[259] voltada à fiscalização contábil, financeira, orçamentária e patrimonial; b) ao Ministério Público,[260] relacionada ao controle da atividade policial; e c) aos Estados, Distrito Federal e Municípios,[261] para controlar o Comitê Gestor do Imposto sobre Bens e Serviços, novidade instituída pela Emenda Constitucional nº 132, de 20 de dezembro de 2023 (a Reforma Tributária).

Tendo em vista a particularidade das competências de "controle externo" conferidas ao Ministério Público e, mais recentemente, aos Estados, Distrito Federal e Municípios, doutrinariamente a expressão é comumente utilizada como sinônimo da atividade de fiscalização, pelo Poder Legislativo e pelos Tribunais de Contas, da gestão e aplicação dos recursos e valores pela Administração Pública.

Considerando, ainda, a natureza proeminentemente política das atividades exercidas pelo Poder Legislativo, o termo "controle externo" tem sido adotado como tradução da atividade finalística dos Tribunais de Contas,[262] havendo uma apropriação da expressão nesse sentido especialmente na redação das normas e regulamentos relacionados à atuação dos Tribunais de Contas ou por eles expedidos.

---

[259] Art. 31; art. 40, §22, II; art. 70, art. 71; e art. 74, IV.

[260] Art. 129, VII.

[261] Art. 156-B, §2º, IV.

[262] Nesse sentido, Ismar Viana: "[...] pode-se afirmar, a partir da literalidade dos artigos 31, §1º e 71 da CRFB, que o Controle Externo da Administração Pública é exercido pelos Tribunais de Contas" (VIANA, Ismar dos Santos. *Fundamentos do Processo de Controle Externo*: uma interpretação sistematizada do Texto Constitucional aplicada à processualização das competências dos Tribunais de Contas. Rio de Janeiro: Lumen Juris, 2019. p. 33).

Exemplos são fartos, sendo alguns deles: na Lei Federal nº 8.443, de 16 de julho de 1992,[263] em seu art. 1º, o Tribunal de Contas da União (TCU) é definido como "órgão de controle externo"; a identificação das atividades finalísticas realizadas pelos servidores dos Tribunais de Contas como "funções de controle externo";[264] a adoção da nomenclatura "Auditor de Controle Externo" pela maioria dos Tribunais de Contas para identificar os servidores responsáveis pela atividade direta de auditoria e fiscalização;[265] e até mesmo na denominação como "processo de controle externo", aos processos apreciados pelos Tribunais de Contas, nos termos da Lei Complementar Estadual do Mato Grosso nº 752, de 19 de dezembro de 2022.[266]

Em suma, para fins didáticos, e tendo em vista as atuais tendências doutrinárias e normativas, a expressão "controle externo" será utilizada neste trabalho como sinônimo da atividade exercida pelos Tribunais de Contas, podendo também ser utilizada a expressão "controle exercido pelos Tribunais de Contas", quando necessário.

2.1.2   A autonomia dos Tribunais de Contas no exercício do controle externo

O art. 70 da Constituição Federal de 1988 confere ao Congresso Nacional, e ao sistema de controle interno de cada Poder, a titularidade da fiscalização contábil, financeira, orçamentária, operacional e patrimonial da Administração Pública, considerando os órgãos e entidades da Administração quanto à legalidade, legitimidade, economicidade, aplicação das subvenções e renúncia de receitas.

Na mesma seara, o art. 31 da CF/1988 estabelece que cabe ao Poder Legislativo Municipal o exercício do controle externo no âmbito dos Municípios, e pelos sistemas de controle interno do Poder Executivo Municipal.

---

[263] Lei Orgânica do Tribunal de Contas da União.

[264] Nesse sentido: art. 86 da Lei Federal nº 8443/1992; art. 85, parágrafo único da Lei Complementar Estadual do Rio Grande do Norte nº 464/2012 (Lei Orgânica do Tribunal de Contas do Estado do Rio Grande do Norte); e art. 1º da Lei Complementar Estadual do Paraná nº 113/2005 (Lei Orgânica do Tribunal de Contas do Estado do Paraná).

[265] De acordo com a Associação Nacional dos Auditores de Controle Externo dos Tribunais de Contas do Brasil, atualmente 23 Tribunais de Contas adotam esta nomenclatura. Disponível em: https://www.antcbrasil.org.br/institucional/mapas. Acesso em: 30 mar. 2024.

[266] Código de Processo de Controle Externo do Estado de Mato Grosso.

Adiante, o art. 71 da atual redação constitucional indica que o controle externo, a cargo do Congresso Nacional, será exercido com auxílio do Tribunal de Contas da União, assim como o §1º do art. 31 assenta que o controle externo a cargo do Poder Legislativo Municipal será exercido com auxílio dos Tribunais de Contas dos Estados ou do Município ou dos Conselhos ou Tribunais de Contas dos Municípios, onde houver.

Em relação aos Estados e ao Distrito Federal, adota-se o princípio da simetria em relação à Constituição Federal, devendo as Assembleias Legislativas ou Câmara Legislativa exercerem o controle externo em relação a esses entes federativos com auxílio dos Tribunais de Contas do Estado ou do Tribunal de Contas do Distrito Federal, conforme as Constituições Estaduais e a Lei Orgânica do Distrito Federal.

Ademais, compete ao Poder Legislativo o julgamento das contas anuais prestadas pelo titular do Poder Executivo, após a emissão de parecer prévio pelo Tribunal de Contas, nos termos do art. 49, X da atual Constituição, e não apenas delas. Cabe também ao Poder Legislativo o julgamento das contas de gestão do prefeito ordenador de despesa, consoante o atual entendimento do STF.

Explica-se: apesar do inc. II do art. 71 da Constituição Federal exprimir que compete ao Tribunal de Contas julgar as contas dos administradores e responsáveis pelas finanças públicas da Administração Pública em geral, o Supremo Tribunal Federal assentou entendimento no sentido de que mesmo as contas de gestão[267] do prefeito ordenador de despesa devem ser julgadas pelas Câmaras Municipais, conforme o tema de repercussão geral de nº 835, que fixou a seguinte tese:

> Para os fins do art. 1º, inciso I, alínea "g", da Lei Complementar 64, de 18 de maio de 1990, alterado pela Lei Complementar 135, de 4 de junho de 2010, a apreciação das contas de prefeitos, tanto as de governo quanto as de gestão, será exercida pelas Câmaras Municipais, com o auxílio dos Tribunais de Contas competentes, cujo parecer prévio somente deixará de prevalecer por decisão de 2/3 dos vereadores. (STF. RE nº 848826/DF. Plenário. Relator Ministro Roberto Barroso. Redator para o Acórdão Ministro Ricardo Lewandowski. Julgamento em 10/08/2016. Publicado em 24/08/2017).

---

[267] Sobre a distinção entre contas de governo e contas de gestão, consultar tópico 3.1.

CAPÍTULO 2
O CONTROLE DA ADMINISTRAÇÃO PÚBLICA EFETUADO PELOS TRIBUNAIS DE CONTAS | 121

Trata-se de entendimento que reconhece a competência de julgamento de contas em razão da pessoa (no caso, do cargo de Chefe do Poder Executivo Municipal) e não da matéria.

A discussão sobre a temática permanece acesa, tendo em vista o seguimento da ADPF nº 982,[268] que pode revisar o teor da tese de repercussão geral acima, tendo em vista o objeto da ação se constituir sobre a declaração da inconstitucionalidade de decisões judiciais que anularam condenações efetuadas pelos Tribunais de Contas a prefeitos que agiram na qualidade de ordenadores de despesa, pela prática de atos de gestão.

Outros normativos, como a Lei Complementar Federal nº 101, de 4 de maio de 2000 (Lei de Responsabilidade Fiscal),[269] inserem os Tribunais de Contas como órgãos abrangidos pelo Poder Legislativo. Da mesma forma, nas normas orçamentárias os Tribunais de Contas estão insertos no Poder Legislativo.[270]

Da leitura superficial dos dispositivos acima, pode-se levar ao entendimento de que os Tribunais de Contas são de fato órgãos integrantes e auxiliares do Poder Legislativo para o exercício do controle externo da Administração Pública. Carlos Ayres Britto, porém, observou que a

---

[268] "1. Agravo Regimental interposto em face de decisão que negou seguimento a arguição de descumprimento de preceito fundamental ajuizada pela ATRICON (Associação dos Membros dos Tribunais de Contas do Brasil) contra decisões judiciais que anularam penalidades impostas a prefeitos municipais, na qualidade de ordenadores de despesas, por Tribunais de Contas estaduais, alegando violação aos princípios republicano e da separação de Poderes. 2. A jurisprudência deste Supremo Tribunal Federal firmou-se no sentido de que o requisito da subsidiariedade é satisfeito quando inexiste, como no caso, outro meio processual eficaz para sanar a lesão a preceito fundamental de forma ampla, geral e imediata. sentido de que o requisito da subsidiariedade é satisfeito quando inexiste, como no caso, outro meio processual eficaz para sanar a lesão a preceito fundamental de forma ampla, geral e imediata. 3. Legítimo o uso de ADPF para contestar decisões judiciais que supostamente violem preceitos fundamentais, dada a inexistência de outro meio processual igualmente eficaz para sanar a lesão de forma ampla, geral e imediata. Precedentes. 4. ATRICON (ASSOCIAÇÃO DOS MEMBROS DOS TRIBUNAIS DE CONTA DO BRASIL) é entidade de classe de âmbito nacional investida de legitimidade ativa para a propositura de ação de controle concentrado de constitucionalidade destinada à preservação da competência dos Tribunais de Contas. Pertinência temática. 5. Agravo regimental provido. Arguição de descumprimento de preceito fundamental conhecida." (STF. ARE na ADPF nº 982. Plenário. Relator Ministro Flávio Dino. Julgamento em 07/08/2024. Publicado em 08/10/2024).

[269] "Art. 1º [...]
§3º Nas referências:
I - à União, aos Estados, ao Distrito Federal e aos Municípios, estão compreendidos:
a) o Poder Executivo, o Poder Legislativo, neste abrangidos os Tribunais de Contas, o Poder Judiciário e o Ministério Público".

[270] A título de exemplo, vide o Anexo V da Lei Orçamentária Anual da União para o exercício 2024 (Lei Federal nº 14.822, de 22 de janeiro de 2024): https://legis.senado.leg.br/norma/38179379/publicacao/38179865. Acesso em: 22 jun. 2024.

própria Constituição Federal, no art. 44, indica que o Poder Legislativo é composto apenas pela Câmara dos Deputados e do Senado Federal.[271]

O atrelamento das funções de controle como consectárias à tripartição de poderes conferiu ao Poder Legislativo, em especial nas democracias ocidentais, proeminência no controle da atuação do Poder Executivo.[272]

No aspecto das finanças públicas, de acordo com a CF/1988, cabe ao Poder Legislativo a aprovação do orçamento do ente federativo respectivo,[273] e, consequentemente, o julgamento sobre a execução desse orçamento, a ser apresentado anualmente pelo Chefe do Poder Executivo, justificando, daí, o reconhecimento da titularidade do controle externo da Administração Pública pelo texto constitucional.[274]

Ocorre que ao Poder Legislativo, por mais que tenha competências atreladas à fiscalização dos atos do Poder Executivo, especialmente,[275] não lhe são dispostas, estrutural e tecnicamente, as atribuições para o exame técnico dos atos relacionados às finanças públicas, estas conferidas aos Tribunais de Contas, conforme a configuração que lhes é estabelecida e que será aprofundada em sequência.

É aos Tribunais de Contas que a atual Constituição confere os meios necessários para o exercício de fato do controle externo baseado no exame técnico dos atos da Administração Pública, tendo em vista as suas competências, composição e estrutura. Não à toa, a própria competência de julgamento das contas anuais do Chefe do Poder Executivo só pode ser exercida após a emissão do parecer prévio sobre essas contas emitido pelo Tribunal de Contas.[276] Mesmo no caso de tomada de contas do Chefe do Poder Executivo[277] pelo Poder Legislativo – que se dá no caso de não apresentação das contas anuais no prazo delimitado pela Constituição – a apreciação técnica, mediante emissão de parecer, é prerrogativa exclusiva do Tribunal de Contas.

---

[271] BRITTO, Carlos Ayres. O regime constitucional dos Tribunais de Contas. *Revista Fórum Administrativo – FA*. n. 47, jan. 2005.

[272] MEDAUAR, Odete. *Controle da Administração Pública*. 4. ed. Belo Horizonte: Fórum, 2020. p. 110.

[273] No caso da União, conforme o art. 48, II da CF/1988.

[274] ZYMLER, Benjamim. Direito administrativo e controle. 3. ed. Belo Horizonte: Fórum, 2012. p. 166-167.

[275] Art. 49, X da CF/1988.

[276] ROSILHO, André. *Tribunal de Contas da União*: Competências, jurisdição e instrumentos de controle. São Paulo: Quartier Latin, 2019. p. 303-306.

[277] Art. 51, II da CF/1988.

CAPÍTULO 2
O CONTROLE DA ADMINISTRAÇÃO PÚBLICA EFETUADO PELOS TRIBUNAIS DE CONTAS | 123

Em relação às competências previstas pela Constituição, elas podem ser distinguidas entre competências de auxílio ao Poder Legislativo e competências próprias. Nas competências de auxílio ao Poder Legislativo inserem-se: a) a apreciação das contas prestadas anualmente pelo Chefe do Poder Executivo para emissão de parecer prévio necessário ao seu julgamento por quem detém a competência respectiva (art. 71, I; e art. 31, §§1º e 2º); b) a realização, a pedido de qualquer das Casas ou Comissões do Poder Legislativo, de auditorias e inspeções nas unidades administrativas de qualquer dos Poderes e entidades públicas (art. 71, IV); c) a prestação de informações solicitadas pelo Poder Legislativo, por qualquer de suas Casas ou Comissões, sobre a fiscalização contábil, financeira, orçamentária, operacional e patrimonial e sobre os resultados de suas auditorias e inspeções (art. 71, VII); d) a comunicação ao Poder Legislativo sobre a sustação de ato impugnado (art. 71, X); e) a proposição de sustação de contrato ao Poder Legislativo (art. 71, §1º); e f) a apresentação, ao Poder Legislativo, de relatórios trimestrais e anuais sobre suas atividades (art. 71, §4º).

Já as competências constitucionais relativas ao exercício direto do controle externo da Administração Pública pelos Tribunais de Contas envolvem: a) o julgamento das contas dos administradores e demais responsáveis por dinheiros, bens e valores públicos da Administração Direta e Indireta – as contas de gestão –, e as contas daqueles que derem causa a perda, extravio ou outra irregularidade de que resulte prejuízo ao erário público – as tomadas de contas especiais (art. 71, II); b) a apreciação, para fins de registro, dos atos de pessoal (art. 71, III); c) a realização, de ofício, de inspeções e auditorias de natureza contábil, financeira, orçamentária, operacional e patrimonial nas unidades administrativas de qualquer dos Poderes e entidades públicas (art. 71, IV); d) a fiscalização das contas nacionais das empresas supranacionais de cujo capital social o Poder Público participe (art. 71, V, esta competência voltada especificamente ao TCU); e e) a fiscalização de quaisquer recursos repassados mediante convênio, acordo, ajuste ou outros instrumentos congêneres entre os entes federativos (art. 71, VI). Essas competências referem-se aos instrumentos utilizados para o exercício da função de controle externo.

Em relação à garantia da efetividade das atividades executadas pelos Tribunais de Contas acima listadas, a atual Constituição confere as seguintes competências: a) a aplicação de sanções aos responsáveis, em caso de ilegalidade de despesa ou irregularidade de contas (art. 71,

VIII); b) a delimitação de prazo para que o órgão ou entidade controlada adote as providências necessárias ao exato cumprimento da lei, se verificada ilegalidade (art. 71, IX); c) a sustação direta do ato impugnado, se a entidade fiscalizada não cumprir com a determinação por eles emanada (art. 71, X); d) a representação de irregularidades ou abusos apurados ao Poder competente (art. 71, XI); e) a sustação de contrato, nos casos em que o Poder Legislativo se mantiver inerte no exercício de sua prerrogativa por noventa dias, podendo fazê-lo diretamente (art. 71, §2º); e f) a conferência de título executivo às decisões que importem em imputação de débito ou multa (art. 71, §3º).

No prisma acima, considerando as competências do exercício direto do controle externo, assim como as garantias de efetividade de atuação conferidas pela Constituição Federal de 1988, os Tribunais de Contas são plenamente dotados de autonomia para a sua atuação.

A composição das Cortes de Contas é um preceito frequentemente questionado em razão da prevalência de indicações para os cargos de Ministro ou Conselheiro – os responsáveis pela tomada de decisões no âmbito dos Tribunais de Contas – de nível político em relação ao técnico. Para Rodrigo Valgas dos Santos, esse tipo de indicação se mostrou um acerto do Constituinte, garantindo pluralidade e heterogeneidade na composição das Cortes de Contas, dentre membros com formação técnica ou burocrática e membros com a ótica de administração da coisa pública na prática,[278] sendo comum que vários dos Ministros ou Conselheiros tenham ocupado cargos relacionados à gestão da coisa pública, como prefeitos, senadores, deputados ou secretários e ministros de governo.[279]

Para Bruno Speck, o destaque positivo se dá em relação à manutenção da equidistância entre os Poderes Executivo e Legislativo, mediante a distribuição de vagas para indicação por estes dois Poderes,[280] como corolário do princípio da separação de Poderes e a própria amplitude

---

[278] SANTOS, Rodrigo Valgas dos. *Direito Administrativo do Medo:* Risco e fuga da responsabilização dos agentes públicos. 2. ed. rev. atual. e ampl. São Paulo: Thomson Reuters Brasil, 2022. p. 212-214.

[279] CABRAL, Fábio Garcia. O Tribunal de Contas é um órgão político? *Revista de Investigações Constitucionais*, v. 7, n. 1. p. 237-284, jan./abr. 2020. p. 246-254.

[280] No caso do Tribunal de Contas da União, das nove vagas, seis são preenchidas por indicação do Congresso Nacional (via de regra, três indicados pela Câmara dos Deputados e três indicados pelo Senado Federal), enquanto três são indicados diretamente pelo Presidente da República, sendo um deles de forma direta, outro dentre os ocupantes do cargo de Auditor ou Ministro-substituto e, por último, um dentre os membros do Ministério Público de Contas junto ao TCU.

do controle exercido pelos Tribunais de Contas, que envolve praticamente qualquer órgão público, incluindo-se, aí, entidades tanto do Poder Executivo quanto do Poder Legislativo.[281]

O principal elemento negativo presente nas indicações diretas dos Poderes é a prevalência do aspecto político ou pessoal, principalmente, sobre o técnico, notadamente quando da indicação de parentes de titulares do Poder Executivo ou de membros do Poder Legislativo para ampliação da esfera de influência do respectivo agente político, o que compromete a independência do órgão controlador.[282]

Em levantamento realizado em março de 2023 pelo jornal O Globo, 30% (trinta por cento) do total de Conselheiros de Tribunais de Contas em atividade no período eram parentes de políticos, sendo alguns deles nomeados durante a gestão de familiares que ocupavam a titularidade do Poder Executivo,[283] situações nas quais o Supremo Tribunal Federal tem decidido no sentido de que os casos não se enquadram na hipótese nepotismo nos termos da Súmula Vinculante nº 13.[284]

No caso dos Tribunais de Contas Estaduais, Municipais, Distrital e dos Municípios, das sete vagas para Conselheiro, quatro são preenchidas por indicação do Poder Legislativo correspondente e três são feitas pelo Poder Executivo, sendo um deles de forma direta, outro dentre os Auditores ou Conselheiros-substitutos, e, por último, um dentre os membros do Ministério Público junto ao Tribunal de Contas correspondente.

Especificamente em relação do Tribunal de Contas do Município de São Paulo, não há obediência ao modelo estabelecido pelo art. 75 da CF/1988: a Lei Orgânica do Município de São Paulo, em seus arts. 49 e 50, prevê cinco vagas para Conselheiros, sendo três escolhidos pela Câmara Municipal e dois pelo Prefeito, sem reserva de vaga para os Auditores ou Conselheiros-substitutos e para membros do Ministério Público junto ao Tribunal de Contas do Município de São Paulo, função que sequer existe em sua estrutura.

[281] SPECK, Bruno Wilhelm. *Inovação e rotina no Tribunal de Contas da União:* o papel da instituição superior de controle financeiro no sistema político-administrativo do Brasil. São Paulo: Fundação Konrad Adenauer, 2000. p. 195-197.

[282] "Quando se lança o olhar para a aplicação da norma constitucional, no âmbito do ser, a história constitucional brasileira evidencia, neste aspecto, o viés político do TCU. Ainda que não haja essa exigência constitucional, a grande maioria dos Ministros do TCU (cujo modelo acaba sendo seguido pelos Tribunais de Contas dos Estados) ocupava, anteriormente a sua indicação, cargos políticos, sendo praxe a nomeação pelo Congresso de seus pares para ocupar o cargo de Ministro" (CABRAL, Fábio Garcia. O Tribunal de Contas é um órgão político? *Revista de Investigações Constitucionais*, v. 7, n. 1, p. 237-284, jan./abr. 2020. p. 255).

[283] NIKLAS, Jan; MARZULLO, Luisa. Em tribunais de contas, 30% são parentes de políticos, como os indicados por ministros de Lula. *O Globo*, Rio de Janeiro, 6 mar. 2023.

[284] No Estado do Amapá, em 2022, Marília Brito, esposa do então governador Waldez Góes, foi indicada pelo Poder Legislativo para assunção ao cargo de Conselheira do Tribunal de Contas do Estado do Amapá. O caso chegou ao STF mediante Reclamação Constitucional em razão de decisão do Tribunal de Justiça daquele Estado ter derrubado liminar proferida em ação popular que havia suspendido a nomeação da Conselheira sob o argumento de violação à Súmula Vinculante nº 13. Em decisão monocrática, o Ministro André Mendonça negou seguimento à Reclamação pela inadequação do instrumento. No entanto, houve análise da pertinência da situação ao estabelecido pela Súmula Vinculante nº 13, conforme

trecho da decisão a seguir: "10. Do excerto reproduzido, nota-se que na decisão reclamada se enfrentou a questão jurídica sub judice, qual seja, se o cargo de Conselheiro de Tribunal de Contas estaria ou não subsumido aos ditames proibitórios do citado enunciado nº 13, tendo em vista o vínculo conjugal verificado, *in casu*, entre a autoridade nomeante (Governador de Estado) e a agente escolhida pela Assembleia Legislativa para compor o quadro de conselheiros, chegando à conclusão negativa. 11. Entendo assistir razão ao r. juízo reclamado, do que decorre a ausência de estrita aderência da situação concreta com o multicitado enunciado que veda a prática do nepotismo. 12. Isso porque, a exemplo do cargo de Ministro do Tribunal de Contas da União, o cargo de Conselheiro de Tribunal de Contas de Estado não integra a categoria jurídica de cargo em comissão ou de confiança, requisito expressamente previsto no paradigma vinculante. 13. Nos termos da Constituição, cargos em comissão caracterizam-se por serem 'de livre nomeação e exoneração' (art. 37, inc. II, da CF) e, ainda, por se destinarem 'apenas às atribuições de direção, chefia e assessoramento' (art. 37, V, da CRFB), limitação essa inclusive reiterada pelo Supremo no julgamento do RE nº 1.041.210-RG/SP (Tema RG nº 1.010). 14. Na espécie, porém, não se vislumbram quaisquer dessas características jurídicas no cargo de Conselheiro de Tribunal de Contas de Estado. 15. A uma, porque tais cargos são vitalícios (art. 73, caput e §3º, c/c art. 75, caput, c/c art. 95, I, todos da CRFB), ao passo que os cargos em comissão são de 'livre exoneração' (*ad nutum*), não havendo que se falar em vitaliciedade. 16. A duas, porque Conselheiro de TCE exerce atribuições institucionais próprias, estabelecidas no Texto Constitucional e em leis específicas, relacionadas ao exercício do controle externo (art. 71 c/c art. 75 da CRFB), inclusive detendo prerrogativas equiparáveis à da magistratura, o que também não se confunde com 'atribuições de direção, chefia e assessoramento'. 17. E a três, a circunstância de a autoridade nomeante, o Governador do Estado, ser cônjuge da agente nomeada (abstraindo-se o fato de que a assinatura foi aposta pelo Vice-Governador) não adere de modo estrito à situação prevista no enunciado nº 13, na medida em que, no caso vertente, não houve 'livre' nomeação, posto que a escolha política foi feita pelo Poder Legislativo do Estado do Amapá. 18. Não havendo estrita aderência entre o que decidiu o Egrégio Tribunal de Justiça do Estado do Amapá e o que disposto no enunciado nº 13 da Súmula Vinculante do STF, inviabiliza-se o uso da reclamação" (STF. Rcl nº 52282/AP. Relator Ministro André Mendonça. Decisão emitida em 22/04/2022. Publicada em 25/04/2022).

Já no Estado do Pará, a Assembleia Legislativa indicou para compor o Tribunal de Contas do Estado do Pará (órgão de controle externo da Administração daquele Estado) Daniela Barbalho, esposa do governador com mandato para o exercício 2023-2026, Helder Barbalho. Após questionamentos a nível judicial, o Supremo Tribunal Federal rejeitou Reclamação Constitucional que buscava a anulação da nomeação da Conselheira por nepotismo e ino-bservância à Súmula Vinculante nº 13 em razão da inadequação da via, na mesma linha apresentada pela decisão do caso do Amapá. Segue trecho do voto do Ministro Relator: "[...] a nomeação para o cargo de conselheiro de tribunal de contas estadual constitui ato complexo, cuja formação pressupõe a conjugação de vontades de distintas autoridades/ órgãos. Dessa perspectiva, não se extrai da aplicação da Súmula Vinculante nº 13 ou do precedente que a ela deu origem diretrizes sobre o debate para saber se a circunstância de ser 'cônjuge, companheiro ou parente em linha reta, colateral ou por afinidade, até o terceiro grau, inclusive, da autoridade nomeante' compromete, de forma objetiva, a nomeação cuja indicação e cuja aprovação sejam integradas por manifestação de vontade de outro Poder. Com efeito, o caso em questão envolve particularidades que devem ser observadas pelo juízo competente na análise das provas dos autos, o que exorbita a competência desta Suprema Corte na via excepcional da reclamação constitucional, a qual não coaduna com a análise de elementos subjetivos do caso concreto configuradores de eventual 'troca de favores' ou fraude à legislação, vícios que supostamente possam macular a vontade da Assembleia Legislativa do Estado. Entendo, assim, que o meio utilizado tem o demérito de provocar o exame *per saltum* por esta Suprema Corte de questão a ser desenvolvida por meios ordinários e respectivos graus, sendo inadequado o emprego do instrumento

Fato é que se trata de um cenário no qual a imagem e credibilidade dos Tribunais de Contas são postas em xeque, já que, em razão de relações políticas e familiares, não se vislumbra a necessária independência, imparcialidade e imunidade a influências que possam macular a lisura nas decisões por eles tomadas.[285] O tema foi posto ao crivo do Supremo Tribunal de Federal, mediante a Arguição de Descumprimento de Preceito Fundamental nº 1070,[286] porém não houve apreciação do mérito em razão da inadequação da via adotada.[287] Não se deve perder de vista, no entanto, o levantamento de novas discussões sobre o assunto, levando em consideração especialmente a possibilidade de ampliação da incidência da Súmula Vinculante nº 13 à nomeação de parentes em cargos político-administrativos mediante o tema de repercussão geral nº 1000, como relatado anteriormente.

O aspecto de maior proeminência em relação à composição na ótica de autonomia dos Tribunais de Contas em relação ao Poder Legislativo, no entanto, é a proteção dada aos seus membros, nos termos

---

reclamatório como 'sucedâneo de ações judiciais em geral'" (STF. Rcl nº 60804/PA. Segunda Turma. Relator Ministro Dias Toffoli. Julgamento em 18/10/2023. Publicado em 09/11/2023).

[285] CABRAL, Fábio Garcia. O Tribunal de Contas é um órgão político? *Revista de Investigações Constitucionais*, v. 7, n. 1, p. 237-284, jan./abr. 2020. p. 254.
São os Ministros e os Conselheiros que formam a vontade definitiva do Tribunal, mesmo que o corpo de auditoria e o Ministério Público de Contas – ambos compostos apenas por pessoas que se submeteram a concurso público – se posicionem em sentido diverso.

[286] A ação foi proposta pela Associação Nacional dos Auditores de Controle Externo dos Tribunais de Contas do Brasil, com o seguinte pedido de mérito: "[...] afastar da rota de incidência normativa dos incisos I e II do §2º do art. 73 c/c art. 75 da CRFB/88 a possibilidade de nomeação no cargo de ministros(as) do TCU e conselheiros(as) dos tribunais de contas de cônjuge, companheiro ou parente em linha reta, colateral ou por afinidade, até o terceiro grau, inclusive, de Presidente da República, de governadores(as) dos estados e do Distrito Federal e de prefeitos(as), no exercício dos mandatos, diante da incompatibilidade que decorre das normas jurídicas extraídas dos arts. 1º, *caput*, 5º, LIII, LIV e LV; 14, §9º; 34, VII, 'd', 37, *caput*, 71, 73 e 75 que buscam proteger a impessoalidade e a moralidade nas nomeações, especialmente as de livre escolha do Poder Executivo e do Poder Legislativo para esses cargos e a imparcialidade no exercício do Controle Externo da Administração Pública brasileira, no âmbito federal, estadual, distrital e municipal".

[287] "[...] pretende-se que seja declarado que as nomeações de cônjuge, companheiro ou parente de até terceiro grau para o cargo de ministro ou conselheiro de tribunal de contas, em sua generalidade, não estão abrangidas pelo âmbito de incidência das normas constitucionais originárias que estabelecem a competência para a escolha dos ocupantes de referidos cargos, a definir a interpretação dos artigos 73, §2º, incisos I e II, e 75 da Constituição Federal à luz das demais normas constitucionais invocadas. No mais, ainda que fossem considerados os atos concretos mencionados — mas não diretamente impugnados — na petição inicial, tampouco resultaria atendido, na espécie, o requisito da subsidiariedade. A Lei 9.882/1999, no artigo 4º, §1º, estabelece que não será admitida arguição de descumprimento de preceito fundamental quando houver qualquer outro meio eficaz para sanar a lesividade, do que se extrai o caráter subsidiário da via eleita" (STF. ADPF nº 1070/DF. Relator Ministro Luiz Fux. Decisão emitida em 22/11/2023. Publicada em 23/11/2023).

do §3º do art. 73 da CF/1988: lhes são conferidas as mesmas garantias, prerrogativas, impedimentos, vencimento e vantagens dos Ministros do Superior Tribunal de Justiça, no caso do TCU, e dos Desembargadores do Tribunal de Justiça, no caso das demais Cortes de Contas.

Portanto, o cargo de Ministro ou Conselheiro de Tribunal de Contas é vitalício, só podendo o vínculo ser extinto em razão de sentença judicial transitada em julgado, aposentadoria, desligamento a pedido e falecimento do seu ocupante. Como a estabilidade, a vitaliciedade é prerrogativa necessária ao exercício do cargo – cujos principais produtos são os votos e decisões no âmbito dos processos de alçada do Tribunal de Contas, de impacto direto sobre a condução da Administração Pública, podendo gerar obrigações e sanções aos gestores – para possibilitar a proteção de interferências externas, dada a relevância das funções similares às judicantes.

Em termos estruturais, e tendo em vista a relevância da matéria sob sua guarda, o art. 73 da CF/1988 estende aos Tribunais de Contas as prerrogativas de autonomia do Poder Judiciário estabelecidas no art. 96 do texto constitucional vigente, em especial quanto à gestão e eleição dos seus órgãos diretivos; elaboração dos seus regimentos internos, e, consequentemente, de normas necessárias ao exercício de suas atribuições; organização de suas secretarias e serviços auxiliares; o provimento dos cargos necessários ao seu funcionamento, mediante concurso público; e o julgamento dos seus membros por crimes comuns ou de responsabilidade pelo Tribunal de Justiça respectivo.

Em razão das prerrogativas relacionadas à autonomia e auto-organização, cabe aos Tribunais de Contas a reserva de iniciativa de proposição de projetos de lei relativos à sua estrutura, funcionamento e atribuições, sob pena de inconstitucionalidade formal, inclusive no caso de emendas a projetos apresentados pelos próprios Tribunais de Contas que se apresentem sem relação com a matéria estabelecida pelo proponente ou se delas resultar aumento de despesa, conforme posicionamento do Supremo Tribunal Federal.[288]

---

[288] "3. É reservada ao Tribunal de Contas a iniciativa para deflagrar processo legislativo a fim de dispor sobre a própria estrutura e organização, sendo vedado ao Poder Legislativo formalizar emendas, se impertinentes em relação à matéria originalmente proposta ou caso delas resulte aumento de despesa. Precedentes.
4. Emendas parlamentares que possam resultar em embaraços aos atos de comunicação transfiguram o objetivo da proposição legislativa original, por isso incidem em vício de inconstitucionalidade" (STF. ADI nº 6967/RN. Plenário. Relator Ministro Nunes Marques. Julgamento em 04/09/2023. Publicado em 21/09/2023).

Um outro aspecto é a necessária observância à simetria da forma de organização, composição e fiscalização dos Tribunais de Contas em geral, nos termos do art. 75 da CF/1988. Não se pode adotar modelos distintos nas entidades federativas em relação às competências dos Tribunais de Contas.[289] O STF reconhece, também, que as decisões emanadas pelos Tribunais de Contas não se submetem à revisão ou homologação pelo Poder Legislativo[290] e que os parâmetros de pro-porcionalidade e razoabilidade de suas decisões não se submetem a preceitos incluídos por órgão estranho às suas atribuições, devendo ocorrer no âmbito de cada caso apreciado pelo Tribunal, emitido pelo seu corpo decisório.[291]

Ademais, reconhece-se a legitimidade das normas emanadas pelos Tribunais de Contas quanto à forma de prestação de contas ou apresentação de documentos, informações e dados pelos órgãos e enti-dades por ele fiscalizados, assim como sobre as formas de exercer seus atributos fiscalizatórios.[292]

---

[289] "O art. 75, caput, da Constituição da República contempla comando expresso de espelhamento obrigatório, nos Estados, no Distrito Federal e nos Municípios, do modelo nela estabelecido de controle externo da higidez contábil, financeira e orçamentária dos atos administrativos, sendo materialmente inconstitucional a norma de regência da organização ou funcionamento de Tribunal de Contas estadual divorciada do modelo federal de controle externo das contas públicas. Precedentes" (STF. ADI nº 6986/RN. Plenário. Relatora Ministra Rosa Weber. Julgamento em 29/11/2021. Publicado em 02/12/2021).

[290] "Ação Direta de Inconstitucionalidade. 2. Constituição do Estado do Tocantins. Emenda Constitucional nº 16/2006, que criou a possibilidade de recurso, dotado de efeito suspensivo, para o Plenário da Assembleia Legislativa, das decisões tomadas pelo Tribunal de Contas do Estado com base em sua competência de julgamento de contas (§5º do art. 33) e atribuiu à Assembleia Legislativa a competência para sustar não apenas os contratos, mas também as licitações e eventuais casos de dispensa e inexigibilidade de licitação (art. 19, inciso XXVIII, e art. 33, inciso IX e §1º). 3. A Constituição Federal é clara ao determinar, em seu art. 75, que as normas constitucionais que conformam o modelo federal de organização do Tribunal de Contas da União são de observância compulsória pelas Constituições dos Estados-membros. Precedentes" (STF. ADI nº 3715/TO. Plenário. Relator Ministro Gilmar Mendes. Julgamento em 21/08/2014. Publicado em 29/10/2014).

291 "Nada impede que o Tribunal de Contas estadual, ao exercer suas atribuições funcionais, realize o juízo concreto de proporcionalidade e de razoabilidade na apreciação das matérias sujeitas a sua competência.
O que se mostra incompatível com a autonomia funcional da Corte de Contas e com o sistema de controle externo previsto na Constituição Federal é a possibilidade de o legis-lador estadual, delimitando a amplitude da análise a ser realizada pelo Tribunal de Contas estadual, definir, *in abstracto*, quais serão os parâmetros conformadores da aplicação pelo Tribunal de Contas estadual dos critérios da proporcionalidade e da razoabilidade, tal como estabelece o art. 53, §3º, da Constituição do Estado do Rio Grande do Norte" (STF. ADI nº 6986/RN. Plenário. Relatora Ministra Rosa Weber. Julgamento em 29/11/2021. Publicado em 02/12/2021).

[292] "Ação Direta de Inconstitucionalidade. 2. Constitucional e Administrativo. Tribunais de Contas. 3. Resolução 28/2011 e Instrução Normativa 61/2011, ambos diplomas normativos

Continuando em relação à autonomia sobre sua organização, os Tribunais de Contas são os únicos órgãos que têm previsão constitucional expressa em relação à formação de um quadro próprio de pessoal, localizada no art. 73.

É mediante o quadro próprio de pessoal que os Tribunais de Contas são dotados da capacidade da realização dos trabalhos de fiscalização e auditoria que lhes são incumbidos, tendo em vista inclusive a particularidade das matérias sujeitas ao seu crivo e os procedimentos auditoriais que lhes são característicos. Com uma expertise própria, é nos serviços técnicos e administrativos dos Tribunais de Contas que se insere a atividade técnica de fiscalização e auditoria (a atividade finalística de um Tribunal de Contas), a ser exercida por Auditores de Controle Externo,[293] estes distintos dos Auditores ou Ministros-substitutos e Conselheiros-substitutos, que têm funções voltadas à judicância, no exercício de seus cargos ou em substituição aos Ministros ou Conselheiros titulares.

Outra prerrogativa de garantia da independência dos Tribunais de Contas sobrevém da Estrutura de Pronunciamentos Profissionais da Organização Internacional das Instituições Superiores de Controle[294]

---

expedidos pelo Tribunal de Contas do Estado do Paraná (TCE/PR). 4. Não conhecimento quanto ao art. 8º, §1º, II; art. 18, §3º; incisos do art. 21; e art. 24 da Resolução 28/2011; bem assim quanto ao art. 1º; art. 2º; art. 3º, I; art. 5º, II e V; art. 9º; e art. 13, da Instrução Normativa 61/2011, ambas do TCE/PR. Conhecimento parcial. 5. Regulamentação de práticas de fiscalização e prestação de contas de recursos públicos repassados a entidades privadas sem fins lucrativos, por meio do Sistema Integrado de Transferências (SIT). Ausência de usurpação de competência dos Poderes Legislativo e Executivo. 6. Exercício do poder de controle externo dos Tribunais de Contas. Relação instrumental com deveres de transparência, probidade e eficiência previstos na própria Constituição Federal, na Lei de Responsabilidade Fiscal e na legislação estadual que regula o funcionamento do controle externo. Competência regulamentar para explicitar deveres legais em matéria de procedimentos e documentação. Constitucionalidade. Pedidos julgados improcedentes" (STF. ADI nº 4872/PR. Plenário. Relator Ministro Marco Aurélio. Redator do Acórdão Ministro Gilmar Mendes. Julgamento em 15/02/2023. Publicado em 27/04/2023).

[293] Ou cargos com nomenclatura distinta, mas com a atribuição de realizar, a nível técnico, as auditorias, inspeções e demais fiscalizações, assim como a instrução processual a cargo do Tribunal de Contas (VIANA, Ismar dos Santos. *Fundamentos do Processo de Controle Externo:* uma interpretação sistematizada do Texto Constitucional aplicada à processualização das competências dos Tribunais de Contas. Rio de Janeiro: Lumen Juris, 2019. p. 69-72).

[294] A Organização Internacional das Instituições Superiores de Controle é conhecida pela sigla INTOSAI, em razão do seu nome no idioma inglês: *International Organization of Supreme Audit Institutions*, composta pelas ISC de 194 países e pelo Tribunal de Contas Europeu, na qualidade de Membros Efetivos.
A INTOSAI tem os seguintes objetivos, dentre outros: "a) fornecer apoio mútuo às EFS; b) atuar como uma voz pública global reconhecida das EFS dentro da comunidade internacional; c) definir padrões para a auditoria no setor público; d) promover a boa governança nacional e; e) apoiar o desenvolvimento da capacidade das EFS, assim como a cooperação

CAPÍTULO 2
O CONTROLE DA ADMINISTRAÇÃO PÚBLICA EFETUADO PELOS TRIBUNAIS DE CONTAS | 131

(IFPP-INTOSAI), da qual o Tribunal de Contas da União é membro e exerce, no período de 2022 a 2025, a Presidência da instituição. Os demais Tribunais de Contas brasileiros também têm atendido às normas e padrões estabelecidos pela INTOSAI como norteadores de boas práticas no exercício do controle externo da Administração Pública, tendo em vista a relevância global da organização, em uma característica inerente ao Direito Administrativo Global, teoria na qual agentes não estatais instituem normas, práticas ou padrões que impactam e influenciam diretamente na atuação do Poder Público local dos mais diversos países.[295]

No âmbito nacional, destacam-se as Normas Brasileiras de Auditoria do Setor Público (NBASP), que consistem na tradução das normas que constituem a IFPP, com poucas adaptações necessárias à convergência desses padrões à realidade institucional e jurídica dos Tribunais de Contas brasileiros e, portanto, terão prioridade nas menções durante este trabalho.[296]

Continuando, a independência dos Tribunais de Contas é corolário da Declaração de Lima, considerada como a principal diretriz internacional para a auditoria externa no setor público, incorporada pela NBASP 1, que, em sua Seção 5, estabelece que "as Entidades Fiscalizadoras Superiores só podem desempenhar suas tarefas objetiva e efetivamente quando são independentes da entidade auditada e protegidas contra influências externas". Ademais, tem-se a NBASP 10 – "Independência dos Tribunais de Contas", contendo os princípios basilares para o exercício independente de suas funções.

Denota-se, portanto, que o desenho constitucional conferido aos Tribunais de Contas, aliado ao direcionamento conferido a nível

---

e melhoria contínua do seu desempenho" (FRANCO, Evandro Nunes; FRANÇA, Vladimir da Rocha; MOREIRA, Thiago Oliveira. O Direito Administrativo Global no controle externo da administração pública: a adoção das normas internacionais de auditoria governamental como standards pelos Tribunais de Contas brasileiros. *Revista de Direito Administrativo, Infraestrutura, Regulação e Compliance*, n. 26, ano 7, jul./set. 2023. p. 151).

[295] FRANCO, Evandro Nunes; FRANÇA, Vladimir da Rocha; MOREIRA, Thiago Oliveira. O Direito Administrativo Global no controle externo da administração pública: a adoção das normas internacionais de auditoria governamental como standards pelos Tribunais de Contas brasileiros. *Revista de Direito Administrativo, Infraestrutura, Regulação e Compliance*, n. 26, ano 7, jul./set. 2023. p. 146-147.

[296] O próprio Tribunal de Contas da União, mesmo sendo Membro Efetivo da INTOSAI, adotou as NBASP como padrão para a realização de seus trabalhos, mediante a Portaria nº 196, de 27 de dezembro de 2022. As NBASP estão disponíveis em: https://nbasp.irbcontas.org.br/. Acesso em: 25 fev. 2024. Já a IFPP está disponível em: https://www.issai.org/professional-pronouncements/. Acesso em: 25 fev. 2024.

internacional, lhes dota não apenas da independência para o exercício das suas funções, como os reconhece como órgãos fundamentais para o exercício e efetividade do controle externo da Administração Pública brasileira.

Como um indicativo da relevância dos Tribunais de Contas no ordenamento jurídico e institucional brasileiro, está em tramitação no Congresso Nacional a PEC nº 39/2022, que propõe a previsão expressa, no texto constitucional, de que as Cortes de Contas são instituições permanentes e essenciais ao exercício do controle externo.[297]

2.1.3 O controle externo além da mera legalidade

Em comparação com os textos anteriores, a Constituição Federal de 1988 ampliou de forma significativa a abrangência dos aspectos atinentes ao controle externo. A título de comparação, a Constituição Federal de 1967 concedia competência ao controle externo para a fiscalização financeira e orçamentária, mediante o desempenho das funções de auditoria financeira e orçamentária e julgamento de contas, conforme o seu art. 71 e §1º. Além desses aspectos voltados à certificação de contas, a atuação dos Tribunais de Contas se voltava à mera verificação da legalidade dos atos relacionados à despesa pública, resultando em baixa efetividade na sua atuação.[298]

A Constituição Federal de 1988 ampliou de forma significativa a margem de atuação para o exercício do controle externo, mediante a fiscalização orçamentária, financeira – estas já presentes no texto anterior –, contábil, operacional e patrimonial da Administração Pública,

---

[297] Texto do art. 1º da PEC nº 39/2022: "Art. 1º Os arts. 31 e 75 da Constituição Federal passam a vigorar com as seguintes alterações:
'Art. 31. ....
§1º O controle externo da Câmara Municipal será exercido com o auxílio dos Tribunais de Contas dos Estados ou do Município ou dos Conselhos ou Tribunais de Contas dos Municípios, onde houver, vedada sua extinção, criação ou instalação. ....
....' (NR)
'Art. 75. Os Tribunais de Contas são instituições permanentes, essenciais ao exercício do controle externo, e as normas estabelecidas nesta Seção aplicam-se, no que couber, à organização, composição e fiscalização dos Tribunais de Contas dos Estados e do Distrito Federal, bem como dos Tribunais e Conselhos de Contas dos Municípios, vedada sua extinção, criação ou instalação.
....' (NR)"

[298] RODRIGUES, Ricardo Schneider. Ativismo nos Tribunais de Contas: reflexões sobre os alegados excessos do controle externo à luz da Constituição. *Revista do Tribunal de Contas da União*, v. 151, 2023. p. 36.

sob os aspectos da legalidade, legitimidade, economicidade, aplicação das subvenções e renúncia de receitas.

Sobre a natureza da fiscalização, seguem breves conceitos relativos às tipologias previstas pela CF/1988, conforme apresentado por Hélio Saul Mileski:[299]

a) *Fiscalização contábil*: é mediante o controle contábil que é possível averiguar a exatidão e fidedignidade dos registros e balanços orçamentários e financeiros da Administração Pública realizados por sua contabilidade, de modo a espelhar a realidade e prover o controlador de informações que possam ser sindicadas pelos mais diversos aspectos, como a legitimidade, regularidade, segurança e eficiência.

b) *Fiscalização financeira*: o controle financeiro consiste na verificação dos aspectos relacionados à arrecadação da receita e à realização da despesa pública, tendo em vista os registros e procedimentos relativos a essas operações. O aspecto financeiro tem profunda ligação com o aspecto contábil.

c) *Fiscalização orçamentária*: é pelo orçamento que são previstas as receitas e despesas a serem realizadas pela Administração Pública, vinculadas a todas as ações, projetos, programas e políticas públicas planejadas para os respectivos ciclos. O controle do orçamento pressupõe o acompanhamento, sob múltiplos prismas, da sua execução de acordo com o planejado e com as metas definidas pela própria Administração Pública no sentido do atendimento ao interesse público.

d) *Fiscalização patrimonial*: também um aspecto de relação íntima com a contabilidade, o controle sobre o patrimônio material do Estado consiste na verificação da gestão, conservação, movimentação, disposição e segurança dos seus bens móveis e imóveis.

e) *Fiscalização operacional*: o controle operacional tem como norte a eficiência, eficácia, efetividade e economicidade da atuação da Administração Pública em relação aos objetivos e metas constantes nas normas orçamentárias ou programas e políticas governamentais. Não se trata de aspecto meramente contábil ou de legalidade, mas da inclusão de uma ótica voltada ao bom desempenho dos órgãos e entidades controladas em relação ao cumprimento de suas finalidades.

Já sobre os aspectos relacionados à abrangência do controle externo, constam:

---

[299] MILESKI, Hélio Saul. *O controle da gestão pública*. 2. ed. Belo Horizonte: Fórum, 2011. p. 281-286.

a) *Legalidade*: o princípio da legalidade administrativa é postulado primeiro em relação a qualquer ato da Administração Pública, ainda mais aqueles relacionados ao tratamento, de forma direta ou indireta, das finanças e do patrimônio público. O trato da coisa pública requer a estrita obediência aos ditames normativos que a delineiam.

O aspecto da legalidade, portanto, está sempre presente na seara do controle externo, tendo o órgão controlador atribuições no sentido de determinar a adequação do ato administrativo apreciado aos parâmetros estabelecidos pelas leis, normas e regulamentos, ou mesmo que a Administração o anule, e, ainda, que as próprias instâncias controladoras sustem a execução do ato impugnado.[300]

b) *Legitimidade*: a legitimidade tem relação direta com os princípios da legalidade administrativa e especialmente da juridicidade, devendo a Administração Pública por ela zelar nos seus atos. A conduta Estatal deve observar "todos os parâmetros de validade e de licitude que devem ser observados pelo Estado-administração".[301] O controle não deve se restringir à mera adequação formal da conduta da Administração à exigência legal.

O exame do ato sob o viés da legitimidade deve compreender a finalidade do responsável pelo trato da coisa pública na emanação daquele ato, assim como a sua motivação na sua dimensão substancial, especialmente,[302] indo também no sentido de verificação do atendimento à moralidade administrativa[303] e ao interesse público.[304]

---

[300] JACOBY FERNANDES, Jorge Ulisses. *Tribunais de Contas do Brasil:* jurisdição e competência. 4. ed. Belo Horizonte: Editora Fórum, 2016. p. 52-53.

[301] FRANÇA, Vladimir da Rocha. *Crise da legalidade e jurisdição constitucional:* o princípio da legalidade administrativa e a vinculação do Estado-Administração aos direitos fundamentais. Curitiba: Juruá, 2023. p. 133.

[302] "Na dimensão substancial a motivação é um meio que permite a recondução do conteúdo do ato a um parâmetro jurídico que o torne compatível com as demais normas do sistema do direito positivo. Noutro giro: confere ao ato um laço de validade com o ordenamento jurídico" (FRANÇA, Vladimir da Rocha. *Estrutura e motivação do ato administrativo*. São Paulo: Malheiros, 2007. p. 92).
Para Juarez Freitas, "o princípio da legitimidade, expressamente acolhido no art. 70 da CF, a prescrever, que, em matéria de controles sistemático da governança pública, o dever de cuidar, sem tergiversação, da perspectiva substancial, não descurando dos aspectos de fundo – impondo ultrapassar as aparências de regularidade formal e, ao mesmo tempo, os excessos de formalismo" (FREITAS, Juarez. *O controle dos atos administrativos e os princípios fundamentais*. 5. ed. São Paulo: Malheiros, 2013. p. 113).

[303] JACOBY FERNANDES, Jorge Ulisses. *Tribunais de Contas do Brasil:* jurisdição e competência. 4. ed. Belo Horizonte: Editora Fórum, 2016. p. 53-54.

[304] "[...] a ação de controle praticada no exercício da fiscalização contábil financeira e orçamentária deverá estar voltada para uma análise de legalidade e legitimidade, buscando verificar a

CAPÍTULO 2
O CONTROLE DA ADMINISTRAÇÃO PÚBLICA EFETUADO PELOS TRIBUNAIS DE CONTAS | 135

c) *Economicidade*: segundo Gustavo Massa Ferreira Lima, a doutrina se divide em dois conceitos sobre o princípio da economicidade. O primeiro é voltado apenas ao aspecto objetivo de economia dos recursos públicos, isto é, o menor gasto possível. O segundo compreende uma noção voltada ao custo-benefício, ou seja, o gasto atrelado ao resultado alcançado com a aplicação daquele recurso.[305]

É em relação à possibilidade de fiscalizações de viés operacional e com abrangência nos princípios da legitimidade e, principalmente, da economicidade, que se constata a grande inovação da atual Constituição Federal em relação ao controle externo da Administração Pública. O aspecto referente ao exercício exclusivamente dedicado à mera legalidade contábil, orçamentária e financeira não mais contempla a atuação dos Tribunais de Contas.

Com uma visão mais restritiva, Amauri Saad entende que não caberia aos Tribunais de Contas adentrarem em elementos relativos à eficácia, eficiência e efetividade da política pública, desde que o seu custeio tenha obedecido às formalidades exigidas pelas normas orçamentárias.[306]

Essa posição de viés restritivo à interpretação do princípio da economicidade, assim como da legitimidade, é compartilhada por autores como André Rosilho, com a visão de que a ampliação da atuação dos Tribunais de Contas, no sentido de não limitação de sua alçada à esfera financeira, termina por conferir uma função de "quase administrador", incompatível com a função de controle a eles atribuída.[307]

Em relação à economicidade, o conceito a nível amplo se mostra mais adequado, por dois fatores objetivos: a) se vincula diretamente ao princípio constitucional da eficiência administrativa;[308] e b) leva em

---

regularidade do ato do administrador quanto a sua adequação às normas legais e, num exame mais de substância, se não há desvios de qualquer natureza que maculem a sua legitimidade e o deixem consentâneo com o interesse coletivo" (MILESKI, Hélio Saul. *O controle da gestão pública*. 2. ed. Belo Horizonte: Fórum, 2011. p. 293).

[305] LIMA, Gustavo Massa Ferreira. O princípio constitucional da economicidade e o controle de desempenho pelos Tribunais de Contas. Belo Horizonte: Fórum, 2011. p. 31.

[306] "[...] a atuação do controle externo, em especial aquela que se desenvolve nos tribunais de contas, encontra-se rigidamente circunscrita ao fenômeno orçamentário. [...] O bem jurídico protegido pelos tribunais de contas é a execução do orçamento e a proteção ao erário, aspectos que jamais se dissociam" (SAAD, Amauri Feres. Do controle da administração pública. São Paulo, 2018. *E-book*).

[307] ROSILHO, André. *Tribunal de Contas da União:* Competências, jurisdição e instrumentos de controle. São Paulo: Quartier Latin, 2019. p. 177-180.

[308] BUGARIN, Paulo Soares. Economicidade e eficiência: breves notas. *Revista do Tribunal de Contas da União*, v. 101, 2004. p. 16.

consideração a finalidade última da Administração Pública no ordenamento jurídico brasileiro, que é o de atendimento ao interesse público.[309] A aplicação mínima da despesa pública não se traduz necessariamente na prestação efetiva do serviço ofertado.[310] O foco do controle deve se dar na conjugação do montante de recursos aplicados com os resultados da ação governamental.

Quanto ao aspecto da legitimidade, este se mostra mais eficiente na obtenção de resultados concretos do controle em relação ao viés meramente legal.[311]

Levando em consideração a construção constitucional da Administração Pública com foco no atendimento ao interesse público e concretização dos direitos fundamentais e direitos sociais previstos pela Constituição, assevera-se incongruente com a vontade do instrumento balizador da condução do Estado a limitação ao seu controle sob um viés de otimização de seus resultados e congruência com as balizas legais e principiológicas.[312]

Não fosse assim, o controle voltado à legitimidade e economicidade não estaria expresso no texto constitucional em vigor, tendo em vista que há previsões específicas para a restrição do controle a nível apenas da legalidade, como no caso do registro de atos de pessoal (art. 71, III) e da determinação para correção de atos ilegais (art. 71, IX).[313]

Essa visão em relação ao exercício amplo do controle sob a ótica da legitimidade e economicidade é harmônica com o "direito fundamental à boa administração pública", preconizado por Juarez Freitas:

---

[309] LIMA, Gustavo Massa Ferreira. O princípio constitucional da economicidade e o controle de desempenho pelos Tribunais de Contas. Belo Horizonte: Fórum, 2011. p. 33.

[310] JACOBY FERNANDES, Jorge Ulisses. *Tribunais de Contas do Brasil:* jurisdição e competência. 4. ed. Belo Horizonte: Editora Fórum, 2016. p. 54.

[311] AGUIAR, Ubiratan Diniz; ALBUQUERQUE, Marcio André Santos de; MEDEIROS, Paulo Henrique Ramos. *A Administração Pública sob a perspectiva do controle externo.* Belo Horizonte: Fórum, 2011. p. 163-164.

[312] "Não cabe ao intérprete reduzir o alcance dos parâmetros gerais de controle atribuídos ao controle externo, exercido pelos Tribunais de Contas, nos casos em que não há limitação prevista na Constituição. Tal compreensão vai de encontro à intenção do Constituinte de fortalecer e mudar a forma de atuação de tais Cortes [...]. Seria tornar letra morta o texto expresso da Constituição e negar aos TCs a possibilidade de superação do passado de atuação meramente formalista e de baixíssima efetividade" (RODRIGUES, Ricardo Schneider. Ativismo nos Tribunais de Contas: reflexões sobre os alegados excessos do controle externo à luz da Constituição. *Revista do Tribunal de Contas da União,* v. 151, 2023. p. 38).

[313] RODRIGUES, Ricardo Schneider. Ativismo nos Tribunais de Contas: reflexões sobre os alegados excessos do controle externo à luz da Constituição. *Revista do Tribunal de Contas da União,* v. 151, 2023. p. 38.

CAPÍTULO 2
O CONTROLE DA ADMINISTRAÇÃO PÚBLICA EFETUADO PELOS TRIBUNAIS DE CONTAS | 137

[...] trata-se do direito fundamental à administração pública eficiente e eficaz, proporcional cumpridora de seus deveres, com transparência, sustentabilidade, motivação proporcional, imparcialidade e respeito à moralidade, à participação social e à plena responsabilidade por suas condutas omissivas e comissivas. A tal direito corresponde o dever de observar, nas relações administrativas, a cogência da totalidade de princípios constitucionais e correspondentes prioridades.[314]

Ademais, a atuação meramente formalista dos Tribunais de Contas não encontra guarida sequer no âmbito do tratamento a ser conferido às Instituições Superiores de Controle (ISC), mediante a NBASP 12,[315] "Valor e Benefício dos Tribunais de Contas – Fazendo a diferença na vida dos cidadãos", que preconiza, em seus itens 22, 23, 49 e 50:

22. Os Tribunais de Contas devem avaliar o desempenho dos órgãos e entidades jurisdicionados, assim como o dos sistemas, programas, projetos e atividades governamentais, quanto aos aspectos de economicidade, eficiência, eficácia e efetividade dos atos praticados.
23. Os Tribunais de Contas devem examinar a legalidade e a legitimidade dos atos de gestão dos responsáveis sujeitos a sua jurisdição.
49. Os Tribunais de Contas devem contribuir para o debate sobre o aperfeiçoamento da Administração Pública, sem comprometer sua independência.
50. Os Tribunais de Contas devem usar seu conhecimento e experiência para promover mudanças benéficas na Administração Pública.

Em razão da ampliação do escopo e o foco nos resultados das ações, programas e políticas adotadas pelo Estado, vislumbram-se diversas gamas de atuação dos Tribunais de Contas no sentido de conferência da atuação estatal pela ótica dos seus resultados, destacando-se atualmente a avaliação de políticas públicas, como se verá a seguir.

2.1.4 O controle de políticas públicas pelos Tribunais de Contas

Os já mencionados parâmetros de legitimidade e economicidade expandiram a margem de atuação dos Tribunais de Contas, dando azo à interferência, direta ou indireta, na agenda em diversos níveis

---

[314] FREITAS, Juarez. As políticas públicas e o direito fundamental à boa administração. *Revista do Programa de Pós-Graduação em Direito da UFC*, v. 35, n. 1, jan./jun. 2015. p. 198.
[315] No âmbito da IFPP, corresponde à ISSAI P-12.

de governo, em especial quando da atuação na auditoria ou avaliação de políticas públicas.

A política pública se constitui em um instrumento de norteamento do Estado para atender às demandas e contratempos relacionados a um problema político.[316] A política pública, desde o seu nascedouro, envolve os mais distintos atores, na sociedade civil ou no âmbito político-institucional, e abriga interesses das mais variadas matizes.

Em relação ao seu desenvolvimento e abordagem, o modelo metodológico predominante é o de ciclos, ou seja, um modelo composto por etapas que é aceito pelas mais diferentes vertentes da análise política,[317] sendo também um marco nas abordagens adotadas pelo Governo Federal brasileiro.[318]

Conforme João Pedro Schmidt, o ciclo das políticas públicas tem cinco fases relativas à sua concepção e desenvolvimento: a) percepção e definição do problema; b) inserção na agenda política; c) formulação; d) implementação; e e) avaliação.[319]

É na avaliação da política pública que os resultados são aferidos sob aspectos relacionados à eficácia (atingimento de resultados e alcance de metas), efetividade (correlação dos resultados com a aplicação da política pública) e eficiência (custo-benefício e maximização da qualidade do serviço).[320] Mediante os resultados da avaliação da política pública, é que se verificará o seu sucesso, a necessidade de ajustes para melhores resultados ou até mesmo a sua descontinuidade.

A avaliação é, portanto, uma etapa de suma importância no ciclo, sendo necessário que ela seja efetuada com o mínimo de enviesamento dos critérios de avaliação, sendo recomendado que ela seja feita por organismos dotados de independência e imparcialidade na análise, além de que sejam dotados de capacidade metodológica e estrutural

---

[316] SCHMIDT, João Pedro. Para estudar políticas públicas: aspectos conceituais, metodológicos e abordagens teóricas. *Revista do Direito*, v. 3, n. 56, set./dez. 2018. p. 122-123.

[317] SCHMIDT, João Pedro. Para estudar políticas públicas: aspectos conceituais, metodológicos e abordagens teóricas. *Revista do Direito*, v. 3, n. 56, set./dez. 2018. p. 130-131.

[318] BRASIL. Casa Civil da Presidência da República. *Avaliação de políticas públicas:* guia prático de análise *ex ante*, volume 1. Brasília: Ipea, 2018. p. 11-12.

[319] SCHMIDT, João Pedro. Para estudar políticas públicas: aspectos conceituais, metodológicos e abordagens teóricas. *Revista do Direito*, v. 3, n. 56, set./dez. 2018. p. 130-139.

[320] ARRETCHE, Marta T. S. Tendências no estudo sobre avaliação de políticas públicas. *Terceiro milênio: revista crítica de sociologia e política*, ano I, nº 01, jul./dez. 2013. p. 128-131.

necessária à emissão de opinião com a isenção necessária e voltada ao aprimoramento das ações relacionadas à política pública.[321]

A política pública, da implementação à sua execução, requer a aplicação direta de recursos de ordem pessoal, material, patrimonial e financeira, estando, portanto, sob o crivo do controle externo da Administração Pública nos termos do art. 70 da Constituição Federal de 1988, incluindo-se, nesse espectro, o controle relacionado à natureza operacional e sob os aspectos da legitimidade e economicidade.

Para Fernanda Leoni, os Tribunais de Contas são órgãos cujas competências e escopo de atuação possibilitam um controle direcionado das políticas públicas mediante os critérios necessários à correta avaliação.[322]

Esse controle pode ser realizado no exercício de diferentes atribuições dos Tribunais de Contas, como na apreciação das contas anuais de governo para fins de emissão de parecer prévio, alcançando, além do aspecto orçamentário e financeiro, os resultados da atuação governamental e a compatibilidade dos programas e ações de acordo com o plano plurianual, como já realizado pelo Tribunal de Contas da União para o exercício 2022[323] Também pode se dar na realização de auditorias operacionais.

Além dos instrumentos acima, a atuação dos Tribunais de Contas pode ser voltada à avaliação direta da política pública, inserida no modelo de ciclos, sem necessariamente se revestir no papel de revisor geral da Administração, cogestor ou gestor indireto. Conforme já mencionado, a imparcialidade e a capacidade técnica previstas pela Constituição e pelas normas que os regulamentam legitimam a sua atuação.

---

[321] ARRETCHE, Marta T. S. Tendências no estudo sobre avaliação de políticas públicas. *Terceiro milênio: revista crítica de sociologia e política*, ano I, nº 01, jul./dez. 2013. p. 132-133.

[322] LEONI, Fernanda. A legitimidade democrática e o controle de políticas públicas: o que dizer sobre os Tribunais de Contas?. *Revista Controle – Doutrina e Artigos*, v. 21, n. 1, 2022. p. 29-32.

[323] Disponível em: https://sites.tcu.gov.br/contas-do-presidente/1%20Relat%C3%B3rio%20 CG2022.pdf. Acesso em: 29 fev. 2024.
Sabrina Nunes Iocken reforça a necessidade de incremento da análise das contas anuais: "A avaliação dos resultados da intervenção governamental e sua repercussão na realidade do país importam numa mudança de perspectiva que pretende disponibilizar informações que evidenciem os resultados das principais políticas públicas empreendidas pelos governantes" (IOCKEN, Sabrina Nunes. *Controle compartilhado das políticas públicas*. Belo Horizonte: Fórum, 2018. p. 180).

Formas de atuação estão previstas, a nível do Tribunal de Contas da União, nas diretrizes relativas ao controle e à avaliação do nível de maturidade de políticas públicas, mediante um referencial de controle de políticas públicas, com o uso de instrumentos de fiscalização e auditoria, objetivando uma avaliação consistente.[324]

A nível dos Tribunais de Contas em geral, tem-se a incorporação às NBASP das orientações para avaliação de políticas públicas da INTOSAI, através da NBASP 9020,[325] um referencial para as Instituições Superiores de Controle no sentido de emitir opinião sobre política pública.

A necessidade de se destacar a avaliação da política pública sobre a auditoria operacional é a de se passar a abordar, de forma global, uma política pública, mediante o uso de metodologias e conceitos mais amplos e diversos que os previstos na auditoria operacional.

No sentido da não interferência direta do Tribunal de Contas quando da avaliação da política pública, a NBASP 9020 consigna a preferência pela avaliação apenas após dois ou três anos da implantação da política pública, para que haja dados e evidências suficientes e ofereça o distanciamento adequado do órgão avaliador em relação ao programa avaliado.

Por fim, é interessante destacar que o objetivo principal da avaliação de políticas públicas conforme a NBASP 9020 é a de fornecer informações e alternativas que proporcionem uma melhor atuação estatal no tratamento do problema-objeto da política pública. Afastam-se, neste aspecto, os vieses corretivos e sancionadores da atuação dos Tribunais de Contas, buscando-se, de toda forma, o resguardo da sua independência e objetividade, e, sendo necessário, a utilização das competências coercitivas e sancionadoras mediante instrumentos mais adequados a esta finalidade.

2.2 O exercício da jurisdição pelos Tribunais de Contas

A função jurisdicional é umas das três funções clássicas realizadas pelo Estado[326] e tem por finalidade o retorno à ordem jurídica em

---

[324] Disponível em: https://portal.tcu.gov.br/data/files/EF/22/A4/9A/235EC710D79E7EB7 F18818A8/1_Referencial_controle_politicas_publicas.pdf. Acesso em: 29 fev. 2024.

[325] No âmbito da IFPP, corresponde à GUID 9020.

[326] "O Estado, uma vez constituído, realiza os seus fins por meio de três funções em que se reparte a sua atividade: legislação, administração e jurisdição. A função legislativa liga-se aos fenômenos de formação do Direito, enquanto as outras duas, administrativa e jurisdicional, se prendem à fase de sua realização. Legislar (editar o direito positivo), administrar (aplicar

CAPÍTULO 2
O CONTROLE DA ADMINISTRAÇÃO PÚBLICA EFETUADO PELOS TRIBUNAIS DE CONTAS | 141

razão do não cumprimento ou não obediência aos ditames jurídicos vigentes por qualquer sujeito, mediante coação, interpretando de forma concludente o dispositivo legal posto à prova em razão da controvérsia ou obstáculo à concretização do direito, restaurando a legalidade.[327]

Ademais, conforme Miguel Seabra Fagundes, a jurisdição tem os seguintes elementos: a) uma situação contenciosa; b) a conferência de interpretação definitiva do direito; e c) a definitividade no tratamento da situação contenciosa.[328]

É mediante o exercício da jurisdição que se estabelece o ato jurisdicional, isto é, aquele que engloba a análise do conflito e a decisão (ou não) sobre a controvérsia. O ato jurisdicional, conforme Vladimir da Rocha França, engloba os seguintes tipos: a) precedentes judiciais (de ordem normativa); b) pronunciamentos judiciais (de ordem decisória ou não); e c) atos ordinatórios.[329]

A função jurisdicional no Estado brasileiro é conferida ao Poder Judiciário, tendo em vista a previsão constitucional expressa no sentido de inafastabilidade desse Poder na apreciação de lesão ou ameaça a direito (art. 5º, XXXV), assim como a conferência de definitividade da coisa julgada a nível do seu exercício (art. 5º, XXXVI).[330]

A atribuição de julgamento conferido ao Poder Judiciário pode ser exercida pelo Poder Legislativo de forma atípica nos casos de crime de responsabilidade do Chefe do Poder Executivo,[331] dos Ministros de Estado e Comandantes das Forças Armadas,[332] assim como dos Membros do Supremo Tribunal Federal, do Conselho Nacional de Justiça, do

---

a lei de ofício) e julgar (aplicar a lei contenciosamente) são três fases da atividade estatal, que se completam e que a esgotam em extensão" (FAGUNDES, Miguel Seabra. *O controle dos atos administrativos pelo Poder Judiciário*. 7. ed. Rio de Janeiro: Forense, 2005. p. 3).

[327] FAGUNDES, Miguel Seabra. *O controle dos atos administrativos pelo Poder Judiciário*. 7. ed. Rio de Janeiro: Forense, 2005. p. 3.
FRANÇA, Vladimir da Rocha. *Crise da legalidade e jurisdição constitucional*: o princípio da legalidade administrativa e a vinculação do Estado-Administração aos direitos fundamentais. Curitiba: Juruá, 2023. p. 60.

[328] FAGUNDES, Miguel Seabra. *O controle dos atos administrativos pelo Poder Judiciário*. 7. ed. Rio de Janeiro: Forense, 2005. p. 15-17.

[329] FRANÇA, Vladimir da Rocha. *Crise da legalidade e jurisdição constitucional*: o princípio da legalidade administrativa e a vinculação do Estado-Administração aos direitos fundamentais. Curitiba: Juruá, 2023. p. 60.

[330] FRANÇA, Vladimir da Rocha. *Crise da legalidade e jurisdição constitucional*: o princípio da legalidade administrativa e a vinculação do Estado-Administração aos direitos fundamentais. Curitiba: Juruá, 2023. p. 61.

[331] Art. 86 e art. 52, I, da CF/1988.

[332] Art. 52, I da CF/1988.

Conselho Nacional do Ministério Público, do Procurador-Geral da República e do Advogado-Geral da União.[333] Cabe também ao Poder Legislativo o julgamento das contas anuais prestadas pelo Titular do Poder Executivo, como já referenciado anteriormente.

No âmbito administrativo, as decisões tomadas para a emanação dos mais diversos atos têm prazo-limite para a sua revisão (gerando a coisa julgada administrativa), mas podem ser objeto de sindicabilidade pelo Poder Judiciário.

Sendo o Poder Judiciário detentor da exclusividade sobre a jurisdição – com reconhecimento pela doutrina que o Brasil detém o sistema de controle jurisdicional uno[334] – e, especialmente, sobre a conferência de coisa julgada ao que foi posto sob sua apreciação, o que cabe aos Tribunais de Contas? Qual a natureza jurídica dos atos decisórios por eles emanados?

Todas as Constituições brasileiras nominaram o órgão que exerce o controle externo orçamentário e financeiro da Administração Pública como "Tribunal de Contas", e não foi diferente com a Carta de 1988.

Ademais, o inc. II do art. 71 da CF/1988 indica expressamente que compete ao Tribunal de Contas da União "julgar" as contas dos administradores e demais responsáveis pelo erário público, assim como as contas dos que derem causa a dano ao erário.

A previsão de julgamento pelos Tribunais de Contas não é novidade na história constitucional brasileira. As Constituições de 1934,[335] 1937,[336]

---

[333] Art. 52, II da CF/1988.

[334] FAGUNDES, Miguel Seabra. *O controle dos atos administrativos pelo Poder Judiciário*. 7. ed. Rio de Janeiro: Forense, 2005. p. 140-141.

[335] "Art 99 - É mantido o Tribunal de Contas, que, diretamente, ou por delegações organizadas de acordo com a lei, acompanhará a execução orçamentária e julgará as contas dos responsáveis por dinheiros ou bens públicos".

[336] "Art 114 - Para acompanhar, diretamente ou por delegações organizadas de acordo com a lei, a execução orçamentária, julgar das contas dos responsáveis por dinheiros ou bens públicos e a legalidade dos contratos celebrados pela União, é instituído um Tribunal de Contas, cujos membros serão nomeados pelo Presidente da República, com a aprovação do Conselho Federal. Aos Ministros do Tribunal de Contas são asseguradas as mesmas garantias que aos Ministros do Supremo Tribunal Federal".

1946[337] e 1967,[338] com suas respectivas alterações, sempre previram a função de julgar contas ou, no caso do texto de 1946, de também julgar a legalidade dos contratos, aposentadorias, reformas e pensões.

Ainda, o art. 73 da CF/1988 indica expressamente que o Tribunal de Contas da União tem jurisdição em todo o território nacional.[339]

Reconhecidos ou equiparados a Instituições Superiores de Controle, os Tribunais de Contas brasileiros são ISC do modelo jurisdicional. Globalmente predominam dois modelos de ISC: modelo de controladoria e modelo jurisdicional. O modelo ou sistema de controladoria tem origem na Inglaterra,[340] foi adotado por países como os Estados Unidos[341] e consiste, segundo Jacoby Fernandes, na constituição de câmaras especializadas de auditoria no âmbito do Poder Legislativo, cuja gestão e assessoramento direto ao Parlamento são realizados pelo controlador ou auditor-geral.[342] A atuação das ISC em sistema de controladoria se dá a nível de controle gerencial, com foco em recomendações resultantes de avaliações de desempenho das entidades auditadas.[343]

Já o modelo jurisdicional[344] tem enfoque na legalidade e legitimidade dos atos relacionados à gestão das finanças públicas e os órgãos

---

[337] "Art 77 - Compete ao Tribunal de Contas:
[...]
II - julgar as contas dos responsáveis por dinheiros e outros bens públicos, e as dos administradores das entidades autárquicas;
III - julgar da legalidade dos contratos e das aposentadorias, reformas e pensões".

[338] "Art 71 [...]
§1º - O controle externo do Congresso Nacional será exercido com o auxílio do Tribunal de Contas e compreenderá a apreciação das contas do Presidente da República, o desempenho das funções de auditoria financeira e orçamentária, e o julgamento das contas dos administradores e demais responsáveis por bens e valores públicos".

[339] Assim como nas Constituições imediatamente anteriores (art. 73 da Constituição de 1967 e art. 76 da Constituição de 1946).

[340] *National Audit Office.*

[341] *Government Accountability Office.*

[342] JACOBY FERNANDES, Jorge Ulisses. *Tribunais de Contas do Brasil:* jurisdição e competência. 4. ed. Belo Horizonte: Editora Fórum, 2016. p. 117.

[343] VIANA, Ismar dos Santos. Fundamentos do Processo de Controle Externo: uma interpretação sistematizada do Texto Constitucional aplicada à processualização das competências dos Tribunais de Contas. Rio de Janeiro: Lumen Juris, 2019. p. 48.

[344] Em 4 de julho de 2024 foi instituída a JURISAI (*International Organization of Supreme Audit Institutions with Jurisdictional Functions*), entidade vinculada à INTOSAI, cujos objetivos são facilitar a cooperação entre seus membros, promover o desenvolvimento de normas e boas práticas, e contribuir para o fortalecimento de capacidades dos seus membros na área específica das atividades jurisdicionais. O Estatuto da JURISAI está disponível em: https://portal.tcu.gov.br/data/files/7C/85/28/15/EEB509102FB47CF8E18818A8/JURISAI_CASABLANCA_V2_240624_122339.pdf. Acesso em: 25 ago. 2024.

de controle externo têm poderes jurisdicionais *lato sensu*, que envolvem decisão, comando (determinações) e sanção. Os países que adotam o modelo jurisdicional (ou de Tribunal de Contas) conferem a titularidade desses órgãos a um colegiado, que o compõem.[345]

No âmbito da NBASP 50,[346] que estabelece os princípios das atividades jurisdicionais dos Tribunais de Contas, constam as seguintes definições:

> 2.1.1 Competências jurisdicionais gerais: Consistem em poderes dos quais são investidos os Tribunal de Contas para realizar julgamentos proferidos por meio de um procedimento independente e com direito ao contraditório. Esses julgamentos tendem: (i) a afirmar ou reafirmar um direito/obrigação; e/ou (ii) impor uma sanção. E suas decisões são executórias (*res judicata*).
>
> 2.1.2 Julgamento dos gestores de recursos públicos e similares: O Tribunal de Contas realiza um julgamento sobre irregularidades e má administração causados por gestores de recursos públicos e outros assim considerados, legalmente responsáveis e cujas condutas tenham sido individualizadas em um relatório de ação de controle (com objetivo financeiro, operacional ou de conformidade) elaborado pelo Tribunal de Contas ou sobre informações declaradas por terceiros.
>
> 2.1.3 Julgamento de contas: Entre suas atividades jurisdicionais, o Tribunal de Contas deve julgar as contas mantidas e prestadas por gestores públicos e/ou outras pessoas responsáveis perante ele. Tais atividades jurisdicionais estabelecem a responsabilidade pessoal e/ou financeira daqueles que cometem uma irregularidade no que diz respeito aos regulamentos relativos à execução de despesas e receitas, ou mais genericamente sobre contas públicas.

Para Miguel Seabra Fagundes, e conforme base de Pontes de Miranda, as decisões dos Tribunais de Contas em sede de julgamento de contas tinham natureza parcial de atos jurisdicionais, em um aspecto relativo à definitividade da manifestação emanada pelo Tribunal de Contas, pois não caberia ao Poder Judiciário o reexame dessas contas.[347]

Nesse mesmo sentido, e já sob égide da atual Constituição, Jorge Ulisses Jacoby Fernandes propugna que caberia manifestação do Poder

---

[343] JACOBY FERNANDES, Jorge Ulisses. *Tribunais de Contas do Brasil:* jurisdição e competência. 4. ed. Belo Horizonte: Editora Fórum, 2016. p. 117-118.

[346] No âmbito da IFPP corresponde à ISSAI P-50.

[347] FAGUNDES, Miguel Seabra. *O controle dos atos administrativos pelo Poder Judiciário.* 7. ed. Rio de Janeiro: Forense, 2005. p. 170.

Judiciário apenas em relação a eventual inobservância aos parâmetros normativos necessários à regularidade do julgamento, como no caso da não garantia do contraditório e ampla defesa, sem poder adentrar, no entanto, no exame de mérito das contas analisadas pelo Tribunal de Contas.[348] O limite do controle pelo Poder Judiciário seria, portanto, a nível procedimental.[349] O Supremo Tribunal Federal assim se posicionou sobre o assunto:

> A jurisprudência do Supremo Tribunal Federal assentou que ao Poder Judiciário, em respeito ao princípio constitucional da separação dos poderes, só cabe exercer o controle de atos administrativos na hipótese de ilegalidade ou de abuso de poder. Precedentes.
>
> Dissentir do entendimento do Tribunal de origem e concluir que os atos praticados pelo Tribunal de Contas local foram irregulares exigiriam uma nova análise dos fatos e do material probatório constantes dos autos. Incidência da Súmula 279/STF.
>
> Agravo regimental a que se nega provimento (STF. AgR no RE nº 762323/DF. Primeira Turma. Relator Ministro Roberto Barroso. Julgamento em 19/11/2013. Publicado em 17/12/2013).

O controle judicial em relação ao mérito do julgamento de contas pode inclusive ser visto como uma interferência no exercício de atribuições exclusivas de um dos Poderes estatais conferidas pela Constituição.[350]

No sentido de que as funções do Tribunal de Contas não têm natureza jurisdicional, partindo justamente do princípio da inafastabilidade do Poder Judiciário, Hélio Saul Mileski define que os Tribunais de Contas exercem uma "jurisdição administrativa", tendo em vista a conferência expressa da competência de julgamento de contas pela Constituição Federal, podendo o Judiciário controlar a decisão a nível de verificar lesão ou ameaça a direito e anulá-la, mas jamais revê-la.[351]

---

[348] "O exame feito pelos Tribunais de Contas representa uma poderosa e ampla ação de controle sobre os atos da administração, que já estão jungidos ao controle interno da própria administração. Permitir uma ampla revisibilidade pelo Poder Judiciário, no mínimo, concederia, em termos lógicos, um espaço tão intenso ao controle judicial que inviabilizaria a própria ação administrativa" (Jacoby Fernandes, 2016. p. 163).

[349] DE NIGRIS, Ana Carolina Pinto. *O controle judicial das decisões dos Tribunais de Contas*. Juiz de Fora: Editar, 2018. p. 96.

[350] DE NIGRIS, Ana Carolina Pinto. *O controle judicial das decisões dos Tribunais de Contas*. Juiz de Fora: Editar, 2018. p. 98-99.

[351] MILESKI, Hélio Saul. *O controle da gestão pública*. 2. ed. Belo Horizonte: Fórum, 2011. p. 300.

O que se denota é que as decisões dos Tribunais de Contas, especialmente em sede de julgamento de contas, não estão sujeitas à revisão ou sindicabilidade do Poder Judiciário em relação ao mérito, tendo em vista a competência constitucional expressa e exclusiva nesse sentido, conferindo-se, pelo menos neste aspecto, o reconhecimento de coisa julgada.

Não há sentido, por sinal, em reconhecer a competência judicante do Poder Legislativo para as contas de governo do Chefe do Poder Executivo sob o fundamento de previsão constitucional de exceção do exercício da função jurisdicional e não o fazer da mesma forma em relação aos Tribunais de Contas.

É necessário reconhecer, portanto, que os Tribunais de Contas exercem tanto funções administrativas – presentes na emissão de parecer sobre as contas de governo, na apreciação dos atos de pessoal sujeitos a registro, e na realização de auditorias e inspeções – quanto funções jurisdicionais – constantes no julgamento de contas.[352]

Em relação às decisões decorrentes do exercício das demais competências, Jacoby Fernandes indica que não cabe ao Tribunal executar suas próprias decisões, mas determinar que a Administração o faça, podendo se utilizar meios coercitivos e sancionatórios para que suas determinações sejam atendidas, ou sustar a execução de atos e contratos, mas nunca anulá-los diretamente.[353]

2.3 Os Tribunais de Contas como órgãos de auditoria

Independentemente do caráter jurisdicional ou administrativo, as decisões dos Tribunais de Contas são fundadas mediante a realização de trabalhos de natureza técnica efetuados pelos que compõem o seu quadro próprio de pessoal. É a análise ou avaliação técnica que gera os elementos necessários à construção das determinações ou recomendações emanadas pelos Tribunais de Contas.

Os termos "Instituição Superior de Controle" ou "Entidade Fiscalizadora Superior" (EFS) são adaptações do original em inglês *"Supreme Audit Institution"*, ou, em tradução literal, "Instituição Suprema

---

[352] SALLES, Alexandre Aroeira. Tribunais de Contas: competentes constitucionalmente para o exercício das funções administrativa e judicial. *Revista de Direito Administrativo*, v. 277, n. 1, jan./abr. 2018. p. 232-233.

[353] JACOBY FERNANDES, Jorge Ulisses. *Tribunais de Contas do Brasil:* jurisdição e competência. 4. ed. Belo Horizonte: Editora Fórum, 2016. p. 471.

CAPÍTULO 2
O CONTROLE DA ADMINISTRAÇÃO PÚBLICA EFETUADO PELOS TRIBUNAIS DE CONTAS | 147

de Auditoria". A já mencionada Declaração de Lima (NBASP 1) trata justamente sobre as diretrizes para preceitos de auditoria do setor público. É mediante a auditoria que uma ISC tem a capacidade de avaliar a gestão dos recursos públicos, cujo objetivo, de acordo com a NBASP 1, é:

> [...] revelar desvios das normas e violações dos princípios da legalidade, eficiência, efetividade e economicidade na gestão financeira com a tempestividade necessária para que medidas corretivas possam ter tomadas em casos individuais, para fazer com que os responsáveis por esses desvios assumam essa responsabilidade, para obter o devido ressarcimento ou para tomar medidas para prevenir – ou pelo menos dificultar – a ocorrência dessas violações.

As ISC, portanto, são as detentoras da titularidade da auditoria externa do setor público e com ela se confundem, sendo mediante a auditoria externa e independente, baseada nos padrões e diretrizes internacionalmente aceitos e legalmente cabíveis, que se obtém os fundamentos técnicos necessários ao exercício pleno das atividades de controle.

A competência dos Tribunais de Contas para o exercício da auditoria foi incorporada ao ordenamento jurídico nacional a partir da Constituição Federal de 1967, com vistas à avaliação dos aspectos orçamentários e financeiros.

Já na Constituição Federal de 1988, a competência elencada no inc. IV do art. 71 ampliou a natureza das auditorias e inspeções a serem realizadas pelos Tribunais de Contas, podendo ser de viés contábil, financeiro, orçamentário, operacional e patrimonial, em uma repetição das áreas de abrangência do controle externo previstas pelo art. 70.

Ademais, estão sujeitas às auditorias dos Tribunais de Contas as unidades administrativas dos Poderes Legislativo, Executivo e Judiciário, além das diversas organizações e entidades da Administração Direta e Indireta, incluídas as fundações e sociedades instituídas e mantidas pelo Poder Público, já constantes no rol de órgãos públicos que devem prestar contas para fins de julgamento. A abrangência conferida se dá em razão da possibilidade de uma auditoria se voltar a aspectos micro da Administração Pública, localizados além do núcleo central de uma entidade pública.

Ainda, os trabalhos de auditoria e fiscalização autônoma realizados pelos Tribunais de Contas podem ser considerados para a instruir a apreciação e o julgamento das contas, contendo informações – a depender das conclusões do relatório e decisões decorrentes da atuação direta – que podem impactar de forma significativa no teor do parecer ou decisão a ser emanada pela Corte de Contas, ou até mesmo, se detectadas irregularidades que tenham gerado dano ao erário, resultar na instauração de uma tomada de contas especial.[354]

A abrangência das auditorias e fiscalizações é relativa a todo e qualquer ato de que resulte receita ou despesa.[355]

De acordo com a NBASP 100,[356] "Princípios Fundamentais de Auditoria do Setor Público", a auditoria do setor público pode ser definida como "um processo sistemático de obter e avaliar objetivamente evidências para determinar se as informações reais de um objeto estão de acordo com os critérios aplicáveis".

Ainda nos termos da NBASP 100, a depender do objetivo do trabalho podem ser realizados três tipos de auditoria, abaixo listados e definidos (destaques nossos):

> *Auditoria financeira* foca em determinar se a informação financeira de uma entidade é apresentada em conformidade com a estrutura de relatório financeiro e o marco regulatório aplicável. Isso é alcançado obtendo-se evidência de auditoria suficiente e apropriada para permitir o auditor expressar uma opinião quanto a estarem as informações financeiras livres de distorções relevantes devido a fraude ou erro.
>
> *Auditoria operacional* foca em determinar se intervenções, programas e instituições estão operando em conformidade com os princípios de economicidade, eficiência e efetividade, bem como se há espaço para aperfeiçoamento. O desempenho é examinado segundo critérios adequados, e as causas de desvios desses critérios ou outros problemas são analisados. O objetivo é responder a questões-chave de auditoria e apresentar recomendações para aperfeiçoamento.
>
> *Auditoria de conformidade* foca em determinar se um particular objeto está em conformidade com normas identificadas como critérios. A auditoria de conformidade é realizada para avaliar se atividades, transações financeiras e informações cumprem, em todos os aspectos relevantes, as normas que regem a entidade auditada. Essas normas podem incluir regras, leis, regulamentos, resoluções orçamentárias, políticas, códigos estabelecidos, acordos ou os princípios gerais que regem a gestão financeira responsável do setor público e a conduta dos agentes públicos.

---

[354] Conforme o art. 47 da Lei Federal nº 8.443/1992.

[355] Conforme o art. 41 da Lei Federal nº 8.443/1992.

[356] No âmbito da IFPP corresponde à ISSAI 100.

Na auditoria financeira, portanto, o foco é a fidedignidade das demonstrações contábeis e financeiras de acordo com o que realmente foi executado no âmbito das finanças públicas, com a finalidade de certificação dessas demonstrações. É o viés mais clássico do exercício da auditoria, sendo ela utilizada principalmente para subsidiar a análise das contas prestadas sob o aspecto contábil, seja para fins de emissão de parecer prévio ou nos casos de julgamento direto pelo próprio Tribunal de Contas.[357]

A auditoria de conformidade é a modalidade mais utilizada nos trabalhos diretos exercidos pelos Tribunais de Contas, tendo em vista que o critério a ser avaliado é o cumprimento das normas e princípios aplicáveis à matéria pela qual a entidade pública é responsável. Sendo o marco legal o critério, a constatação do não atendimento tem o condão de gerar a responsabilização aos responsáveis pelas ilegalidades detectadas, nos termos do inc. VIII do art. 71 da CF/1988, dentre outras sanções ou imputações possíveis. Nesse aspecto, a legitimidade dos atos pode ser um critério a ser levado em consideração para a avaliação.

Já a auditoria operacional conversa de forma íntima com as inovações relacionadas ao controle operacional e o viés da economicidade. Denominada em língua inglesa pela INTOSAI como *performance auditing*, ou, por tradução direta, "auditoria de performance", ela se volta à avaliação da eficiência, economicidade e efetividade das ações ou programas executados e mantidos pelo Poder Público.

Na auditoria operacional, o foco não é a responsabilização, mas a melhoria da qualidade da prestação dos serviços pela entidade auditada, buscada mediante diálogo conjunto com os gestores e especialistas que atuam na área abrangida pela ação ou programa governamental, sendo denominado por Gustavo Massa Ferreira Lima como "controle-consensual", em oposição ao "controle-sanção".[358]

Em que pese o aspecto colaborativo, a atuação com viés de comando e de sanção pode ocorrer nas auditorias operacionais, especialmente em relação à detecção de ilegalidades no decorrer dos trabalhos e ao embaraço à condução da auditoria.[359]

---

[357] ROSILHO, André. *Tribunal de Contas da União:* Competências, jurisdição e instrumentos de controle. São Paulo: Quartier Latin, 2019. p. 317-318.

[358] LIMA, Gustavo Massa Ferreira. *O princípio constitucional da economicidade e o controle de desempenho pelos Tribunais de Contas.* Belo Horizonte: Fórum, 2011. p. 86-90.

[359] ROSILHO, André. *Tribunal de Contas da União:* Competências, jurisdição e instrumentos de controle. São Paulo: Quartier Latin, 2019. p. 316.

Salienta-se que a execução das auditorias é de alçada das unidades administrativas do Tribunal de Contas que tenham por atribuição a realização das atividades finalísticas, e devem ser tocadas por servidores efetivos que detenham a prerrogativa de realização de auditorias, conforme já referendado pelo Supremo Tribunal Federal.[360]

Independente da modalidade de auditoria, a NBASP 100 estabelece que a sua condução deve obedecer aos seguintes princípios gerais: a) ética e independência; b) julgamento, devido zelo e ceticismo profissionais; c) controle de qualidade; d) gerenciamento e habilidade das equipes; e) risco de auditoria; f) materialidade; g) documentação; e h) comunicação.

Desses princípios, cumpre destacar o da comunicação, que envolve a necessidade de se estabelecer uma comunicação eficaz com a entidade auditada, de modo a manter os responsáveis cientes das observações e achados durante a fiscalização, além da necessária oportunização de comentários e esclarecimentos do gestor sobre os achados constatados nos trabalhos, possibilitando, por um lado, o pleno conhecimento da realidade do gestor, e, por outro, a segurança jurídica no exercício da função de controle e a completude do relatório de auditoria.

A prioridade de atuação dos Tribunais de Contas deve ser a do exercício das obrigações conferidas pela Constituição, como a apreciação das contas anuais do Chefe do Poder Executivo, o julgamento das contas de gestão e das contas tomadas, e a apreciação dos atos de pessoal para fins de registro. Porém, constata-se o destaque dado às auditorias por eles realizadas e a ocorrência cada vez maior dessa modalidade de fiscalização, devendo elas, em razão do caráter subsidiário no rol de atribuições constitucionais, passarem por critérios de seletividade para a sua efetiva realização.

---

[360] "[...] as atividades concernentes às competências constitucionais dos Tribunais de Contas são exercidas por servidores efetivos: analistas, técnicos e auxiliares de controle externo a depender da natureza e complexidade e requisitos de ingresso.
Trata-se, afinal, de atividades que não poderiam ser exercidas senão por ocupantes de cargos efetivos, aos quais a Constituição assegura um regime jurídico próprio a fim de conferir segurança ao servidor para que possa exercer suas atribuições sem ingerências externas" (STF. ADI nº 6655/SE. Relator Ministro Edson Fachin. Plenário. Julgamento em 09/05/2022. Publicado em 03/06/2022).

2.4 A atuação sancionadora dos Tribunais de Contas

Na ótica de Hans Kelsen, a sanção é um pressuposto do próprio Direito positivo, isto é, toda norma não apenas prevê ou estabelece uma conduta, mas também estabelece, de forma direta ou indireta, a sanção pelo seu descumprimento ou oposição à conduta por ela definida, mediante a imposição de uma pena ou pela coerção sobre o sancionado para que ele atue ou deixe atuar em um certo sentido.[361] É através da sanção que o poder estatal se efetiva, como instrumento de dominação ou como meio de prover a convivência em sociedade.

A atribuição de competências sancionatórias, no entanto, não é conferida a todos os organismos estatais. Ela é comumente expressada no exercício da jurisdição, mediante o Poder Judiciário, nas suas mais diversas vias, com destaque para a penal, porém o Estado-administração também o exerce de forma direta, mediante o poder de polícia, no âmbito regulatório e no exercício da atividade de controle.

Conforme dito anteriormente, os Tribunais de Contas detêm competências constitucionais relativas ao exercício direto do controle externo (incs. II, III, IV, V e VI do art. 71), e competências relativas à garantia da efetividade do exercício do controle externo (incs. VIII, IX, X, XI e §2º, todos do art. 71).

Dentre as competências que buscam efetivar a atuação dos Tribunais de Contas, situam-se funções de caráter sancionador. O inc. IX do art. 71 estipula que os Tribunais de Contas podem "aplicar aos responsáveis, em caso de ilegalidade de despesa ou irregularidade de contas, as sanções previstas em lei, que estabelecerá, entre outras cominações, multa proporcional ao dano causado ao erário".

Para Hélio Saul Mileski, a prerrogativa de sancionar aqueles sujeitos à jurisdição dos Tribunais de Contas evita o esvaziamento do sistema de controle externo. Em que pese uma tendência ao exercício da função pedagógica pelos Tribunais de Contas, com o estímulo à emissão de recomendações e ações de controle voltadas ao aperfeiçoamento da

---

[361] "Se o Direito é concebido como ordem coercitiva, uma conduta apenas pode ser considerada como objetivamente prescrita pelo Direito e, portanto, como conteúdo de um dever jurídico, se uma norma jurídica liga à conduta oposta um ato coercitivo como sanção" (KELSEN, Hans. *Teoria pura do direito*. 8. ed. São Paulo: WMF Martins Fontes, 2009. p. 129).

Administração Pública, é a prerrogativa de sanção que garante a obediência aos comandos emanados pelos órgãos de controle externo.[362]

As sanções emitidas pelos Tribunais de Contas têm a natureza de sanção administrativa: são a penalidade ou medida de efeitos negativos emitida em matéria de cunho Administrativo em desfavor do administrado em razão da não observância a conduta prevista em lei com natureza não penal.[363] O exercício da competência sancionatória pelos Tribunais de Contas pode ser qualificado como "Direito Administrativo Sancionador de Controle Externo".[364]

A sanção administrativa é o objeto estudado pelo Direito Administrativo Sancionador, definido por Vladimir da Rocha França como "o complexo de modelos jurídicos sancionadores que visam a proteção de bens jurídicos que justificam a existência do regime jurídico administrativo".[365]

A posição das sanções dos Tribunais de Contas no âmbito do Direito Administrativo Sancionador se dá em razão tanto da entidade sancionadora, que tem competências atreladas à esfera administrativa, quanto da matéria sujeita a seu controle, que consiste nos atos emanados pela própria Administração Pública ou que tenham relação com a Administração Pública.

---

[362] MILESKI, Hélio Saul. *O controle da gestão pública*. 2. ed. Belo Horizonte: Fórum, 2011. p. 375. Conforme José Anderson Salles, "o poder sancionatório dos Tribunais de Contas deve ser compreendido como um instrumento para o bom desempenho de sua função controladora, tornando-se um verdadeiro incentivo, ou uma forma de precaver ocorrências de casos gravosos de descumprimentos de normas pelos responsáveis" (SALLES, José Anderson Souza de. *Fundamentos constitucionais das sanções aplicadas pelo Tribunal de Contas do Estado do Rio Grande do Norte*. Dissertação (Mestrado) – Mestrado em Direito, Programa de Pós-Graduação em Direito, Universidade Federal do Rio Grande do Norte, Natal, 2021. p. 70).

[363] "Consiste a sanção administrativa, portanto, em um mal ou castigo, porque tem efeitos aflitivos, com alcance geral e potencialmente *pro futuro*, imposto pela Administração Pública, materialmente considerada, pelo Judiciário ou por corporações de direito público, a um administrado, jurisdicionado, agente público, pessoa física ou jurídica, sujeitos ou não a especiais relações de sujeição com o Estado, como consequência de uma conduta ilegal, tipificada em norma proibitiva, com uma finalidade repressora ou disciplinar, no âmbito de aplicação formal e material do Direito Administrativo" (OSÓRIO, Fábio Medina. *Direito administrativo sancionador*. 2. ed. São Paulo: Revista dos Tribunais, 2006. p. 105).

[364] PIMENTA OLIVEIRA, José Roberto; GROTTI, Dinorá Adelaide Musetti. Direito administrativo sancionador brasileiro: breve evolução, identidade, abrangências e funcionalidades. *Revista Interesse Público*, n. 120, mar./abr. 2020. p. 97-98.

[365] FRANÇA, Vladimir da Rocha. Precedentes administrativos no direito administrativo sancionador. *In*: MAFFINI, Rafael; RAMOS, Rafael (coord.). *Nova LINDB*: Proteção da confiança, Consensualidade, participação democrática e precedentes administrativos. Rio de Janeiro: Lumen Juris, 2021. p. 199.

CAPÍTULO 2
O CONTROLE DA ADMINISTRAÇÃO PÚBLICA EFETUADO PELOS TRIBUNAIS DE CONTAS | 153

Há, no entanto, posicionamentos no sentido de que as sanções dos Tribunais de Contas (sanções de controle externo) não seriam sanções administrativas, já que o regime jurídico de atuação das Cortes de Contas não estaria configurado no âmbito das funções típicas administrativas, como o serviço público, o fomento, a intervenção e o poder de polícia.[366]

Observa-se, de leitura do inc. IX do art. 71 da CF/1988, que a atuação sancionadora dos Tribunais de Contas não se resume à imposição de multa, tendo em vista que o próprio preceito constitucional confere à lei o estabelecimento de outras modalidades de sanção. Nota-se, portanto, que a Constituição prevê a instituição de sanção apenas mediante lei em sentido estrito.

Ademais, sendo objeto do Direito Administrativo Sancionador, e de acordo com catalogação feita por José Roberto Pimenta Oliveira e Dinorá Grotti, as sanções dos Tribunais de Contas devem se pautar mediante os princípios materiais (relacionados à incidência direta na relação sancionadora) e processuais (voltados à relação de produção do ato sancionador) a seguir listados. São princípios materiais: legalidade (incluindo a reserva legal), tipicidade, irretroatividade da norma mais onerosa, imputação adequada, pessoalidade, proporcionalidade, prescritibilidade e *non bis in idem*. Os princípios processuais são: devido processo legal, imparcialidade, contraditório e ampla defesa, presunção de inocência, garantia de não-auto-responsabilização, inadmissibilidade de provas ilícitas, recorribilidade, definição da competência administrativa sancionadora, motivação e duração razoável do processo.[367]

Estão sujeitos às sanções emitidas pelos Tribunais de Contas todos aqueles que utilizem, arrecadem, guardem, gerenciem ou administrem dinheiros, bens e valores públicos ou pelos quais o Poder Público responda, ou que, em nome deste, assuma obrigações de natureza

---

[366] "Nessa senda, o poder sancionador do controle externo vincula-se ao que autorizada doutrina denomina 'Direito das Responsabilidades', o qual 'pode contemplar riscos e suas variáveis, bem assim graduar obrigações públicas'; como aludido anteriormente, faz parte da *accountability em finanças públicas*. Também a diferenciar a atuação da Corte, o elemento teleológico específico da aplicação de penalidades pelo Tribunal de Contas, na forma estabelecida pelo constituinte, reside na garantia da atuação da administração pública conforme o direito e na garantia de eficácia das decisões da Corte" (HELLER, Gabriel; CARMONA, Paulo Afonso Cavichioli. Reparação e sanção no controle de atos e contratos administrativos: as diferentes formas de responsabilização pelo Tribunal de Contas. *Revista de Direito Administrativo*, vol. 279, n. 1, 2020. p. 67).

[367] PIMENTA OLIVEIRA, José Roberto; GROTTI, Dinorá Adelaide Musetti. Direito administrativo sancionador brasileiro: breve evolução, identidade, abrangências e funcionalidades. *Revista Interesse Público*, n. 120, mar./abr. 2020. p. 108.

pecuniária (art. 70, parágrafo único da CF/1988), assim como os que derem causa a perda, extravio ou outra irregularidade de que resulte prejuízo ao erário público (art. 70, II da CF/1988).

Tendo como parâmetro a Lei Orgânica do TCU (Lei Federal nº 8.443/1992), modelo seguido pela maioria dos demais Tribunais de Contas, as seguintes sanções podem ser aplicadas no exercício do controle externo: a) aplicação de multa; b) inabilitação para o exercício de cargo em comissão ou função de confiança; c) declaração de inidoneidade do licitante fraudador; e d) sustação de atos e contratos.

Já prevista no texto constitucional, a *aplicação de multa* consiste na punição a nível pecuniário, em valor de até cem por cento do valor do dano causado ao erário[368] ou em valor com teto estipulado nos seguintes casos:[369] a) contas julgadas irregulares de que não resulte débito, mas que o responsável tenha se omitido no dever de prestar contas, ou na prática de ato de gestão ilegal, ilegítimo, antieconômico, ou infração à norma legal ou regulamentar de natureza contábil, financeira, orçamentária, operacional ou patrimonial, e dano ao erário decorrente de ato de gestão ilegítimo ou antieconômico; b) ato de gestão ilegítimo ou antieconômico de que resulte injustificado dano ao Erário; c) não atendimento, no prazo fixado, sem causa justificada, a diligência do Relator ou a decisão do Tribunal; d) obstrução ao livre exercício das inspeções e auditorias determinadas; e) sonegação de processo, documento ou informação, em inspeções ou auditorias realizadas pelo Tribunal; e f) reincidência no descumprimento de determinação do Tribunal.

Assevera-se cabível, portanto, a aplicação de multa ao responsável pelo não envio de informações exigidas pelo Tribunal para o exercício do controle externo, em qualquer nível, especialmente mediante a alimentação de dados, documentos e informações mediante ferramentas eletrônicas.[370]

Em que pese o caráter monetário e de incidência direta sobre o responsável, a *imputação em débito*[371] – determinação de ressarcimento do valor desviado, desfalcado, perdido ou extraviado ao erário em razão da

---

[368] Art. 57 da Lei Federal nº 8.443/1992.

[369] Art. 58, I a VII da Lei Federal nº 8.443/1992.

[370] Tendo em vista o reconhecimento pelo Supremo Tribunal Federal, na já citada Ação Direta de Inconstitucionalidade nº 4872/PR, da competência dos Tribunais de Contas para regulamentarem procedimentos relativos à apresentação de prestação de contas pela Administração Pública, o não envio dos dados na forma e prazos estabelecidos pelo normativo interno justifica a aplicação de sanção ao responsável pelo envio.

[371] Art. 19 da Lei Federal nº 8.443/1992.

ação ou omissão do responsável pelo manejo do recurso público – não se configura como sanção, como expressado por Fábio Medina Osório:

> [...] a obrigação de ressarcir é uma restituição ao estado anterior. [...] as medidas de cunho ressarcitório não se integram no conceito de sanção administrativa, pois não assumem efeito aflitivo ou disciplinar, não ambicionam a repressão, mas sim a reparação do dano, assumindo conteúdo restituitório, reparatório.[372]

Há posicionamentos em sentido contrário, admitindo o enquadramento da imputação em débito como sanção, levando em consideração a qualificação conferida pelas normas que a preveem, e a forma que a Constituição Federal se refere sobre o tema (inc. II e §3º do art. 71).[373]

Em relação às multas (e à imputação em débito), a atual Constituição conferiu um importante reconhecimento em relação à atuação dos Tribunais de Contas ao estabelecer, no §3º do art. 71, que as decisões de que resulte imputação de débito ou multa terão eficácia de título executivo. Isto é, a execução pode ser feita de forma imediata pelo beneficiário do crédito, tendo em vista se tratar de obrigação certa, líquida e exigível.[374] Não há como se voltar a um caráter exclusivamente recomendatório dos Tribunais de Contas com o aporte conferido pela Constituição para a efetivação de sua competência sancionadora.

No caso de se considerar grave a infração cometida, o responsável pela irregularidade poderá sofrer *inabilitação para o exercício de cargo em comissão ou função de confiança*[375] por tempo determinado no âmbito da Administração Pública. Cabe destacar que esta penalidade só poderá ser aplicada no caso de decisão de maioria absoluta de todos os membros do Tribunal de Contas, isto é, nos casos de decisão tomada no principal órgão colegiado, o Plenário.[376]

---

[372] OSÓRIO, Fábio Medina. *Direito administrativo sancionador*. 2. ed. São Paulo: Revista dos Tribunais, 2006. p. 113-115.

[373] SALLES, José Anderson Souza de. *Fundamentos constitucionais das sanções aplicadas pelo Tribunal de Contas do Estado do Rio Grande do Norte*. Dissertação (Mestrado) – Mestrado em Direito, Programa de Pós-Graduação em Direito, Universidade Federal do Rio Grande do Norte, Natal, 2021. p. 80-86.

[374] SALLES, José Anderson Souza de. *Fundamentos constitucionais das sanções aplicadas pelo Tribunal de Contas do Estado do Rio Grande do Norte*. Dissertação (Mestrado em Direito) – Programa de Pós-Graduação em Direito, Universidade Federal do Rio Grande do Norte, Natal, 2021. p. 89.

[375] Art. 60 da Lei Federal nº 8.443/1992.

[376] AGUIAR, Ubiratan Diniz; ALBUQUERQUE, Marcio André Santos de; MEDEIROS, Paulo Henrique Ramos. A Administração Pública sob a perspectiva do controle externo. Belo Horizonte: Fórum, 2011. p. 236.

Quando da fiscalização de atos e contratos, especificamente no caso de licitações, em comprovada a ocorrência de fraude em certame licitatório, o Tribunal de Contas poderá declarar a *inidoneidade do licitante fraudador* para participar, por até cinco anos, de licitação junto à Administração Pública do ente federativo respectivo.

Podendo ser considerado uma medida acautelatória, e não inserta no conceito de sanção na ótica do Direito Administrativo Sancionador, a *sustação de atos e contratos*[377] é reconhecida por alguns autores como sanção,[378] e consiste na atuação direta do Tribunal de Contas para impedir o prosseguimento de situações irregulares relativas à receita ou despesa no caso de não atendimento, pelo responsável, das determinações do Tribunal no sentido de regularizar a situação, seja mediante a correção do ato ou contrato ou até mesmo a anulação. Salienta-se que a sustação de contrato só se dará quando silente o Poder Legislativo na sua prerrogativa, nos termos do §2º do art. 71 da Constituição Federal de 1988.

Sobre o termo "sustar", Amauri Saad pugna que o termo não é sinônimo de invalidação do ato ou contrato, mas da interrupção dos seus efeitos orçamentários e financeiros.[379]

Há previsão de outros tipos de sanções em outros Tribunais de Contas, como no caso do Tribunal de Contas do Estado do Rio Grande do Norte (TCE-RN), que, em sua Lei Orgânica (Lei Complementar Estadual do Rio Grande do Norte nº 464, de 5 de janeiro de 2012), prevê a possibilidade de inclusão do responsável condenado ao pagamento de multa no cadastro informativo de créditos não quitados do Tribunal, no caso de ausência de manifestação em relação ao recolhimento da dívida.[380] Em que pese a aparente natureza acautelatória, tal ato é considerado como sanção na visão de alguns autores.[381]

---

[377] Art. 71, X e §1º da CF/1988.

[378] MILESKI, Hélio Saul. O controle da gestão pública. 2. ed. Belo Horizonte: Fórum, 2011. p. 379-381.
AGUIAR, Ubiratan Diniz; ALBUQUERQUE, Marcio André Santos de; MEDEIROS, Paulo Henrique Ramos. A Administração Pública sob a perspectiva do controle externo. Belo Horizonte: Fórum, 2011. p. 237-238.

[379] "Sustar a execução financeiro-orçamental, ressalte-se, não equivale a sustar integralmente o contrato, impedindo a prática de quaisquer atos, mormente aqueles inerentes às obrigações típicas, necessárias para o cumprimento do seu objeto" (SAAD, Amauri Feres. *Do controle da administração pública*. São Paulo, 2018. *E-book*).

[380] Art. 118, III da Lei Complementar Estadual do Rio Grande do Norte nº 464/2012.

[381] SALLES, José Anderson Souza de. *Fundamentos constitucionais das sanções aplicadas pelo Tribunal de Contas do Estado do Rio Grande do Norte*. Dissertação (Mestrado em Direito) – Programa de Pós-Graduação em Direito, Universidade Federal do Rio Grande do Norte, Natal, 2021. p. 79.

CAPÍTULO 2
O CONTROLE DA ADMINISTRAÇÃO PÚBLICA EFETUADO PELOS TRIBUNAIS DE CONTAS | 157

A diversidade de possibilidades ensejadoras de sanção pelos Tribunais de Contas é questionada por André Rosilho, que interpreta de forma restritiva o inc. VIII do art. 71 da atual Constituição, no sentido de que essas sanções só poderiam se dar nos casos de ilegalidade de despesa ou irregularidade de contas, pondo em dúvida a possibilidade dos Tribunais de Contas sancionarem condutas ilegítimas e antieconômicas, por exemplo.[382]

A atuação mais incisiva dos Tribunais de Contas a partir do início do século XXI, especialmente, momento no qual se pôde constatar maior aprofundamento das Cortes de Contas nos aspectos de legitimidade e economicidade, além da ampliação de atribuições conferidas pela Lei de Responsabilidade Fiscal, resultou naturalmente no aumento de sanções aplicadas em razão das irregularidades e ilegalidades detectadas no exercício do controle externo.

Doutrinadores consideram, no entanto, que a atuação ostensiva dos Tribunais de Contas, sob o argumento ou de rigor excessivo e tecnocrático[383] ou por exercer suas competências além do delimitado pela Constituição, no sentido de tomar o lugar como gestor, e não como controlador,[384] foi um dos fatores (entre outros tão ou mais relevantes quanto) de concretização do chamado "Direito Administrativo do Medo", no qual o poder de decisão e inovação do gestor público na condução da atividade administrativa é amplamente reduzido em razão de uma atuação controladora disfuncional.[385]

Mais uma vez é necessário pôr em evidência a vontade do Constituinte em conferir maior força ao controle externo através do exame da legitimidade como pressuposto da própria legalidade administrativa e da economicidade como corolário do atendimento ao interesse

---

[382] ROSILHO, André. *Tribunal de Contas da União:* Competências, jurisdição e instrumentos de controle. São Paulo: Quartier Latin, 2019. p. 207-208.

[383] SANTOS, Rodrigo Valgas dos. *Direito Administrativo do Medo:* Risco e fuga da responsabilização dos agentes públicos. 2. ed. rev. atual. e ampl. São Paulo: Thomson Reuters Brasil, 2022. p. 217-218.

[384] ROSILHO, André. *Tribunal de Contas da União:* Competências, jurisdição e instrumentos de controle. São Paulo: Quartier Latin, 2019. p. 365-368.

[385] "Por Direito Administrativo do Medo, queremos significar: a interpretação e aplicação das normas de Direito Administrativo e o próprio exercício da função administrativa pautadas pelo medo em decidir dos agentes públicos, em face do alto risco de responsabilização decorrente do controle externo disfuncional, priorizando a autoproteção decisória e fuga da responsabilização em prejuízo do interesse público" (SANTOS, Rodrigo Valgas dos. *Direito Administrativo do Medo:* Risco e fuga da responsabilização dos agentes públicos. 2. ed. rev. atual. e ampl. São Paulo: Thomson Reuters Brasil, 2022. p. 44).

público. No caso de desvio de finalidade, por exemplo, a nada caberia a atuação repressiva do Tribunal de Contas?

Cabe, para o necessário exercício não apenas da atividade sancionadora, mas da própria atividade controladora, o atendimento aos §§2º e 3º do art. 22 da Lei de Introdução às Normas do Direito Brasileiro (LINDB – Decreto-Lei nº 4.657, de 4 de setembro de 1942), considerando a natureza e gravidade da infração cometida, os danos que dela provierem para a Administração Pública, as circunstâncias agravantes ou atenuantes e os antecedentes do agente, além de levar em conta na dosimetria as demais sanções de mesma natureza e relativas ao mesmo fato.

Por fim, em relação à apreciação das contas do Chefe do Poder Executivo, o Supremo Tribunal Federal entendeu que, apesar da competência do Poder Legislativo para julgá-las, seja nas contas anuais (art. 71, I da CF/1988) ou nas contas de gestão (art. 71, II da CF/1988), os Tribunais de Contas podem aplicar sanções administrativas ao prefeito ou governador que tenha cometido irregularidades em seus atos de gestão no âmbito da tomada de contas especial.[386]

2.5 O processo de controle externo no cenário constitucional atual

Para possibilitar o regular exercício das atribuições e competências, assim como viabilizar a aplicação de sanções, quando for o caso, é necessário o seguimento ao regular processo no sentido de garantia da

---

[386] "EMENTA: REPERCUSSÃO GERAL NO RECURSO EXTRAORDINÁRIO COM AGRAVO. CONSTITUCIONAL. ADMINISTRATIVO. TRIBUNAL DE CONTAS DO ESTADO. TOMADA DE CONTAS ESPECIAL. CONSTATAÇÃO DE IRREGULARIDADES EM EXECUÇÃO DE CONVÊNIO INTERFEDERATIVO. IMPUTAÇÃO DE DÉBITO E MULTA A EXPREFEITO. COMPETÊNCIA DA CORTE DE CONTAS. TEMAS 157 E 835 DA REPERCUSSÃO GERAL. DELIMITAÇÃO. CONTROLE EXTERNO EXERCIDO COM FUNDAMENTO NOS ARTIGOS 70, 71 E 75 DA CONSTITUIÇÃO DA REPÚBLICA. APLICAÇÃO DE SANÇÕES ADMINISTRATIVAS QUE NÃO SE SUBMETE A POSTERIOR JULGAMENTO OU APROVAÇÃO DO ATO PELO PODER LEGISLATIVO LOCAL. CONTROVÉRSIA CONSTITUCIONAL DOTADA DE REPERCUSSÃO GERAL. REAFIRMAÇÃO DA JURISPRUDÊNCIA DO SUPREMO TRIBUNAL FEDERAL. AGRAVO CONHECIDO PARA NEGAR PROVIMENTO AO RECURSO EXTRAORDINÁRIO.
1. No âmbito da tomada de contas especial, é possível a condenação administrativa de Chefes dos Poderes Executivos municipais, estaduais e distrital pelos Tribunais de Contas, quando identificada a responsabilidade pessoal em face de irregularidades no cumprimento de convênios interfederativos de repasse de verbas, sem necessidade de posterior julgamento ou aprovação do ato pelo respectivo Poder Legislativo.
2. Recurso extraordinário com agravo desprovido" (STF. ARE nº 1436197/RO. Plenário. Relator Ministro Luiz Fux. Julgamento em 18/12/2023. Publicado em 01/03/2024).

CAPÍTULO 2
O CONTROLE DA ADMINISTRAÇÃO PÚBLICA EFETUADO PELOS TRIBUNAIS DE CONTAS | 159

segurança jurídica e atendimento aos direitos e garantias fundamentais do agente controlado em relação à atuação controladora exercida pelos Tribunais de Contas.

Nesse sentido, a Constituição Federal de 1988 trouxe importante inovação em relação ao reconhecimento do processo administrativo mediante a previsão expressa dessa tipologia no inc. LV do art. 5º, no sentido de garantir a ampla defesa também nesses processos. Ademais, o inc. LIV do mesmo art. 5º estabelece o termo "devido processo legal" de forma genérica, abrangendo, aí, toda e qualquer modalidade de processo tocado pelo Estado.[387]

Pela distinção estabelecida na atual Constituição, o processo pode se dar a nível judicial, específico para o exercício da função de jurisdição pelo Estado, através do Poder Judiciário, ou na seara administrativa, relacionado às atividades exercidas por todo e qualquer órgão que componha a Administração Pública, para a emissão de um ato administrativo de menor impacto ou para proceder com o estabelecimento de sanção a um administrado que incorreu em ilegalidade.

É mediante o regular desenvolvimento do processo administrativo que se opera a visão da "Administração Pública Dialógica", o diálogo entre a Administração Pública e os administrados afetados pela sua atuação, mediante o chamamento e a participação direta destes na construção do ato-produto resultante de todo o processo, incluída a motivação.[388] O direito à Administração Pública dialógica é um dos fundamentos necessários à garantia do direito fundamental à boa Administração Pública propagado por Juarez Freitas.[389]

Feitas essas considerações iniciais, a primeira conclusão que se poderia chegar é a de que os processos de alçada dos Tribunais de Contas têm natureza de processo administrativo,[390] tendo em vista

---

[387] MEDAUAR, Odete. *A processualidade no Direito Administrativo*. 3. ed. Belo Horizonte: Fórum, 2021. p. 95-96.

[388] MAFFINI, Rafael Cás. Administração pública dialógica (proteção procedimental da confiança). Em torno da Súmula Vinculante nº 3, do Supremo Tribunal Federal. *Revista de Direito Administrativo*, v. 253, 2010. p. 161-165.

[389] FREITAS, Juarez. As políticas públicas e o direito fundamental à boa administração. *Revista do Programa de Pós-Graduação em Direito da UFC*, v. 35, n. 1, jan./jun. 2015. p. 198-199.

[390] "[...] a lei não disciplina necessariamente todos os processos administrativos, já que alguns são regidos por leis específicas, como a lei de licitações e contratos, a legislação do CADE, os processos disciplinares regidos pelos estatutos dos servidores federal, estaduais e municipais, os processos no âmbito dos Tribunais de Contas, dentre outros" (DI PIETRO, Maria Sylvia Zanella. Limites da utilização de princípios do processo judicial no processo administrativo. *Fórum Administrativo: Direito Público*, v. 13, n. 147, mai. 2013. p. 50).

inclusive os seus produtos finais, sejam eles de aspecto declaratório ou sancionatório, e o seguimento voltado aos preceitos relativos ao Direito Administrativo Sancionador, como tratado no tópico anterior.

Essa é a posição tomada inclusive por Tribunais de Contas como o Tribunal de Contas do Estado do Paraná,[391] além de autores com ligação direta com os Tribunais de Contas, como Benjamin Zymler, que dão um contorno não apenas de processo administrativo, mas de processo político-administrativo, a depender do caso.[392]

O processo tocado pelos Tribunais de Contas, no entanto, tem sido visto como algo, se não distinto do processo administrativo,[393] pelo menos dotado de características próprias em razão da natureza do órgão, não sendo unânime a definição de sua natureza jurídica.

Para Carlos Ayres Britto, a natureza jurídica dos processos conduzidos pelos Tribunais de Contas é *sui generis*, não se constituindo em processos judiciais, parlamentares ou administrativos. Para o autor, trata-se de "processos de contas", tendo em vista que a atuação controladora se dá sobre os atos de órgãos que não compõem sua própria estrutura, sobre atos já emanados (e não para a formulação originária de um ato), voltados à verificação de aspectos inerentes à sua competência.[394]

---

[391] Vide notícia "Código de Processo Administrativo do Tribunal de Contas começa a ser elaborado". Disponível em: https://www1.tce.pr.gov.br/noticias/codigo-de-processo-administrativo-do-tribunal-de-contas-comeca-a-ser-elaborado/10653/N. Acesso em: 3 mar. 2024.

[392] "O processo convencional de Tomada e Prestação de Contas não tem, em geral, caráter contencioso, ou seja, estabelece relação processual entre a Administração e o administrado, pela qual este último deve prestar contas de sua gestão. A finalidade precípua deste processo é a promulgação de acórdão pelo TCU comprovando a regular aplicação do dinheiro público. Nesses casos, a atuação da Administração e do gestor está voltada par a consecução desse fim, não havendo conflito e interesses identificável, mas, sim, conjugação de efeitos.
Quando, no entanto, tal regularidade é questionado, opera-se a mudança na natureza do processo. Com o surgimento de conflito de interesses entre o administrado e a Administração, estabelece-se processo de natureza contenciosa [...], dotado de características próprias, que passa a ser informado pelo princípio do contraditório e da ampla defesa" (ZYMLER, Benjamim. *Direito administrativo e controle*. 3. ed. Belo Horizonte: Fórum, 2012. p. 248).

[393] VIANA, Ismar dos Santos. *Fundamentos do Processo de Controle Externo:* uma interpretação sistematizada do Texto Constitucional aplicada à processualização das competências dos Tribunais de Contas. Rio de Janeiro: Lumen Juris, 2019. p. 101-103.

[394] BRITTO, Carlos Ayres. O regime constitucional dos Tribunais de Contas. Revista *Fórum Administrativo – FA*. n. 47, jan. 2005.
Em complemento a este raciocínio, Gondim Filho, Rosário e Freire assim nortearam: "A importância do TCU no ordenamento jurídico pátrio é nítida, em razão de que, inserido no contexto de maior flexibilidade interpretativa que prepondera no cenário atual do Brasil, suas decisões também são baseadas, assim como as do Poder Judiciário, não em uma relação tão direta e adequada à lei, mas leva em consideração também a força normativa

CAPÍTULO 2
O CONTROLE DA ADMINISTRAÇÃO PÚBLICA EFETUADO PELOS TRIBUNAIS DE CONTAS | 161

Ademais, a esfera relativa ao exercício do controle da Administração Pública foi destacada da administrativa mediante a publicação da Lei Federal nº 13.655, de 25 de abril de 2018, que incluiu dispositivos relativos à segurança jurídica e eficiência na aplicação do direito público na LINDB, mediante a previsão de decisões nas esferas "administrativa, controladora e judicial".[395]

Ademais, conforme Gondim Filho, Rosário e Freire, os procedimentos e decisões emanadas pelos Tribunais de Contas têm elementos que mais se aproximam dos ritos do processo judicial do que do processo administrativo.[396] Ismar Viana também indica que o processo dos Tribunais de Contas tem uma aproximação com o processo penal.[397]

Levando em consideração a particularidade dos procedimentos dos Tribunais de Contas previstos em suas respectivas leis orgânicas, tramitam no Congresso Nacional Propostas de Emenda à Constituição[398] que buscam uniformizar as normas relativas aos processos dos Tribunais de Contas no sentido de garantir maior segurança jurídica aos administrados, sendo eles classificados como "processos de contas públicas" ou como "processos de controle externo", em consequência também de previsão constitucional para a publicação de lei complementar que disponha sobre a fiscalização financeira da Administração Pública Direta e Indireta (art. 163, V).

Na seara estadual, ocorreu a publicação da Lei Estadual de Mato Grosso nº 752, de 19 de dezembro de 2022, que instituiu o Código de Processo de Controle Externo do Estado de Mato Grosso, isto é, a normatização de uma modalidade específica de processo, distinta do processo administrativo e do processo judicial. Por essa razão, e pela própria coincidência entre o exercício do controle externo e a natureza dos Tribunais de Contas, neste trabalho é adotado o termo "processo de controle externo" para os processos de alçada dos Tribunais de Contas.

---

de princípios considerados como verdadeira norma jurídica" (GONDIM FILHO, Milton Freire; ROSÁRIO, José Orlando; FREIRE, Leonardo Oliveira. Fiscalização do TCU e as garantias constitucionais do processo. *Revista Digital Constituição e Garantia de Direitos*, vol. 11, n. 2, 2019. p. 161).

[395] Expressão constante nos arts. 20, 21, 23, 24 e 27 da LINDB.

[396] GONDIM FILHO, Milton Freire; ROSÁRIO, José Orlando; FREIRE, Leonardo Oliveira. Fiscalização do TCU e as garantias constitucionais do processo. *Revista Digital Constituição e Garantia de Direitos*, v. 11, n. 2, 2019. p. 156.

[397] VIANA, Ismar dos Santos. *Fundamentos do Processo de Controle Externo*: uma interpretação sistematizada do Texto Constitucional aplicada à processualização das competências dos Tribunais de Contas. Rio de Janeiro: Lumen Juris, 2019. p. 104-105.

[398] PEC nº 329/2013 e PEC nº 40/2016.

O art. 2º da norma acima mencionada enumera como fundamentais ao processo de controle externo os seguintes princípios e normas: a) os direitos fundamentais processuais previstos na CF/1988 (legalidade, tipicidade, culpabilidade, proporcionalidade, ampla defesa e contraditório, *non bis in idem*, *non reformatio in pejus*, retroatividade da norma mais benéfica, dentre outros); b) a segurança jurídica, inclusive a proteção da confiança legítima e a proibição de decisão-surpresa; c) o respeito à boa-fé e à duração razoável do processo; d) a promoção, quando for o caso, de soluções consensuais ou autocompositivas, inclusive com uso da mediação e celebração de negócios jurídicos processuais; e) a instrumentalidade, a flexibilidade e a simplicidade das formas; f) a primazia da solução de mérito; g) a eficiência e a efetividade do processo e das decisões; h) a devida fundamentação das decisões; i) o impulso oficial; j) o estímulo à inovação; k) a busca da verdade; e l) a imparcialidade.

Trata-se de uma norma pioneira, que pode nortear tanto a busca pela uniformização de procedimentos dos Tribunais de Contas pretendida pelas PECs mencionadas anteriormente quanto pela codificação dos processos de controle externo a nível de cada ente federativo que abarque seu respectivo Tribunal.

Outro viés particular do processo de controle externo é em relação ao aspecto do seu impulso inicial. De forma distinta do processo judicial e similar ao processo administrativo, a iniciativa para o início do processo é exercida de forma direta pelo próprio Tribunal de Contas. Não há a necessidade de litigantes, tendo em vista que a função de controle não corresponde necessariamente à responsabilização e, consequentemente, à imposição de sanção.

Em que pese, tendo em vista as NBASP, a necessária comunicação eficaz entre o controlador e o controlado durante o ciclo auditorial, em nível processual a qualificação de partes se dá apenas nos casos em que se identificam irregularidades, e, daí, o *responsável*, ou nas situações em que a atuação controladora pode resultar em prejuízo para um órgão ou indivíduo, que ingressa na relação processual na qualidade de *interessado*, com garantia a ambos do direito ao contraditório e ampla defesa.

Conforme observado por Ayres Britto[399] e Benjamin Zymler,[400] o processo de controle externo ganhará contornos relativos à litigância

---

[399] BRITTO, Carlos Ayres. O regime constitucional dos Tribunais de Contas. Revista *Fórum Administrativo – FA*. n. 47, jan. 2005.

[400] ZYMLER, Benjamim. Direito administrativo e controle. 3. ed. Belo Horizonte: Fórum, 2012. p. 248.

apenas nas situações mencionadas nos parágrafos acima. No entanto, com a necessária preponderância do "controle externo dialógico" como consequência dos recentes dispositivos incluídos na LINDB[401] e com os contornos delineados pelas NBASP, assevera-se de fundamental importância para o exercício do bom controle a participação e oitiva dos responsáveis pela entidade controlada no curso do próprio processo de controle externo, independente de possível responsabilização.

Um outro aspecto que merece atenção é que, conforme apresentado por Ismar Viana, no processo de controle externo as funções de auditoria, ministerial e judicante estão concentradas em um único órgão. Na própria estrutura do Tribunal de Contas ocorre a iniciativa para iniciar e executar o procedimento de controle, a verificação de adequação ação de controle à ordem jurídica e a decisão em relação à ação de controle. Na análise de Ismar Viana, os Tribunais de Contas operam sob a lógica do sistema acusatório não puro (ou impuro), sendo necessária a independência entre as três referidas funções para que as suas decisões e sanções sejam dotadas de validade e legitimidade.[402]

A função auditorial compreende tanto a realização técnica de auditorias e fiscalizações quanto a instrução processual, e sua independência guarda relação com a previsão constitucional relativa à instituição de quadro próprio de pessoal pelos Tribunais de Contas (art. 73) e com a não vinculação dos executores da fiscalização aos Ministros ou Conselheiros que estejam exercendo a função judicante.[403] As NBASP também estabelecem a necessidade de independência dos auditores responsáveis pelos trabalhos técnicos,[404] destacando-se nesse sentido o seguinte enunciado da NBASP 50:

---

[401] VIANA, Ismar dos Santos. *Fundamentos do Processo de Controle Externo:* uma interpretação sistematizada do Texto Constitucional aplicada à processualização das competências dos Tribunais de Contas. Rio de Janeiro: Lumen Juris, 2019. p. 130-134.

[402] VIANA, Ismar dos Santos. *Fundamentos do Processo de Controle Externo:* uma interpretação sistematizada do Texto Constitucional aplicada à processualização das competências dos Tribunais de Contas. Rio de Janeiro: Lumen Juris, 2019. p. 63-66.

[403] VIANA, Ismar dos Santos. *Fundamentos do Processo de Controle Externo:* uma interpretação sistematizada do Texto Constitucional aplicada à processualização das competências dos Tribunais de Contas. Rio de Janeiro: Lumen Juris, 2019. p. 63-66.

[404] Na NBASP 140 "Controle de qualidade das auditorias realizadas pelos Tribunais de Contas" (na IFPP equivale à ISSAI 140), o seu item 43 estabelece que "os Tribunais de Contas devem garantir que todo trabalho seja objeto de revisão, preservada a independência da conclusão técnica do auditor, como forma de contribuir para a qualidade e promover a aprendizagem e o desenvolvimento dos seus servidores".

Para garantir a imparcialidade da decisão, as regras e procedimentos que regem a atividade jurisdicional do Tribunal de Contas devem garantir que os membros do órgão colegiado jurisdicional não participaram de qualquer fase do processo de fiscalização do caso sobre o qual eles decidirão.

Nesse sentido, é importante compreender a distinção entre o ciclo de fiscalização ou auditoria e o ciclo processual. Como expressão do previsto na NBASP 50, bem como pelo item 36 da NBASP 100,[405] aos auditores de controle externo deve ser assegurada a independência necessária à condução de uma auditoria revestida de independência e imparcialidade. Deve haver, ademais, autonomia da equipe de fiscalização na definição dos critérios, escopo, questões e procedimentos a serem realizados no decorrer dos trabalhos, de acordo com os normativos aplicáveis e os padrões adotados pelo órgão de controle externo.

Salienta-se, ainda, considerando a ausência de litigantes, especialmente na fase de execução da auditoria ou fiscalização, que é razoável a prescindibilidade de formalização de processo individualizado para o seu início, desde que haja previsão ou autorização de realização da fiscalização expressa em decisão ou regulamento do Tribunal de Contas respectivo. Nesse sentido, a NBASP 50 expressa que os auditores são:

> [...] os servidores dos Tribunais com competência para realizar desde a investigação (identificação e análise dos fatos que possam constituir irregularidades/infrações) até a elaboração do relatório que conduz ao início dos procedimentos jurisdicionais. Eles não participam do julgamento.

Pela NBASP 50, portanto, não há a necessidade de construção do procedimento jurisdicional (ou o processo de controle externo *stricto sensu*) para que a auditoria ou fiscalização seja iniciada e realizada pela equipe designada. O processo se iniciará quando da emissão do relatório de auditoria ou instrumento de mesma natureza pela equipe designada para a realização da ação de controle.

A ausência de processo específico atrelado à fiscalização desde o seu início não significa, no entanto, que os auditores não possuam limites na sua atuação. Ela será pautada tanto pelas disposições normativas

---

[405] "As EFS devem ter políticas abordando exigências éticas e enfatizando a necessidade de seu cumprimento pelos auditores. Os auditores devem manterse independentes, de modo que seus relatórios sejam imparciais e assim sejam vistos pelos usuários previstos".

que regulamentam sua conduta (como os códigos de ética), quanto por normativos específicos relacionados ao exercício da atividade fiscalizatória, devendo, ainda obedecer aos já mencionados princípios gerais da auditoria presentes na NBASP 100, destacando-se, aqui, além da ética e independência, os do controle de qualidade[406] (condução da auditoria com estrito seguimento às normas e padrões aplicáveis) e da documentação[407] (registro dos procedimentos e evidências obtidas).

A função ministerial é exercida pelo Ministério Público junto aos Tribunais de Contas (ou Ministério Público de Contas), sendo garantidos aos seus membros os direitos, vedações e forma de investidura conferidos aos membros do Ministério Público, conforme o art. 130 da CF/1988. A própria Constituição, portanto, garante a independência e autonomia da atuação do Ministério Público de Contas.

A função judicante, por fim, é exercida pelos Ministros ou Conselheiros, aos quais cabe, de acordo com os elementos apresentados pela área técnica e pelo Ministério Público de Contas, decidir sobre a matéria posta ao seu crivo.

Em seguida, serão apresentadas informações complementares sobre aspectos dos processos e decisões proferidas pelos Tribunais de Contas.

2.5.1 Das decisões nos julgamentos de contas e dos comandos relacionados a determinações e recomendações

Afora a aplicação de sanções, já apresentadas no tópico 2.4, as decisões dos Tribunais de Contas podem gerar alguns efeitos, a depender do tipo e natureza do processo ou da competência exercida.

Em sede de julgamento de contas (prestação e tomada de contas especial), e nos termos dos normativos que regem a matéria no TCU,

---

[406] NBASP 100, item 38: "As políticas e os procedimentos de controle de qualidade de uma EFS devem estar em conformidade com normas profissionais, a fim de assegurar que as auditorias sejam realizadas com um nível de qualidade consistentemente elevado".

[407] NBASP 100, item 42: "A documentação de auditoria deve incluir uma estratégia de auditoria e um plano de auditoria. Deve registrar os procedimentos executados e a evidência obtida e apoiar a comunicação dos resultados da auditoria. A documentação deve ser suficientemente detalhada para permitir a um auditor experiente, sem nenhum conhecimento prévio da auditoria, entender a natureza, a época, o escopo e os resultados dos procedimentos executados, a evidência obtida para apoiar as conclusões e recomendações da auditoria, o raciocínio por trás de todas as questões relevantes que exigiram o exercício do julgamento profissional e as respectivas conclusões".

em especial pela Lei Federal nº 8.443/1992, o Tribunal de Contas pode emitir decisões de natureza: a) *preliminar*, quando da necessidade de sobrestamento do julgamento para aprofundar a instrução; b) *definitiva*, quando do julgamento definitivo das contas, podendo considerá-las regulares, regulares com ressalva ou irregulares; e c) *terminativa*, no caso de contas iliquidáveis.[408]

Quando regulares as contas, a decisão do Tribunal confere quitação plena ao responsável. Se regulares com ressalva, a decisão do Tribunal confere quitação ao responsável, mas exercerá comando no sentido da adoção de medidas à correção das impropriedades e faltas identificadas. Já no caso de contas irregulares, a decisão pode incluir sanções a depender das irregularidades e ilegalidades detectadas, além da imputação em débito, no caso de dano ao erário.

Em relação à decisão sobre o registro de atos de pessoal, o tema será detalhado no tópico específico sobre a matéria.

A nível geral do exercício das competências atribuídas aos Tribunais de Contas, as decisões constantes nos processos a seu cargo podem ainda gerar *determinações* e *recomendações*.

As determinações são decorrentes da previsão específica do inc. IX do art. 71 da CF/1988, isto é, da possibilidade do Tribunal de Contas, se detectada ilegalidade, assinar prazo para que o órgão ou entidade que a cometeu adote as providências necessárias ao exato cumprimento da lei. André Rosilho observa que a competência constitucional delimitou o escopo de imposição de determinações apenas a órgãos públicos, sendo possível para agentes privados apenas a aplicação de sanção.[409]

Em normativo destinado à elaboração, pelo Tribunal de Contas da União, de deliberações que contemplem medidas a serem tomadas pelos jurisdicionados controlados (Resolução TCU nº 315, de 22 de abril de 2020), a determinação é uma:

> [...] deliberação de natureza mandamental que impõe ao destinatário a adoção, em prazo fixado, de providências concretas e imediatas com a finalidade de prevenir, corrigir irregularidade, remover seus efeitos ou abster-se de executar atos irregulares.[410]

---

[408] Art. 10, §§1º, 2º e 3º da Lei Federal nº 8.443/1992.

[409] ROSILHO, André. *Tribunal de Contas da União:* Competências, jurisdição e instrumentos de controle. São Paulo: Quartier Latin, 2019. p. 228-229.

[410] Art. 2º, I da Resolução TCU nº 315/2020.

De leitura do dispositivo acima, nota-se tendência do TCU no sentido de exarar determinações apenas em casos nos quais a atuação cautelar (no sentido de urgência e indispensabilidade de interferência) é imprescindível.

Ademais, a determinação deve ser formulada para interromper irregularidade em curso ou remover seus efeitos ou inibir a ocorrência de irregularidade iminente. É possível ainda, no caso da inviabilidade do cumprimento imediato do mandamento de correção da irregularidade, o TCU determinar no sentido: a) da elaboração de plano de ação; b) da elaboração ou apresentação de estudos técnicos, indicadores, métricas, desenvolvimento de ações ou programas; c) da elaboração de normas visando ao aperfeiçoamento da gestão; d) da análise de viabilidade de alternativas de gestão; e) do envidamento de esforços da unidade jurisdicionada com vistas ao aperfeiçoamento dos resultados de ações ou programas de governo; e f) da requisição de informações.[411]

Tem-se importante inovação no sentido de conferir dialogicidade na relação com o controlado mediante a "construção participativa das deliberações"[412], com a oitiva e participação direta dos destinatários das deliberações no sentido de que em resposta sejam indicadas as consequências práticas da implementação das medidas, como corolário do princípio auditorial da comunicação eficaz e em atendimento do postulado relativo à observância do consequencialismo jurídico-administrativo nas decisões em esfera administrativa, controladora e judicial, prevista nos artigos 21 e 22 da LINDB.[413]

---

[411] Art. 7º, §3º, I a VI da Resolução TCU nº 315/2020.

[412] Art. 14 da Resolução TCU nº 315/2020.

[413] "Art. 21. A decisão que, nas esferas administrativa, controladora ou judicial, decretar a invalidação de ato, contrato, ajuste, processo ou norma administrativa deverá indicar de modo expresso suas consequências jurídicas e administrativas.
Parágrafo único. A decisão a que se refere o caput deste artigo deverá, quando for o caso, indicar as condições para que a regularização ocorra de modo proporcional e equânime e sem prejuízo aos interesses gerais, não se podendo impor aos sujeitos atingidos ônus ou perdas que, em função das peculiaridades do caso, sejam anormais ou excessivos.
Art. 22. Na interpretação de normas sobre gestão pública, serão considerados os obstáculos e as dificuldades reais do gestor e as exigências das políticas públicas a seu cargo, sem prejuízo dos direitos dos administrados.
§1º Em decisão sobre regularidade de conduta ou validade de ato, contrato, ajuste, processo ou norma administrativa, serão consideradas as circunstâncias práticas que houverem imposto, limitado ou condicionado a ação do agente".
Sobre consequências jurídicas e administrativas, José Vicente Santos de Mendonça assim as define: "[...] são estados imediatos e imediatamente futuros associados à interpretação ou à aplicação do Direito e que, certos ou prováveis, sejam exequíveis e admissíveis pela Constituição de 1988. Consequências administrativas são estados imediatos e imediata-

Já a recomendação é "deliberação de natureza colaborativa que apresenta ao destinatário oportunidades de melhoria, com a finalidade de contribuir para o aperfeiçoamento da gestão ou dos programas e ações de governo".[414] A recomendação se dá no sentido do viés operacional da atuação do controle externo, sendo o meio ideal para expor ao controlado as normas, padrões e boas práticas que podem contribuir na solução da causa do problema detectado na ação de controle, devendo se evitar a expedição de recomendação de teor genérico.

O Tribunal de Contas da União ainda adota uma modalidade de deliberação denominada "ciência",[415] que é relativa à cientificação do controlado sobre a ocorrência de irregularidade que não exige providências concretas e imediatas, voltadas à prevenção de situações posteriores em relação à possível repetição da irregularidade. Além de se voltar a evitar a repetição de irregularidade, a ciência é o instrumento utilizado para evitar a materialização de irregularidade ainda não consumada em razão do estágio inicial dos atos que a antecedem.[416]

2.5.2 Das medidas cautelares no processo de controle externo

Não obstante os efeitos das decisões e a possibilidade de aplicação de sanção, é possível, para que o Tribunal de Contas possa dar efeito à ação de controle e evitar a perpetração de prejuízo ao erário, a exaração de medidas de natureza cautelar, isto é, as medidas de urgência necessárias à preservação da ordem jurídico-administrativa ou para evitar que ela seja atingida.

A sustação de atos e contratos, tema já tratado e incluído no tópico relativo às sanções emanadas pelos Tribunais de Contas, tem previsão constitucional direta para a sua ocorrência. De forma distinta, outras medidas acautelatórias têm previsão apenas em lei.

A primeira delas é a possibilidade de *afastamento temporário do responsável*, prevista, no âmbito do Tribunal de Contas União, no

---

mente futuros, associados à atuação pública e que, certos ou prováveis, sejam igualmente exequíveis e admissíveis por nossa Constituição" (MENDONÇA, José Vicente Santos de. Art. 21 da LINDB – Indicando consequências e regularizando atos e negócios. *Revista de Direito Administrativo, Edição Especial – Direito Público na Lei de Introdução às Normas de Direito Brasileiro – LINDB (Lei nº 13.655/2018)*, 2018. p. 50).

[414] Art. 2º, III da Resolução TCU nº 315/2020.

[415] Art. 2º, II da Resolução TCU nº 315/2020.

[416] Art. 9º, I e II Resolução TCU nº 315/2020.

CAPÍTULO 2
O CONTROLE DA ADMINISTRAÇÃO PÚBLICA EFETUADO PELOS TRIBUNAIS DE CONTAS | 169

art. 44 da sua Lei Orgânica. O afastamento pode se dar de ofício ou a requerimento do Ministério Público, no caso de que, se ele prosseguir no exercício de suas funções, possa haver retardo ou dificuldade na realização de ação de fiscalização, causando mais dano ao erário ou invibializando o devido ressarcimento.

A segunda, constante no §2º do mesmo art. 44, autoriza a *indisponibilidade de bens do responsável*, por prazo não superior a um ano, para garantir o ressarcimento dos danos em apuração.

Salienta-se que, apesar de posicionamentos em sentido contrário,[417] o Supremo Tribunal Federal entende pela possibilidade da decretação de indisponibilidade de bens de particulares e da desconsideração da personalidade jurídica de empresa por Tribunal de Contas no exercício de sua missão constitucional e para resguardar o resultado útil do processo, desde que respeitado o prazo de até um ano e observados os princípios e garantias individuais no âmbito do processo de controle externo.[418]

---

[417] ROSILHO, André. *Tribunal de Contas da União*: Competências, jurisdição e instrumentos de controle. São Paulo: Quartier Latin, 2019. p. 263.

[418] "Ementa: MANDADO DE SEGURANÇA. ATO DO TRIBUNAL DE CONTAS DA UNIÃO. TOMADA DE CONTAS ESPECIAL. ACÓRDÃO 2.014/2017-TCU/PLENÁRIO. MEDIDAS CAUTELARES. SITUAÇÕES DE URGÊNCIA. DECRETAÇÃO DE INDISPONIBILIDADE DE BENS DE PARTICULAR E DESCONSIDERAÇÃO DA PERSONALIDADE JURÍDICA. TEORIA DOS PODERES IMPLÍCITOS. OBSERVÂNCIA DOS CRITÉRIOS DE RAZOABILIDADE E PROPORCIONALIDADE. INVASÃO DA COMPETÊNCIA DO PODER JUDICIÁRIO. INOCORRÊNCIA. CONTRADITÓRIO DIFERIDO. VIOLAÇÃO AO DEVIDO PROCESSO LEGAL NÃO CONSTATADA. OFENSA A DIREITO LÍQUIDO E CERTO. INEXISTÊNCIA. ORDEM DENEGADA.
I - As Cortes de Contas, em situações de urgência, nas quais haja fundado receio de grave lesão ao erário, ao interesse público ou de risco de ineficácia da decisão de mérito, podem aplicar medidas cautelares, até que sobrevenha decisão final acerca da questão posta.
II – O Supremo Tribunal Federal já reconheceu a aplicação da teoria dos poderes implícitos, de maneira a entender que o Tribunal de Contas da União pode deferir medidas cautelares para bem cumprir a sua atribuição constitucional.
III – Não obstante, é preciso que observe o devido processo legal, bem assim os critérios de razoabilidade e proporcionalidade, abstendo-se, ademais, de invadir a esfera jurisdicional.
IV - A jurisprudência pacificada do STF admite que as Cortes de Contas lancem mão de medidas cautelares, as quais, levando em consideração a origem pública dos recursos sob fiscalização, podem recair sobre pessoas físicas e jurídicas de direito privado. V - A Lei 8.443/1992 prevê expressamente a possibilidade de bloqueio cautelar de bens pelo TCU ou por decisão judicial, após atuação da Advocacia-Geral da União (arts. 44, §2º, e 61).
VI – Sem embargo, a fruição do direito de propriedade, que goza de expressa proteção constitucional, somente pode ser obstado ou limitado em caráter definitivo pelo Poder Judiciário, guardião último dos direitos e garantias fundamentais.
VII - Nada obsta, porém, que o TCU decrete a indisponibilidade cautelar de bens, pelo prazo não superior a um ano (art. 44, §2º), sendo-lhe permitido, ainda, promover, cautelarmente, a desconsideração da personalidade jurídica da pessoa jurídica objeto da apuração, de maneira a assegurar o resultado útil do processo.

Ainda na Lei Orgânica do TCU, no art. 61, há a previsão de proposição para *arresto e sequestro dos bens dos responsáveis julgados em débito*, mediante solicitação, por intermédio do Ministério Público, à Advocacia-Geral da União ou aos dirigentes das entidades sob sua jurisdição.

No âmbito de Cortes Estaduais, as suas respectivas leis orgânicas autorizam a adoção direta de medidas cautelares também no sentido de determinar obrigações de fazer, quando no início ou curso de qualquer apuração, havendo fundado receio de grave lesão ao patrimônio público ou a direito alheio ou de risco de ineficácia de decisão de mérito.

Tendo como exemplo o TCE-RN, a Lei Complementar Estadual do Rio Grande do Norte nº 464/2012 elenca as seguintes medidas cautelares possíveis:

> I - determinação à autoridade superior competente, sob pena de responsabilidade solidária, do afastamento temporário do responsável, se existirem indícios suficientes de que, prosseguindo no exercício de suas funções, possa retardar ou dificultar a realização de fiscalização, causar novos danos ao erário ou inviabilizar o seu ressarcimento;
> II - suspensão da execução de ato, contrato ou procedimento, até que se decida sobre o mérito da questão suscitada;
> III - sustação de ato, contrato ou procedimento, nos termos do art. 1º, incisos VII, VIII, IX e X;
> IV - suspensão do recebimento de novos recursos públicos, no caso do art. 1º, XXVII;
> V - decretação da indisponibilidade, por prazo não superior a um ano, de bens em quantidade suficiente para garantir o ressarcimento dos danos em apuração; e
> VI - proposição de arresto ou sequestro, na forma do Código de Processo Civil e da Lei Federal nº 8.429, de 2 de junho de 1992.

VIII – No caso sob exame, a desconsideração da personalidade foi levada a efeito pelo TCU, em sede preambular, e não definitiva, sob o argumento de que 'os seus administradores utilizaram-na para maximizar os seus lucros mediante a prática de ilícitos em prejuízo da Petrobras'.

IX – Assegurada a oportunidade de manifestação posterior dos responsáveis pelos supostos danos ao erário, hipótese de contraditório diferido que não implica ofensa à garantia do devido processo legal. Precedente.

X – Inexistência de vício material ou formal no ato impugnado, razão pela qual não há falar em direito líquido e certo da impetrante.

XI - Ordem denegada" (STF. MS nº 35506/DF. Plenário. Relator Ministro Marco Aurélio. Julgamento em 10/10/2022. Publicado em 14/12/2022).

Como já explicado, o Supremo Tribunal Federal entende que é possível a expedição de medidas cautelares, inclusive *inaudita altera pars*, pelos Tribunais de Contas em razão da teoria dos poderes implícitos para o regular exercício do controle externo da Administração Pública, desde que respeitados os princípios e garantias processuais e disposições legais e constitucionais sobre a temática.

2.5.3 A apreciação de constitucionalidade de leis e atos pelos Tribunais de Contas

A atuação direta dos Tribunais de Contas em razão de ilegalidade não comporta dúvidas, de acordo com o exposto até o momento (como visto, para situações antieconômicas e ilegítimas há controvérsia doutrinária). Já a prerrogativa para apreciação de constitucionalidade de leis e atos conferida pela Súmula nº 347 do STF sempre foi objeto de questionamentos a nível doutrinário e jurisprudencial.

O inteiro teor da Súmula nº 347 é o seguinte: "O Tribunal de Contas, no exercício de suas atribuições, pode apreciar a constitucionalidade das leis e dos atos do Poder Público". De leitura imediata do dispositivo pode se aferir que as Cortes de Contas podem sim decidir pela constitucionalidade de leis e atos dos seus jurisdicionados, porém não é essa a conclusão que atualmente é chancelada pelo Supremo Tribunal Federal.

No âmbito do Agravo Regimental em Mandado de Segurança nº 25.888/DF, o STF delimitou, sobre a questão, o seguinte:

[...] 3. A Constituição de 1988 operou substancial reforma no sistema de controle de constitucionalidade até então vigente no país. Embora a nova Constituição tenha preservado a apreciação incidental ou difusa, é certo que a tônica reside não mais no sistema difuso, mas nas ações diretas, de perfil concentrado, o que causa necessário decote do âmbito de atuação daquele. Doutrina de Gerhard Anschütz.
4. A normatividade da Constituição é antes de tudo um dever a ser observado por parte dos órgãos do Estado que lidam com a aplicação de normas jurídicas a casos concretos. Se ao Supremo Tribunal Federal compete, precipuamente, a guarda da Constituição Federal, é certo que a sua interpretação do texto constitucional deve ser acompanhada pelos demais órgãos públicos. Jurisprudência desta Corte quanto à apreciação de questões constitucionais pelo Conselho Nacional de Justiça e Conselho Nacional do Ministério Público. O tratamento de questões constitucionais, por parte de um Tribunal de Contas, observa a finalidade de reforçar a

normatividade constitucional. Da Corte de Contas espera-se a postura de cobrar da administração pública a observância da Constituição, mormente mediante a aplicação dos entendimentos exarados pelo Supremo Tribunal Federal em matérias relacionadas ao controle externo.

5. Súmula 347 do Supremo Tribunal Federal: compatibilidade com a ordem constitucional de 1988: o verbete confere aos Tribunais de Contas – caso imprescindível para o exercício do controle externo – a possibilidade de afastar (*incidenter tantum*) normas cuja aplicação no caso expressaria um resultado inconstitucional (seja por violação patente a dispositivo da Constituição ou por contrariedade à jurisprudência do Supremo Tribunal Federal sobre a matéria). Inteligência do enunciado, à luz de seu precedente representativo (RMS 8.372/CE, Rel. Min. Pedro Chaves, Pleno, julgado em 11.12.1961).

6. Reafirmação da jurisprudência do Supremo Tribunal Federal quanto à inviabilidade de realização de controle abstrato de constitucionalidade por parte de Tribunal de Contas (MS 35.410, MS 35.490, MS 35.494, MS 35.498, MS 35.500, MS 35.812, MS 35.824, MS 35.836, todos de Relatoria do Eminente Ministro Alexandre De Moraes, Tribunal Pleno, e publicados no DJe 5.5.2021).

7. Caso concreto. O Tribunal de Contas da União incorreu em uso inadequado da Súmula 347: simplesmente vocalizar o enunciado não perfaz condição suficiente para se vencer a presunção de constitucionalidade do art. 67 da Lei 9.478/1997 e do regulamento simplificado da Petrobras, aprovado pelo Decreto 2.745/1998. Disso, entretanto, não exsurge a concessão da segurança, dada a perda do objeto: o advento da Lei 13.303/2016 não só revoga o art. 67 da Lei 9.478/1997, mas também elimina a lacuna até então existente quanto a tal importante aspecto do regime próprio das empresas estatais. Precedente: MS 27.796 AgR, Rel. Min. Alexandre de Moraes, Primeira Turma, julgado em 29.3.2019, DJe 69, 4.4.2019 (STF. MS nº 25888 Agr/DF. Plenário. Relator Ministro Gilmar Mendes. Julgamento em 22/08/2023. Publicado em 11/09/2023). Em suma, o Tribunal de Contas não aprecia e não declara de forma concreta ou incidental a constitucionalidade ou não de qualquer ato ou lei. Cabe ao Tribunal de Contas, como órgão de controle externo, zelar pela obediência aos preceitos constitucionais, atuando de forma direta no afastamento da aplicação da norma ou dos efeitos do ato apenas nos casos em haja inconstitucionalidade manifesta, isto é, nos casos de evidente afronta à Constituição, ou nos casos em que o STF já tenha se manifestado sobre a inconstitucionalidade de norma de igual teor.[419]

---

[419] "É inegável que o ordenamento jurídico vigente confere eficácia ampla e expansiva às decisões proferidas pelo Supremo Tribunal Federal, mesmo em sede de controle incidental de constitucionalidade. Admitida a possibilidade de as decisões do Supremo, ainda que proferidas na via incidental, ostentarem força cogente, é possível defender que mesmo

2.5.4 Consensualismo no controle externo

O consensualismo, meio de resolução de conflitos consagrado no processo civil desde o código de 1937 e alçado a norma fundamental no atual diploma processual civil,[420] tem ocupado cada vez espaço no âmbito da Administração Pública, seja no processo administrativo ou na esfera controladora.

A consensualidade na Administração Pública constava em normativos esparsos, voltados à atuação de órgãos regulatórios ou de fiscalização mediante o exercício do poder de polícia,[421] porém passou a ocupar lugar de destaque a partir da edição da Lei Federal nº 13.655/2018, que incluiu na LINDB, dentre outros dispositivos, o art. 26, que assim dispõe:

> Art. 26. Para eliminar irregularidade, incerteza jurídica ou situação contenciosa na aplicação do direito público, inclusive no caso de expedição de licença, a autoridade administrativa poderá, após oitiva do órgão jurídico e, quando for o caso, após realização de consulta pública, e presentes razões de relevante interesse geral, celebrar compromisso com os interessados, observada a legislação aplicável, o qual só produzirá efeitos a partir de sua publicação oficial.

A solução consensual é um instrumento a ser utilizado na busca pela maximização do interesse público pela Administração,[422]

órgãos não jurisdicionais possam – ou mesmo devam – vincular-se ao entendimento jurisprudencial da Corte quanto à inconstitucionalidade de determinada matéria. Sobretudo naquelas hipóteses em que a jurisprudência do STF é inequivocamente no sentido da inconstitucionalidade, entender pela impossibilidade de entidades como os Tribunais de Contas declararem lei inconstitucional no caso concreto, apenas conduzirá a sucessivas reformas judiciais das decisões dos órgãos de controle externo" (MENDES, Gilmar Ferreira. Tribunal de Contas e Controle de Constitucionalidade. *Revista Controle – Doutrina e Artigos*, v. 22, n. 2, p. 13-21, jul./dez. 2024. p. 19).

[420] Lei Federal nº 13.105, de 16 de março de 2015, especialmente nos §§2º e 3º do art. 3º.

[421] GUERRA, Sérgio; PALMA, Juliana Bonacorsi de. Art. 26 da LINDB – Novo regime jurídico de negociação com a Administração Pública. *Revista de Direito Administrativo, Edição Especial – Direito Público na Lei de Introdução às Normas de Direito Brasileiro – LINDB (Lei nº 13.655/2018)*, 2018. p. 139.

[422] "O compromisso do art. 26 da LINDB visa contornar cenários de incerteza jurídica na aplicação das normas de direito público – qualquer que seja a sua origem, extensão e efeitos – por meio da negociação de alternativas que viabilizam o exercício da competência administrativa. Em termos práticos, no acordo são definidos os compromissos recíprocos para a edição do ato final: o interessado assume uma série de obrigações pactuadas bilateralmente e, se atendidos, o Poder Público compromete-se a convolar o compromisso em decisão final. [...] Assim, o compromisso traz previsibilidade e clareza, pois os termos para a edição do ato final estão traduzidos em cláusulas compromissórias" (GUERRA, Sérgio; PALMA, Juliana

em substituição a procedimentos onerosos e, por muitas vezes, pouco eficazes,[423] constituindo-se em mais um elemento da Administração Pública dialógica.

Na regulamentação do dispositivo feita pelo Decreto Federal nº 9.830, de 10 de junho de 2019, previu-se o uso do instrumento denominado "compromisso",[424] relativo à solução da autoridade destinada a eliminar irregularidade, incerteza jurídica ou situações contenciosas na aplicação do Direito Público; e indicou também o "termo de ajustamento de gestão",[425] a ser celebrado entre os agentes públicos e os órgãos de controle interno com a finalidade de corrigir falhas apontadas em ações de controle, aprimorar procedimentos, assegurar a continuidade da execução do objeto, sempre que possível, e garantir o atendimento do interesse geral.

Cabe, ademais, mencionar a diretriz estabelecida pelo §1º do art. 13 do Decreto Federal nº 9.830/2019: "A atuação de órgãos de controle privilegiará ações de prevenção antes de processos sancionadores".

No âmbito do controle externo, situações contenciosas de alto impacto e alto custo na sua resolução são uma realidade proeminente, e, na busca pelo controle externo dialógico, em obediência também aos postulados da LINDB, os Tribunais de Contas tem se utilizado ferramentas voltadas à solução consensual dos problemas relacionados às ações de controle.

A primeira delas que merece destaque é o *termo de ajustamento de gestão* (TAG), meio já regulamentado por dezoito Tribunais de Contas,[426] que consiste na adequação, mediante a pactuação entre o órgão controlador e o responsável pelo órgão controlado, de atos e procedimentos aos padrões de legalidade e regularidade, em substituição à sanção administrativa que seria aplicada no âmbito de um procedimento ordinário de controle externo.[427]

Bonacorsi de. Art. 26 da LINDB – Novo regime jurídico de negociação com a Administração Pública. *Revista de Direito Administrativo, Edição Especial – Direito Público na Lei de Introdução às Normas de Direito Brasileiro – LINDB (Lei nº 13.655/2018),* 2018. p. 153).

[423] FREITAS, Juarez. Direito administrativo não adversarial: a prioritária solução consensual de conflitos. *Revista de Direito Administrativo,* v. 276, set./dez. 2017. p. 41.

[424] Art. 10 do Decreto Federal nº 9.830/2010.

[425] Art. 11 do Decreto Federal nº 9.830/2010.

[426] VIEIRA, Cristiane Gonçalves. O termo de ajuste de gestão como instrumento de controle externo consensual no Brasil. *Revista Controle – Doutrina e Artigos.* v. 22, n. 1, jan./jun. 2024. p. 463-464.

[427] Em complemento, segue conceito apresentado por José Roberto Pimenta Oliveira e Bruno Barbirato: "[...] os denominados *Termos de Ajustamento de Gestão* [...] nada mais são do que

O TAG pode ser considerado uma derivação do termo de ajustamento de conduta realizado pelo Ministério Público, regulamentado pela Lei Federal nº 7.347, de 24 de julho de 1985, na qual, no §6º do art. 5º, se autoriza ao Ministério Público a celebração de compromisso de ajustamento de conduta dos interessados às exigências legais, mediante cominações.

A iniciativa para a celebração do Termo de Ajustamento de Gestão varia de acordo com o Tribunal, podendo ser feita pelo Conselheiro relator do respectivo processo,[428] pelo Ministério Público de Contas,[429] ou por esses dois atores e pela Presidência do Tribunal.[430] De toda forma, independente da proposição, para que o TAG tenha validade é necessário que seja homologado pelo Pleno do respectivo Tribunal.

Após a homologação, o TAG será monitorado quanto ao cumprimento do pactuado pela entidade controlada. No caso de descumprimento, as sanções previstas no instrumento serão devidamente aplicadas.

Conforme José Roberto Pimenta de Oliveira e Bruno Barbirato, o TAG se constitui em uma ferramenta de acompanhamento e controle das políticas públicas de responsabilidade da Administração controlada, redirecionando a conduta para o incremento de resultados pautada no retorno ou adequação aos parâmetros jurídico-normativos necessários à validade da atuação estatal.[431]

Outro instrumento de consensualismo que se desenvolveu recentemente foram as *mesas técnicas* ou os *procedimentos de solução consensual*, que consistem em ações de interlocução com gestores e particulares no

---

negócios jurídicos celebrados entre o órgão de controle e a entidade controlada, objetivando, por meio de ação concertada, firmar compromissos no sentido de adequação e correção de falhas detectadas na execução de determinada política pública em sentido lato, podendo envolver desde atos, procedimentos e processos administrativos, até alcançar o nível maior das políticas públicas" (PIMENTA OLIVEIRA, José Roberto; BARBIRATO, Bruno Vieira da Rocha. O termo de ajustamento de gestão (TAG) e seu regime jurídico nos tribunais de contas. *Revista da AGU*, v. 22, n. 2, 2023. p. 89).

[428] Caso do Tribunal de Contas do Estado de Pernambuco (Resolução TC nº 201, de 31 de maio de 2023).

[429] Caso do Tribunal de Contas do Estado do Rio Grande do Norte (Lei Complementar Estadual do Rio Grande do Norte nº 464/2012, em seu art. 122).

[430] Caso do Tribunal de Contas do Estado de Sergipe (Lei Complementar Estadual de Sergipe nº 5, de 6 de julho de 2011, em seu art. 52, §2º).

[431] PIMENTA OLIVEIRA, José Roberto; BARBIRATO, Bruno Vieira da Rocha. O termo de ajustamento de gestão (TAG) e seu regime jurídico nos tribunais de contas. *Revista da AGU*, v. 22, n. 2, 2023. p. 91.

sentido de construção de alternativas para a solução de problemas de interesse da Administração Pública.

Originalmente prevista pelo Tribunal de Contas do Município de São Paulo, a mesa técnica surgiu como um instrumento voltado à busca de informações técnicas e demais elementos necessários ao esclarecimento e superação de matérias controvertidas de destacada relevância ou de alto grau de complexidade, nos termos da Resolução nº 2, de 4 de março de 2020.

Os procedimentos das mesas técnicas tocadas pelo Tribunal de Contas do Município de São Paulo assemelham-se a reuniões ou audiências judiciais destinadas à discussão e resolução das questões levadas à pauta e firmação de termo de compromisso em relação às providências a serem tomadas pelo órgão controlado.

Após, o Tribunal de Contas do Estado de Mato Grosso (TCE-MT) regulamentou a matéria mediante a edição da Resolução Normativa nº 12/2021 – TP, consolidando o modelo de referência do instrumento.

No caso do órgão de controle externo mato-grossense, as mesas técnicas podem ser realizadas para: a) estabelecer consenso sobre temas objetos de consultas formais; b) estabelecer consenso sobre temas definidos pelo Tribunal; c) estabelecer consenso sobre normas a serem expedidas pelo Tribunal com efeitos externos; d) esclarecer e/ou solucionar matéria controvertida em processo de fiscalização; e) apoiar a construção de solução técnico-jurídica em projetos de interesse dos fiscalizados que possam atrair a competência fiscalizatória do Tribunal; e f) mediar a autocomposição entre a Administração Pública e particulares no caso de vínculo entre eles, formalizado em contrato ou instrumento congênere.

Nas mesas técnicas do TCE-MT se dá prioridade às técnicas de conciliação e mediação (esta última no caso de autocomposição entre a Administração e particular), e podem ser propostas pelos Conselheiros, Ministério Público de Contas e pelas chefias dos órgãos de natureza técnica do próprio Tribunal. Ademais, a condução das mesas técnicas é de responsabilidade de Conselheiros, auxiliados por equipe técnica.

Os produtos resultantes das mesas técnicas são os consensos estabelecidos e correspondentes propostas de encaminhamento, podendo inclusive haver a proposta de TAG. Após a homologação da mesa técnica pelo Plenário do Tribunal, os compromissos firmados serão monitorados para verificação de seu cumprimento.

No âmbito do TCU são realizados os procedimentos de solução consensual, voltados à solução consensual de controvérsias relevantes e prevenção de conflitos afetos a órgãos e entidades da Administração Pública Federal. Os procedimentos são regulamentados pela Instrução Normativa TCU nº 91, de 22 de dezembro de 2022.

No caso dos procedimentos de solução consensual, a iniciativa cabe não apenas ao Ministro relator, mas também aos gestores habilitados à realização de consulta junto ao TCU e pelos dirigentes de agências reguladoras.

Após verificação dos requisitos de admissibilidade, oportunidade e conveniência, cabe a formação de uma Comissão de Solução Consensual, composta por servidores da área técnica do TCU e por representantes dos órgãos interessados na solução para, em conjunto, e no prazo de noventa dias, apresentar proposta de solução. Após manifestação do Ministério Público de Contas respectivo, o Plenário poderá homologar, rejeitar ou sugerir alterações no conteúdo da proposta de solução. O cumprimento da solução será aferido mediante monitoramento executado pela área técnica do Tribunal.

A principal diferença entre os dois modelos acima aprofundados reside no maior ou menor envolvimento das instâncias decisórias no desenvolvimento da solução, em semelhança à composição judicial.

Importa indicar, ainda, que há questionamentos no sentido da inconstitucionalidade da adoção de meios de solução consensual de controvérsias nos Tribunais de Contas, mais especificamente em relação ao modelo adotado pelo TCU. No âmbito do STF, está em trâmite a ADPF nº 1183, cujo objeto é a inconstitucionalidade da Instrução Normativa TCU nº 91/2022 por violar os princípios da legalidade administrativa (pelo argumento de criação de nova atribuição do TCU mediante ato infralegal, extrapolando o poder regulamentar), da separação de poderes (ingerência em matérias de competência do Poder Executivo), da moralidade, e do princípio republicano (possíveis negociações políticas e atendimento aos interesses governamentais de ocasião, subvertendo a intenção original do instituto).

Um outro fator de atenção é o fenômeno denominado "consensualidade abusiva", que consiste no uso de instrumentos dialógicos pela Administração Pública ou órgão controlador, para, em uma posição de assimetria (no caso, superioridade) sobre a outra parte, impor condições desproporcionais aos agentes ou representantes das entidades privadas ou públicas, transformando o que seria uma solução consensual em coerção arbitrária por parte do proponente mais forte.[432] No âmbito dos Tribunais de Contas, o TAG, em especial, pode ser suscetível a esse tipo de abuso no tratamento do controle externo com o órgão controlado, dada a sua origem se dar, via de regra, para o tratamento de situações irregulares correntes, fragilizando o poder de negociação da entidade sujeita ao controle.

O fato é que os Tribunais de Contas estão em movimento no sentido de construir meios consensuais de resolução de problemas na Administração Pública, propiciando a concretização do controle externo dialógico, fundamentado não apenas nos dispositivos da LINDB, mas nas melhores práticas de auditoria do setor público.

---

[432] "Cuida-se de um desvio de finalidade no processo negocial, em que, no lugar de um diálogo entre as partes, os agentes públicos se valem de estratégias para impor sua vontade ao particular" (CYRYINO, André; SALATHÉ, Felipe. A consensualidade abusiva no Direito Administrativo: notas iniciais de teorização. *Revista Estudos Institucionais*, v. 10, n. 2, mai./ago. 2024. p. 654).

CAPÍTULO 3

A ATUAÇÃO DOS TRIBUNAIS DE CONTAS NA PROTEÇÃO AO CONCURSO PÚBLICO MEDIANTE O EXERCÍCIO DE SUAS COMPETÊNCIAS CONSTITUCIONAIS

Como constatado no capítulo 1, a Administração Pública brasileira se encontra em um cenário de burocratização incompleta, e continua permeada por características de cunho patrimonialista, especialmente no âmbito dos Estados e, ainda mais, nos Municípios.

Ao mesmo tempo, se busca pelo estabelecimento de uma ótica gerencial, mediante a flexibilização de aspectos da burocracia pública estabelecida, como o ingresso e mobilidade de pessoal com foco em competências, porém o modelo constitucional atual se volta a aspectos burocráticos clássicos, em especial no âmbito da admissão de pessoal e primazia do concurso público para o estabelecimento de vínculo com a Administração.

É nesse cenário que se inserem os Tribunais de Contas como atores que contribuem para a consecução da vontade do Constituinte para o privilégio do concurso público como forma de atrair servidores detentores de conhecimento e portadores habilidades que contribuirão para que o Estado atinja suas finalidades e garantir a obediência aos princípios norteadores da Administração Pública.

A gestão e as despesas com pessoal são componentes de suma importância na Administração Pública não só na ótica administrativa, mas também no contexto das finanças estatais. Apenas no âmbito dos Estados e do Poder Executivo da União, as despesas brutas anuais com pessoal, incluindo os gastos com inativos e pensionistas em Regimes Próprios de Previdência e decorrentes de contratos de terceirização, somaram R$ 901.686.804.080,49 (novecentos e um bilhões seiscentos e oitenta e seis milhões oitocentos e quatro mil e oitenta reais e quarenta e nove centavos).[1]

Nada mais natural, portanto, que o controle dos atos relacionados à gestão de pessoal seja também realizado pelos Tribunais de Contas, incluindo-se o controle da admissão de pessoal no serviço público. Neste capítulo se estudará como esses órgãos, através do exercício de suas competências constitucionais, podem atuar na proteção ao princípio do concurso público, elencando, de forma não exaustiva, possibilidades de atuação insertas em cada uma dessas atribuições de controle.

3.1 Análise e julgamento de contas

Como visto anteriormente, cabe aos Tribunais de Contas a apreciação das contas do Chefe do Poder Executivo para fins de emissão de parecer para subsidiar o julgamento dessas contas pelo Poder Legislativo (contas de governo). Também é de alçada dos Tribunais de Contas o julgamento das contas anuais prestadas pelos administradores e responsáveis por dinheiros, bens e valores públicos da Administração Direta e Indireta (contas de gestão), bem como dos que causarem prejuízo ao erário (tomadas de contas especiais).

O exame das contas anuais de governo consiste, a nível geral, na verificação da execução orçamentária e financeira de um exercício fiscal. As contas são apresentadas na forma de balanços gerais que contém os dados orçamentários,[2] financeiros[3] e contábeis[4] relacionados à atuação governamental, com os demonstrativos relativos às receitas e despesas do exercício, assim como o cumprimento dos mínimos constitucionais em saúde e educação e do atendimento aos parâmetros da gestão fiscal.[5]

---

[1] Dados referentes aos Relatórios de Gestão Fiscal dos Estados e do Poder Executivo da União relativos ao período de referência do 2º quadrimestre de 2023, disponibilizados pela Secretaria do Tesouro Nacional do Ministério da Fazenda. Disponível em: https://www.tesourotransparente.gov.br/. Acesso em: 4 mar. 2024.

[2] Receitas, despesas e resultados da execução orçamentária.

[3] Indicadores da Lei de Responsabilidade Fiscal e cumprimento de limites constitucionais e legais.

[4] Balanços orçamentário, financeiro e patrimonial, além da demonstração de valores patrimoniais, de fluxo de caixa e das mutações no patrimônio líquido. Incluem-se, também, as notas explicativas relativas a estas demonstrações.

[5] JACOBY FERNANDES, Jorge Ulisses. *Tribunais de Contas do Brasil:* jurisdição e competência. 4. ed. Belo Horizonte: Editora Fórum, 2016. p. 329.

Constata-se o predomínio da análise contábil para fins de certificação das contas pelos Tribunais de Contas, isto é, a verificação da fidedignidade dos dados apresentados e validação da contabilidade. A análise de contas anuais, no entanto, tem ganhado uma faceta voltada aos critérios de legitimidade e economicidade, trazendo não apenas dados contábeis em si, mas também aspectos de avaliação do cumprimento das metas quantitativas e qualitativas planejadas nas leis orçamentárias e na execução das políticas públicas.[6]

Como exemplo de um exame mais abrangente não apenas das contas, mas da efetividade, eficiência e eficácia na execução dos programas, ações e políticas públicas realizadas pelo governo para o atendimento ao interesse público, o Tribunal de Contas da União tem emitido parecer prévio considerando os seguintes elementos:[7] a) análise da conjuntura econômico, financeira e orçamentária; b) resultados da atuação governamental, em relação à evolução dos indicadores de desenvolvimento econômico e social, e atendimento aos programas previstos pelo plano plurianual em vigor; c) conformidade financeira e orçamentária; d) auditoria financeira do balanço geral da União; e e) monitoramento das recomendações e alertas emitidas em pareceres anteriores.

A expansão do escopo das contas anuais de governo confere potencialidade de considerações acerca da obediência ao princípio do concurso público e da admissão regular de pessoal pela Administração, em especial quando da avaliação dos resultados das políticas públicas, com previsão de consideração da adequação dos profissionais que atuam nas ações a elas relacionadas, em termos quantitativos e qualitativos.

As contas prestadas para fins de julgamento têm uma particularidade em relação ao escopo dos assuntos a serem nelas abordados,

---

WILLEMAN, Marianna Montebello. *O desenho institucional dos Tribunais de Contas e sua vocação para a tutela da accountability democrática*: perspectivas em prol do direito à boa administração pública no Brasil. Tese (Doutorado em Direito) – Programa de Pós-Graduação em Direito. Pontifícia Universidade Católica do Rio de Janeiro. Rio de Janeiro: 2016. p. 241.

6 IOCKEN, Sabrina Nunes. *O controle compartilhado das políticas públicas*. Belo Horizonte: Fórum, 2018. p. 178-185.

7 Vide o relatório e parecer prévio sobre as contas do Presidente da República no exercício 2022. Disponível em: https://sites.tcu.gov.br/contas-do-presidente/1%20Relatório%20CG2022. pdf.
Ademais, os parâmetros para a emissão do parecer prévio constam no Regimento Interno do Tribunal de Contas da União (aprovado pela Resolução TCU nº 155, de 2002), na Resolução TCU nº 291, de 29 de novembro de 2017, e na Decisão Normativa-TCU nº 198, de 23 de março de 2022.

tendo em vista que podem se voltar não apenas aos aspectos contábeis, financeiros e orçamentários gerais, mas a pontos relacionados aos resultados de atos emanados pelos órgãos e responsáveis pela sua atividade financeira sujeitos à prestação de contas para essa finalidade.[8]

Nas contas de gestão os Tribunais podem se debruçar sobre os parâmetros de legalidade, legitimidade e economicidade, conforme estabelecido pelo art. 70 da CF/1988 e assim elencado no âmbito da Lei Federal nº 8.443/1992, como já mencionado anteriormente.

A nível de exemplo, a Instrução Normativa TCU nº 84, de 22 de abril de 2020, que estabelece normas para a tomada de prestação de contas sujeitas a julgamento indica, no parágrafo único do art. 3º, o que as contas devem manifestar:

> As contas devem expressar, de forma clara e objetiva, a exatidão dos demonstrativos contábeis, a legalidade, a legitimidade e a economicidade dos atos de gestão dos responsáveis que utilizem, arrecadem, guardem, gerenciem ou administrem dinheiros, bens e valores públicos pelos quais a União responda, ou que, em nome desta, assumam obrigações de natureza pecuniária, nos termos do parágrafo único do art. 70 da Constituição Federal.

O exame de atos de gestão permite que as contas para fins de julgamento possam incluir dados referentes à composição do quadro de pessoal do órgão que está prestando contas, de acordo com o escopo de análise e regulamentação sobre a matéria delimitada pelo Tribunal, com a finalidade de se verificar a adequação do quadro de pessoal à estrutura do órgão e eventual escape à realização de concurso público.

Um ponto observado e que tem relevância no mérito das contas, especialmente no âmbito do Poder Legislativo estadual ou municipal, é a desproporção entre comissionados e efetivos no quadro funcional da Câmara de Vereadores ou Assembleia Legislativa.[9]

---

[8] WILLEMAN, Marianna Montebello. *O desenho institucional dos Tribunais de Contas e sua vocação para a tutela da accountability democrática:* perspectivas em prol do direito à boa administração pública no Brasil. Tese (Doutorado em Direito) – Programa de Pós-Graduação em Direito. Pontifícia Universidade Católica do Rio de Janeiro. Rio de Janeiro: 2016. p. 241.

[9] "Nessas condições, com fundamento na alínea "b", do inciso III, e no §1º, do artigo 33 da Lei Complementar Paulista nº 709/93, julgo irregulares as contas da Câmara Municipal de Itatiba referentes ao exercício de 2012, excetuando desta decisão os atos pendentes de julgamento pelo Tribunal. Recomendo ao atual Presidente da Câmara para que regularize, com urgência, o quadro de pessoal, adequando os cargos em comissão restritamente às disposições do inciso V, do artigo 37 da Carta Federal, observando que o não atendimento

CAPÍTULO 3
A ATUAÇÃO DOS TRIBUNAIS DE CONTAS NA PROTEÇÃO AO CONCURSO PÚBLICO MEDIANTE O EXERCÍCIO... | 183

Ainda sobre proteção ao concurso público no exame de contas de gestão, tem-se o exemplo do Tribunal de Contas do Estado do Rio Grande do Norte, através da sua Súmula nº 28, que dispõe no seguinte sentido: "A contratação sem concurso público de profissionais para o desempenho de atividades habituais e rotineiras da Administração Pública, tais como de assessorias contábil e jurídica, enseja a irregularidade das contas, a aplicação de sanção administrativa".

3.2 Registro de atos de pessoal

A CF/1988 conferiu aos Tribunais de Contas, no inc. III do art. 71, a competência para a apreciação, para fins de registro, da legalidade dos atos de admissão de pessoal, a qualquer título, excetuadas as nomeações para cargo de provimento em comissão, bem como as concessões de aposentadorias, reformas e pensões realizadas por Regimes Próprios de Previdência, assim como as melhorias posteriores que alterem o fundamento legal do ato.

Junto com a apreciação das contas de governo, trata-se não apenas de competência, mas de dever imposto pelo texto constitucional no sentido de seu exercício. Tendo em vista essa característica, assim como as contas de governo, pressupõe-se a análise individualizada desses atos, de acordo com os critérios estabelecidos.

Salienta-se que essa competência é a única na qual permanece a função de registro pelos Tribunais de Contas. Com inspiração no sistema italiano de controle, a fiscalização era exercida *a priori*, ou seja, apenas com o registro era possível a produção de efeitos jurídicos e financeiros de determinados atos da Administração Pública.[10]

Assim o era no texto constitucional de 1934, ao prever que seria sujeito ao registro prévio do Tribunal de Contas qualquer ato da

---

desse alerta poderá prejudicar as contas futuras" (TCE-SP. Processo nº 002188/026/12. Primeira Câmara. Relator Conselheiro Renato Martins Costa. Julgamento em 11/11/2014). Também constam exemplos no âmbito do Tribunal de Contas do Estado da Paraíba, em reprovações de contas devido ao excesso de comissionados e temporários em detrimento de servidores efetivos (processo nº 08843/20).

[10] "O registro, portanto, nasceu como homologação indispensável para a repercussão da vontade da Administração no mundo jurídico. Ato sujeito a registro era, pois, ato complexo, válido somente apenas após seu processamento na Corte de Contas" (SARQUIS, Alexandre Manir Figueiredo. Síndrome de inefetividade no registro de atos de aposentadoria. *In:* LIMA, Luiz Henrique; SARQUIS, Alexandre Manir Figueiredo. *Controle externo dos Regimes Próprios de Previdência Social:* estudos de Ministros e Conselheiros Substitutos dos Tribunais de Contas. Belo Horizonte: Fórum, 2016. p. 218).

Administração Pública de que resultasse em obrigação de pagamento pelo Tesouro Nacional ou por sua conta.[11]

Em relação a atos de pessoal, a Constituição de 1946 conferiu ao Tribunal de Contas a prerrogativa de julgamento da legalidade dos contratos e das aposentadorias, reformas e pensões,[12] não vinculando ao controle *a priori*, mas com o reconhecimento da ultimação da concessão do benefício previdenciário quando julgado regular e devidamente registrado, fazendo com que ele passe a produzir plenos efeitos jurídicos,[13] característica esta que ainda persiste.

Ao ato de pessoal sujeito a registro é reconhecida a natureza de um ato administrativo complexo. Atos complexos são aqueles resultantes da manifestação de mais de um órgão, para se fundirem e redundar na formação de um único ato.[14] Salienta-se que o ato complexo produz efeitos desde o seu nascedouro, na expedição de um primeiro ato condicionante, sendo dotado de plena eficácia e validade após a consumação do ato final, que o torna perfeito.[15]

Assim considera o Supremo Tribunal Federal, que continua respaldando o entendimento firmado no âmbito do Mandado de Segurança nº 3881/SP,[16] e permanece definindo que "o ato de aposentação configura ato complexo e a aposentadoria só se aperfeiçoa com o registro do Tribunal de Contas, que exerce sua função constitucional de controle externo (art. 71 da CF/1988)".[17]

---

[11] §1º do art. 101.

[12] Art. 77, III.

[13] FAGUNDES, Miguel Seabra. *O controle dos atos administrativos pelo Poder Judiciário*. 7. ed. Rio de Janeiro: Forense, 2005. p. 171-172.

[14] DI PIETRO, Maria Sylvia Zanella. Direito Administrativo. 36. ed. Rio de Janeiro: Forense, 2023. *E-book*.

[15] MELLO, Marcos Bernardes de. *Teoria do fato jurídico:* plano da existência. 22. ed. São Paulo: Saraiva Educação, 2019. *E-book*.

[16] "Ora, 'julgar da legalidade' não é apenas apreciar a regularidade formal do ato administrativo, como parece entender o acórdão recorrido: é julgar de todas as condições intrínsecas e extrínsecas da sua legalidade. Assim sendo, a decisão do Tribunal de Contas quando aprobatória, não apenas dá executoriedade ao ato, como cria uma situação definitiva na órbita administrativa" (STF. RMS nº 3881/SP. Relator Ministro Nelson Hungria. Julgamento em 22/11/1957).

[17] STF. RE nº 1222222 AgR/RS. Segunda Turma. Relator Ministro Edson Fachin. Julgamento em 29/06/2020. Publicado em 08/07/2020.
Em sentido diverso, Rafael Cás Maffini pugna que os atos sujeitos a registro se tratam em verdade de atos compostos: "Isso porque, de um lado, a verificação realizada pelos Tribunais de Contas é pautada pela noção de legalidade (ou validade) do ato, o que pressupõe a sua existência e, de outro, porque os atos sujeitos a registro e a decisão de registro propriamente dita são formal e materialmente atos administrativos autônomos; a autonomia de tais atos, um principal (o ato sujeito a registro) e o outro acessório e complementar (a

CAPÍTULO 3
A ATUAÇÃO DOS TRIBUNAIS DE CONTAS NA PROTEÇÃO AO CONCURSO PÚBLICO MEDIANTE O EXERCÍCIO... | 185

Dada a natureza do ato submetido a registro e o caráter *a posteriori* atualmente conferido ao registro desses atos, pode-se afirmar que uma pessoa admitida no serviço público, sendo uma modalidade de admissão no escopo da previsão constitucional, de imediato exerce as atividades inerentes ao cargo, emprego ou função e tem o direito à remuneração pelo trabalho desempenhado. Da mesma forma, a aposentadoria opera efeitos imediatos à sua publicação: o vínculo do servidor com a Administração é encerrado, o cargo é declarado vago, e os efeitos financeiros, isto é, o pagamento dos proventos, se iniciam desde logo.

Ainda em relação à natureza de ato complexo para os atos sujeitos a registro pelos Tribunais de Contas, destacam-se duas características. A primeira é a não incidência do contraditório em relação aos interessados que possam ter seus direitos afetados em razão da recusa ao registro do ato de pessoal.

Tal situação foi estabelecida pelo Supremo Tribunal Federal que, em razão de múltiplas demandas judiciais de interessados que não foram chamados à manifestação nos processos administrativos antes da decisão pela negativa de registro, procedeu à edição da Súmula Vinculante nº 3, que assim dispõe:

> Nos processos perante o Tribunal de Contas da União asseguram-se o contraditório e a ampla defesa quando da decisão puder resultar anulação ou revogação de ato administrativo que beneficie o interessado, excetuada a apreciação da legalidade do ato de concessão inicial de aposentadoria, reforma e pensão.

No entender do STF, a relação instituída entre o Tribunal de Contas e a Administração Pública nos processos de registro de ato de pessoal é de natureza endoadministrativa, isto é, como se ainda se trata da formação do ato, não caberia chamar o interessado antes de todos os órgãos formadores se manifestarem sobre a sua legalidade.[18]

---

decisão de registro), é demonstrada pelo fato de que cada um deles surte efeitos jurídicos diversos, bem assim têm pressupostos e formalidades independentes" (MAFFINI, Rafael Cás. Atos administrativos sujeitos a registro pelos Tribunais de Contas e a decadência da prerrogativa anulatória da Administração Pública. *Cadernos do Programa de Pós-Graduação em Direito – PPGDir./UFRGS*, v. 4, n. 7, 2014. p. 536).

[18] FRANCO, Evandro Nunes; FRANÇA, Vladimir da Rocha. O registro tácito do ato de pessoal submetido ao Tribunal de Contas e os atos inválidos por flagrante inconstitucionalidade. *Revista Controle – Doutrina e Artigos*, v. 22, n. 1, 2023. p. 83.
FRANCO, Evandro Nunes. A necessária revisão da súmula vinculante nº 3: a supressão do contraditório para o mais fraco. *In*: ROSÁRIO, José Orlando Ribeiro; FREIRE, Leonardo Oliveira (org.). *Fragmentos da teoria da justiça de John Rawls*. Salvador: Motres, 2024. p. 43.

Havendo a negativa de registro no sentido de prejudicar o interessado, a oportunização do contraditório se daria na verdade em sede de recurso, podendo ser no âmbito do próprio processo de controle externo de registro de ato de pessoal[19] ou diretamente pela Administração em um processo administrativo à parte, que instruirá o processo de controle externo quando da apreciação do recurso.[20]

Após, o preceito da Súmula Vinculante nº 3 teve de ser mitigado pelo STF, para garantir o exercício do contraditório e ampla defesa ao interessado potencialmente prejudicado após o decurso de cinco anos sem que o Tribunal de Contas tenha emitido decisão sobre o ato.[21]

---

[19] A exemplo do TCE-RN: "Nesse sentido, percebe-se que o momento em que é assegurado o contraditório e a ampla defesa nos processos referentes a aposentadoria, reforma e pensão é justamente em sede recursal. Portanto, não é configurado, neste caso, o cerceamento de defesa" (TCE-RN. Processo nº 1309/2016-TC. Tribunal Pleno. Conselheiro Relator Tarcísio Costa. Julgamento em 27/09/2022. Publicado em 10/10/2022).

[20] A exemplo do Tribunal de Contas do Estado do Paraná: "Aplicação da súmula vinculante 03 - STF em processos de admissão de pessoal – princípio do contraditório deve ser observado, sempre - nos processos de pessoal que tramitam perante as cortes de contas são partes os órgãos que encaminham o expediente. Os servidores interessados, a princípio, não preenchem tal requisito, de acordo com orientação do STF - a ausência de inclusão da expressão 'atos de admissão de pessoal' na súmula 03 se deu porque os precedentes do excelso pretório não tratavam de tal hipótese, mas não porque a situação merece tratamento diferenciado - em processos de admissão de pessoal, aposentadoria, pensão, reforma e reserva, os servidores afetados não são partes até que exista decisão contrária a seus interesses. Desta feita, não há necessidade de citação dos mesmos para atuarem no processo, o que não ofende o princípio do contraditório – nesses processos, havendo decisão pela negativa de registro, deverá o órgão de origem, no prazo de 15 dias, não só apresentar peças demonstrando o atendimento à decisão, mas também documentos que comprovem a data de cientificação dos servidores afetados, uma vez que a partir de tal momento resta configurado o interesse dos mesmos no processo" (TCE-PR. Prejulgado nº 11. Processo nº 299757/09. Acórdão nº 1813/10. Tribunal Pleno. Conselheiro Relator Fernando Augusto Mello Guimarães).
Ver também: FRANCO, Evandro Nunes. A necessária revisão da súmula vinculante nº 3: a supressão do contraditório para o mais fraco. In: ROSÁRIO, José Orlando Ribeiro; FREIRE, Leonardo Oliveira (org.). *Fragmentos da teoria da justiça de John Rawls*. Salvador: Motres, 2024. p. 43.

[21] "A inércia da Corte de Contas, por mais de cinco anos, a contar da aposentadoria, consolidou afirmativamente a expectativa do ex-servidor quanto ao recebimento de verba de caráter alimentar. Esse aspecto temporal diz intimamente com: a) o princípio da segurança jurídica, projeção objetiva do princípio da dignidade da pessoa humana e elemento conceitual do Estado de Direito; b) a lealdade, um dos conteúdos do princípio constitucional da moralidade administrativa (caput do art. 37). São de se reconhecer, portanto, certas situações jurídicas subjetivas ante o poder público, mormente quando tais situações se formalizam por ato de qualquer das instâncias administrativas desse Poder, como se dá com o ato formal de aposentadoria. [...] 5. O prazo de cinco anos é de ser aplicado aos processos de contas que tenham por objeto o exame de legalidade dos atos concessivos de aposentadorias, reformas e pensões. Transcorrido in albis o interregno quinquenal, a contar da aposentadoria, é de se convocar os particulares para participarem do processo de seu interesse, a fim de desfrutar das garantias constitucionais do contraditório e da ampla defesa (art. 5º, LV)" (STF. MS nº 25116. Plenário. Relator Ministro Ayres Britto. Publicado em 10/02/2011).

A ATUAÇÃO DOS TRIBUNAIS DE CONTAS NA PROTEÇÃO AO CONCURSO PÚBLICO MEDIANTE O EXERCÍCIO...

O segundo aspecto é que, por ser considerado ato complexo, sobre o ato administrativo sujeito a registro não se operava a decadência até a sua perfectibilização, ou seja, enquanto não houvesse decisão do Tribunal de Contas pelo registro, o ato não produzia plenos efeitos, independente do tempo em que ato se encontrava sob análise do órgão controlador. Assim sendo, a demora excessiva no registro do ato findava por gerar uma situação de insegurança jurídica ao interessado admitido ou inativado no serviço público, que poderia ser desligado do serviço público ou ter seus proventos reduzidos apenas após vários anos da expedição original do ato de pessoal.

O STF tinha jurisprudência sedimentada no sentido da não incidência da decadência dos atos de pessoal pendentes de registro, porém, no julgamento do Recurso Extraordinário nº 636553/RS, o posicionamento mudou de forma radical, mediante a adoção da seguinte tese de repercussão geral, de nº 445:

> Em atenção aos princípios da segurança jurídica e da confiança legítima, os Tribunais de Contas estão sujeitos ao prazo de 5 anos para o julgamento da legalidade do ato de concessão inicial de aposentadoria, reforma ou pensão, a contar da chegada do processo à respectiva Corte de Contas (STF. RE nº 636553/RS. Plenário. Ministro Relator Gilmar Mendes. Julgamento em 19/02/2020. Publicado em 06/03/2020).

Foi definido, portanto, que o Tribunal de Contas deve registrar de forma tácita o ato de pessoal no caso de ultrapassado o prazo de cinco anos da sua disponibilização para apreciação, independente inclusive da detecção de ilegalidade que importe em nulidade absoluta do ato, mesmo que se trate de vício insanável ou afronte de forma direta a Constituição.[22]

Salienta-se que a decisão emitida pelo STF não modificou o seu entendimento em relação à natureza de ato complexo. Portanto, permanece incidindo a segunda parte da Súmula Vinculante nº 3, não se garantindo o contraditório e a ampla defesa aos interessados potencialmente prejudicados. Trata-se de posição que merece ser revista, tendo

---

[22] "[...] trata-se de prazo ininterrupto, a ser computado a partir da chegada do processo à respectiva corte de contas – ou, como definido pelo Ministro Barroso durante o julgamento, um verdadeiro período de 'cinco anos *tout court*'" (STF. RE nº 636553 ED/RS. Plenário. Ministro Relator Gilmar Mendes. Julgamento em 07/12/2020. Publicado em 04/02/2021). Ver também: FRANCO, Evandro Nunes; FRANÇA, Vladimir da Rocha. O registro tácito do ato de pessoal submetido ao Tribunal de Contas e os atos inválidos por flagrante inconstitucionalidade. *Revista Controle – Doutrina e Artigos*, v. 22, n. 1, 2023. p. 84-87.

em vista se tratar da retirada de uma garantia processual fundamental em relação não apenas ao processo administrativo de admissão ou concessão (que deve garantir o contraditório e ampla defesa), mas da atuação de controle exercida pelo Tribunal de Contas[23]).

Quanto aos efeitos da decisão na apreciação dos atos de pessoal, no caso de registro são conferidas ao ato as qualidades de definitividade e perfectibilidade, passando o ato a preencher os planos de existência, eficácia e validade e a produzir todos os seus efeitos de forma plena, o que não quer dizer que não possa ser revisto pelo Tribunal, se verificado que o ato viola a ordem jurídica ou em caso de comprovada má-fé, mesmo quando do registro tácito do ato.[24] A partir do registro, tácito ou não, a decadência "ordinária", prevista nas normas de processo administrativo, passa a operar, sendo passível o seu controle e questionamento durante o decurso desse prazo.

Em relação à decisão que recuse o registro do ato de pessoal, parte da doutrina atesta que não caberia ao Tribunal de Contas a determinação no sentido de correção das ilegalidades detectadas, mas apenas em recomendar à Administração a adoção das medidas necessárias ao seu saneamento, representar aos órgãos competentes e eventualmente apurar a responsabilidade de quem deu lhes deu causa.[25]

Trata-se de afirmativa que ignora pontos fundamentais. Em primeiro lugar, a apreciação do ato sujeito a registro tem natureza dúplice: o Tribunal tanto coopera na ultimação do ato quanto exerce controle sobre a sua legalidade. Conforme José Afonso da Silva, cabe

---

[23] FRANCO, Evandro Nunes. A necessária revisão da súmula vinculante nº 3: a supressão do contraditório para o mais fraco. *In*: ROSÁRIO, José Orlando Ribeiro; FREIRE, Leonardo Oliveira (org.). *Fragmentos da teoria da justiça de John Rawls*. Salvador: Motres, 2024. p. 48-51.

[24] "ATOS DE PENSÃO MILITAR. LEGALIDADE DE UM ATO. ILEGALIDADE DOS DEMAIS ATOS. TRANSCURSO DO PRAZO DE 5 ANOS DESDE A ENTRADA DOS ATOS ILEGAIS NO TCU. ATOS TACITAMENTE REGISTRADOS, CONSOANTE ENTENDIMENTO DO STF NOS EMBAR-GOS DE DECLARAÇÃO NO RECURSO EXTRAORDINÁRIO 636.553/ RS, EM 4/12/2020. POSSIBILIDADE DE RE-VISÃO DE OFÍCIO, COM FULCRO NO ART. 54 DA LEI 9.874/1999, C/C O ART. 260, §2º, DO RI/TCU. DETERMI-NAÇÃO INSTAURAÇÃO DE PROCEDIMENTO DE REVISÃO DE OFÍCIO. OUTRAS DETERMINAÇÕES À SEFIP.1. Passados cinco anos, contados de forma ininterrupta, a partir da entrada do ato de admissão e de concessão de aposentadoria, reforma e pensão (CF, 71, III) no TCU, o ato restará automaticamente estabilizado e considerado registrado tacitamente (RE 636.553/RS, Pleno, rel. E. Ministro Gilmar Mendes).2. Estabilizado o ato, abre-se, a partir daí, a possibilidade de sua revisão, nos termos do art. 54 da Lei 9.874/1999 (ED no RE 636.553/RS, Pleno, rel. E. Ministro Gilmar Mendes)" (TCU. Acórdão nº 122/2021. Plenário. Ministro Relator Walton Alencar Rodrigues. Julgamento em 27/01/2021. BTCU Deliberações: 04/02/2021).

[25] ROSILHO, André. *Tribunal de Contas da União:* Competências, jurisdição e instrumentos de controle. São Paulo: Quartier Latin, 2019. p. 223-225.

ao Tribunal, se considerar o ato ilegal, determinar a adoção das providências necessárias ao exato cumprimento da lei.[26]

Em segundo lugar, vislumbra-se contradição em afirmar que, em uma competência voltada não apenas ao registro, mas ao expresso exame da legalidade de um ato, o Tribunal de Contas não possa exercer a prerrogativa constitucional, inserta no inc. IX do art. 71, de determinar à Administração Pública que proceda com as providências ao exato cumprimento da lei, quando verificada ilegalidade.

Apesar da Lei Federal nº 8.443/1992 ser silente sobre o caráter da decisão pela negativa de registro, ela conferiu ao Regimento Interno do TCU a sua regulamentação,[27] o qual estabelece que no caso de ilegalidade de um ato de pessoal o órgão de origem deverá adotar as medidas regularizadoras determinadas pelo Tribunal, e que a recusa ou omissão injustificada em adotá-las sujeitará o responsável à multa e ao ressarcimento das quantias pagas após o prazo delimitado pelo órgão de controle externo.[28]

Por fim, já há algum tempo a atividade de registro de atos de pessoal tem sido questionada[29] em razão de aspectos como a necessidade da análise individualizada dos atos e o seu grande volume (no mínimo todas as admissões em cargo efetivo e contratações para emprego público de todos os entes federativos, e todos os benefícios concedidos por Regimes Próprios de Previdência), com os Tribunais realizando análises intempestivas e por muitas vezes, na nova realidade, incorrendo no registro tácito dos atos,[30] tornando inefetiva a ação de controle.

Em oposição, Hélio Saul Mileski pugna que, tendo em vista o alto volume que a despesa com pessoal e previdência ocupa no orçamento

---

[26] SILVA, José Afonso da. *Curso de direito constitucional positivo*. 37. ed. São Paulo: Malheiros, 2014. p. 767-768.

[27] Art. 39, parágrafo único da Lei Federal nº 8.443/1992.

[28] Arts. 261 e 262 do Regimento Interno do Tribunal de Contas da União.

[29] SARQUIS, Alexandre Manir Figueiredo. Síndrome de inefetividade no registro de atos de aposentadoria. *In:* LIMA, Luiz Henrique; SARQUIS, Alexandre Manir Figueiredo. *Controle externo dos Regimes Próprios de Previdência Social:* estudos de Ministros e Conselheiros Substitutos dos Tribunais de Contas. Belo Horizonte: Fórum, 2016. p. 221-225.
CANHA, Cláudio Augusto. O crescente anacronismo do registro de atos de pessoal nos Tribunais de Contas. *In:* LIMA, Luiz Henrique. SARQUIS, Alexandre Manir Figueiredo. *Controle externo dos Regimes Próprios de Previdência Social:* estudos de Ministros e Conselheiros Substitutos dos Tribunais de Contas. Belo Horizonte: Fórum, 2016. p. 241-246.

[30] Apenas no Tribunal de Contas do Estado do Rio Grande do Norte, utilizando como fonte a pesquisa de acórdãos na consulta de jurisprudência, foram registrados tacitamente 1.795 atos de admissão ou de concessão de benefícios previdenciários nos anos de 2022 e 2023.

público, os Tribunais de Contas não podem se furtar de realizar o exame minucioso desses atos, que de fato geram despesas de longo prazo e, em se detectando irregularidades, se evita o pagamento de despesas indevidas por anos a fio.[31]

Ademais, os Tribunais de Contas têm desenvolvido sistemas eletrônicos de coleta e análise dos atos sujeitos a registro no sentido de otimização da capacidade e tempestividade da apreciação realizada.[32] Como exemplos de novas formas de atuação na matéria, tem-se a análise automatizada dos atos via sistema, mediante o cadastro prévio de parâmetros que conferem a consistência dos dados com os critérios alimentados;[33] e o incipiente uso de mecanismos de inteligência artificial para a seleção de atos de pessoal com base em risco.[34]

3.2.1 Registro de admissão de pessoal

A previsão de apreciação dos atos de admissão de pessoal para fins de registro foi uma inovação trazida pelo Texto Nacional de 1988. Anteriormente, apenas a concessão de benefícios previdenciários era objeto de fiscalização para fins de registro pelos Tribunais de Contas. Para Hélio Saul Mileski, a decisão do constituinte pela inclusão da admissão de pessoal no rol dos atos sujeitos a registro se deu no sentido de prover o acompanhamento de toda a vida funcional do servidor público pelo Tribunal de Contas.[35]

O dispositivo constitucional previu a necessidade de registro das admissões "a qualquer título", excetuados os cargos em comissão.

---

[31] MILESKI, Hélio Saul. *O controle da gestão pública*. 2. ed. Belo Horizonte: Fórum, 2011. p. 339.

[32] Tem-se como exemplos o Sistema de Registro de Admissões de Concessões (SIRAC), do Tribunal de Contas do Distrito Federal; o Sistema Integrado de Atos de Pessoal (SIAP), do Tribunal de Contas do Estado do Paraná; o Sistema Informatizado de Controle de Atos de Pessoal (SICAP), do Tribunal de Contas do Mato Grosso do Sul; o COLARE Pessoal, do Tribunal de Contas dos Municípios de Goiás; e o e-Pessoal, do Tribunal de Contas da União.

[33] É o exemplo do Tribunal de Contas do Distrito Federal, que implementou uma rotina automatizada na análise de aposentadorias no SIRAC, conforme o projeto e autorização emanada pelo próprio Tribunal no âmbito do processo nº 1059/2019-e.

[34] O Tribunal de Contas da União implantou a solução em inteligência artificial "Selecionador de Atos de Pessoal Baseados em Risco", que, levando em consideração o histórico de apreciações efetuados pelo TCU, prioriza para análise aqueles com maior risco (*In*: "Uso de inteligência artificial aprimora processos internos no Tribunal de Contas da União. Disponível em: https://portal.tcu.gov.br/imprensa/noticias/uso-de-inteligencia-artificial-aprimora-processos-internos-no-tcu.htm. Acesso em: 4 abr. 2024).

[35] MILESKI, Hélio Saul. *O controle da gestão pública*. 2. ed. Belo Horizonte: Fórum, 2011. p. 338-339.

Trata-se de exceção compreensível, tendo em vista características como a precariedade do vínculo, assim como o viés subjetivo envolvido na escolha do servidor que ocupará o vínculo de confiança. A atuação do controle externo em relação ao provimento em cargos em comissão pode se dar de outras formas. A lógica de exceção se estende à designação para funções gratificadas, pela natureza similar em relação à escolha do titular, observada a destinação exclusiva para servidores efetivos.

Não há controvérsias, ademais, que o ingresso dos integrantes dos Poderes Executivo e Legislativo de todos os entes federativos, além dos Ministros dos Tribunais Superiores e Desembargadores dos Tribunais de Justiça e dos Tribunais Regionais Federais não é objeto de fiscalização dos Tribunais de Contas para fins de registro do ato, em razão do tratamento constitucional dado a esses cargos. No tocante à admissão de Membros das próprias Cortes de Contas, há Tribunais que efetuam o crivo para fins de registro,[36] enquanto outros os elencam junto aos cargos citados acima e não procedem com a apreciação dessas admissões.

Ressalta-se que na proposta sugerida pelo TCU na Assembleia Constituinte que resultou na promulgação do texto de 1988, previa-se o registro de admissão apenas para as nomeações em cargos efetivos, porém, após as discussões, consolidação e sistematização do texto da nova Constituição, prevaleceu o termo "a qualquer título".[37]

Sendo assim, os Tribunais de Contas apreciam as seguintes modalidades de admissão de pessoal no serviço público para fins de registro: a) nomeação para cargo efetivo; b) admissão para posto militar; c) contratação para emprego público; d) nomeação para cargo vitalício mediante prévio concurso público; e) provimento derivado; e f) contratação temporária de pessoal.

Nos subtópicos abaixo serão detalhados os aspectos de apreciação desses atos relacionados ao princípio do concurso público.

---

[36] O Tribunal de Contas do Estado do Espírito Santo é uma das Cortes de Contas que fiscaliza a admissão de seus Conselheiros, tendo como principal exemplo a polêmica nomeação do Conselheiro Sérgio Borges, registrada por seus pares no âmbito do processo TC nº 9098/2013, em 20 de agosto de 2014.

[37] CANHA, Cláudio Augusto. O crescente anacronismo do registro de atos de pessoal nos Tribunais de Contas. *In:* LIMA, Luiz Henrique. SARQUIS, Alexandre Manir Figueiredo. *Controle externo dos Regimes Próprios de Previdência Social:* estudos de Ministros e Conselheiros Substitutos dos Tribunais de Contas. Belo Horizonte: Fórum, 2016. p. 238-241.

3.2.1.1 Admissão para cargos efetivos e vitalícios, empregos públicos e postos militares

A vontade do constituinte originário em relação à inclusão da admissão de pessoal como um ato sujeito a registro guarda relação especialmente com os vínculos de natureza permanente.[38] Excluídos os vínculos cujo ingresso se dá por natureza política, como visto acima, a apreciação do provimento originário se volta especificamente para a admissão para cargos efetivos e vitalícios, a contratação para ocupar emprego público e a admissão para postos militares.

São essas as modalidades de admissão que permeiam a maioria dos vínculos públicos, como narrado nas considerações iniciais do capítulo 1, e, tendo em vista o caráter permanente, gera obrigações financeiras que se estendem do início do vínculo até após a morte do servidor, em razão da percepção de pensão por eventuais dependentes.

Em sede de análise para fins de registro da admissão para assunção a vínculos permanentes, os Tribunais de Contas estabelecem diversos critérios, de acordo com a sua regulamentação ou mediante análise de risco em relação aos pontos que devem ser observados para atestar a regularidade do ato.

Os aspectos da admissão para vínculo permanente sujeita a registro podem ser divididos em: a) requisitos orçamentários e financeiros (especialmente em decorrência das exigências da Lei de Responsabilidade Fiscal para a criação de despesas de caráter continuado); b) disponibilidade de vagas criadas por lei (exceto no caso de empregos públicos nas empresas públicas e sociedades de economia mista); c) concurso público (exceto para o caso de prosseguimento na carreira militar após o cumprimento do serviço militar obrigatório, como se verá); d) requisitos legais para assunção ao cargo, emprego ou posto; e e) acumulação de cargos e proventos.

Em relação aos critérios que têm fundamento direto na observância ao princípio do concurso público, cumpre destacar os aspectos a seguir, conforme classificação feita por Frederico Jorge Gouveia de Melo.[39]

---

[38] CANHA, Cláudio Augusto. O crescente anacronismo do registro de atos de pessoal nos Tribunais de Contas. *In*: LIMA, Luiz Henrique. SARQUIS, Alexandre Manir Figueiredo. *Controle externo dos Regimes Próprios de Previdência Social*: estudos de Ministros e Conselheiros Substitutos dos Tribunais de Contas. Belo Horizonte: Fórum, 2016. p. 238-241.

[39] MELO, Frederico Jorge Gouveia de. *Admissão de Pessoal no Serviço Público*: Procedimentos, restrições e controles (de acordo com a Lei de Responsabilidade Fiscal). 2. ed. Belo Horizonte: Fórum, 2009. p. 152-153.

Deve ser comprovada a *aprovação em concurso público ou processo seletivo público* (este último no caso do ingresso de agentes comunitários de saúde e de agentes de combate às endemias) do servidor admitido, como consectário do art. 37, II da Constituição Federal.

Não apenas a aprovação deve ser levada em consideração, mas que o Tribunal de Contas ateste a *regularidade do certame*. Nesse aspecto, pode ser observada a regular condução do concurso público, desde o edital de abertura até a homologação do resultado final. Salienta-se que se trata de uma estratégia contraproducente o Tribunal de se debruçar, ato por ato, em detalhes do certame.

Para a verificação detalhada do concurso público ou do processo seletivo público, o instrumento de fiscalização mais adequado é o acompanhamento, como se verá ainda nesta obra. De forma mais objetiva, o que importa na análise da admissão em vínculo permanente é a comprovação da prestação do exame, mediante informações do edital de abertura do concurso público e da publicação do resultado final homologado, contendo informações em relação à aprovação do admitido.

Ademais, deve ser verificada a estrita *obediência à ordem de classificação no certame* nas nomeações e contratações efetuadas, assim como que a admissão tenha se dado ainda no *prazo de validade do certame*. Também deve ser verificado se há concurso anterior ainda vigente no sentido de *priorização de convocação sobre novos concursados*. Outro aspecto a ser apreciado é o atendimento aos *percentuais de vagas reservados a pessoas com deficiência ou referentes a ações afirmativas ou reparatórias*.

De forma não diretamente relacionada ao certame, mas em relação ao critério de admissão pelo mérito, devem ser aferidos os requisitos estabelecidos em lei para a assunção ao cargo ou contratação. Em relação a cargos públicos, a Lei Federal nº 8.112/1990 delimita, em seu art. 5º, os requisitos básicos para investidura em cargo público: a) nacionalidade brasileira (se estrangeiro, de acordo com o estabelecido em lei); b) gozo dos direitos políticos; c) quitação com as obrigações militares (se homem) e eleitorais; d) nível de escolaridade exigido para o cargo; e) idade mínima de dezoito anos; f) aptidão física e mental; e g) requisitos inerentes ao cargo, posto ou emprego, de acordo com o previsto em lei. No caso de oficiais militares, juízes, promotores públicos e auditores dos Tribunais de Contas (Ministros Substitutos ou Conselheiros Substitutos), devem ser observados os requisitos estabelecidos pela Constituição Federal e pelas normas referentes a cada um desses cargos.

Especificamente em relação aos militares cujo vínculo com as Forças Armadas se dá em razão da prestação do serviço militar obrigatório, o registro ocorrerá apenas nos casos em que o conscrito voluntariamente desejar permanecer no posto após encerrado o período do vínculo obrigatório, conforme decidido pelo Tribunal de Contas da União.[40] Tendo em vista o delimitado pelo TCU, pondera-se no sentido de que para que a admissão seja alvo de fiscalização dos Tribunais de Contas, deve ela ter o elemento que envolve a voluntariedade do interessado em ingressar no serviço público.

3.2.1.2 Provimento derivado de cargos públicos

Salienta-se que não há uniformidade entre os Tribunais em relação ao tratamento da matéria, com alguns prevendo expressamente a necessidade de registro dos atos de provimento derivado;[41] outros requerendo os atos, porém para fins de acompanhamento da regularidade em sede de auditoria ou outro instrumento de fiscalização, sem o elemento do registro;[42] e outros especificando apenas uma modalidade de provimento derivado que deve ser registrada pelo Tribunal de Contas.[43] Outras Cortes, ainda, não têm previsão expressa nos seus normativos e regulamentos em relação à matéria.[44]

Independente da concordância sobre o registro de provimentos derivados, ressalta-se que, mesmo nos Tribunais para os quais se devem remeter esses atos para registro, algumas das situações não se afiguram necessárias para a apreciação da legalidade, como as promoções nos cargos estruturados em carreira.

---

[40] "Outra situação que merece destaque é a originada pelo engajamento dos militares nas Forças após a prestação de serviço militar obrigatória. Isto porque, após a prestação de serviço inicial, alguns dos conscritos, são selecionados por critérios de conveniência e oportunidade, para permanecer nas Forças se assim desejarem. Nestes casos, o atributo da obrigatoriedade desaparece, pois se o militar desejar permanecer na Força e for de interesse dela, ele será engajado. Este ato, portanto, deve, a nosso ver, ser registrado no Sisac para a apreciação pelo TCU" (TCU. Representação nº 000742/2012-0. Plenário. Ministro Relator Aroldo Cedraz. Julgamento em 10/12/2013).

[41] Caso do Tribunal de Contas do Estado de Pernambuco.

[42] Caso do Tribunal de Contas do Estado do Rio Grande do Sul.

[43] Caso do Tribunal de Contas do Estado do Piauí, que trata sobre a apreciação da reversão para fins de registro, e do Tribunal de Contas da União, que trata sobre o cadastro de reintegração no seu sistema eletrônico de pessoal (e-Pessoal).

[44] Caso do Tribunal de Contas do Estado do Rio Grande do Norte, do Tribunal de Contas do Estado do Ceará e do Tribunal de Contas do Estado do Paraná.

Voltando-se especificamente à atividade de registro, será tomado como exemplo de atuação o Tribunal de Contas do Estado de Pernambuco (TCE-PE), que aprecia várias modalidades de atos dessa natureza.

Mediante o recebimento das admissões agrupadas por modalidade e por exercício, o Tribunal se pronuncia em relação ao preenchimento dos requisitos legais para cada forma de provimento derivado que lhe é levada à apreciação.

Destacam-se os provimentos derivados de agentes comunitários de saúde e de agentes de combate às endemias autorizados pela EC nº 51/2006;[45] enquadramentos de servidores cedidos em cargos de quadro suplementar do órgão cessionário;[46] e enquadramento de servidores em razão de nova estruturação de carreira.[47]

O modelo adotado pelo TCE-PE, se exercido com celeridade, tem o potencial de correção de várias situações de provimento derivado irregular, em especial aquelas relacionadas a transferências e enquadramentos inconstitucionais, ainda recorrentes nas diversas legislações estaduais e municipais.

3.2.1.3 Contratação temporária para atender a excepcional interesse público

Não restam dúvidas de que as contratações temporárias nos termos do inc. IX do art. 37 da Constituição devem merecer atenção dos órgãos de controle externo, tendo em vista o potencial de deturpação do seu uso em detrimento da admissão via concurso público, como um

---

[45] "1. É regular a admissão de pessoal por Provimento Derivado para o cargo de Agente Comunitário de Saúde, que atenda aos requisitos impostos pela Emenda Constitucional nº 51/2006.
2. É irregular a admissão de pessoal por Provimento Derivado, para os cargos de Agente Comunitário de Saúde por ausência de prova da aprovação em prévia seleção pública" (TCE-PE. Processo TCE-PE nº 1951712-9. Acórdão nº 0110722. Segunda Câmara. Relatora Conselheira Teresa Duere. Julgamento em 28/07/2022).

[46] "[...] a escolha de servidores para integrar os novos órgãos apenas em virtude de estarem circunstancialmente cedidos ou à disposição assemelha-se a uma espécie de concurso interno ou de mera transposição, ambas consideradas formas inconstitucionais de provimento" (TCE-PE. Processo TCE-PE nº 1405754-2. Acórdão nº 0198022. Segunda Câmara. Relator Conselheiro Substituto Marcos Nóbrega. Julgamento em 01/12/2022).

[47] "A regra geral impõe o concurso público como pré-requisito ao acesso a cargos e empregos públicos, inclusive para progressão vertical, enquanto a horizontal é admitida mediante antiguidade e merecimento. Para a análise da regularidade dos enquadramentos deverá ser observada a existência de lei específica, bem como obediência às determinações legais" (TCE-PE. Processo TCE-PE nº 1505369-6. Acórdão nº 0066720. Segunda Câmara. Relator Conselheiro Substituto Carlos Pimentel. Julgamento em 13/08/2020).

meio de concretização de práticas patrimonialistas mediante a manutenção de vínculos precários, com preenchimentos e desligamentos de acordo com os interesses do gestor.

No entanto, trata-se de uma modalidade de vínculo de natureza precária, que exige controles céleres e tempestivos para exprimir melhores resultados. A apreciação *a posteriori* de cada contratação de forma individual pode ser prejudicada justamente em razão da extinção do vínculo antes mesmo da concretização da ação de controle, no âmbito da análise técnica ou no momento da decisão.

Nesse sentido, defende-se aqui que o registro deve se dar apenas com as admissões de pessoal para vínculos de natureza permanente, que podem resultar em aposentadoria, reforma ou pensão.[48] Não à toa, diversos Tribunais de Contas passaram a não considerar as contratações temporárias para atendimento a excepcional interesse público no rol de admissões a serem enviadas para sua apreciação.[49] Como se verá adiante, o uso de outros instrumentos de fiscalização tendencia à tempestividade e celeridade no controle de contratos temporários.

Ainda em sede de registro, insere-se no escopo a verificação do atendimento aos requisitos constitucionais autorizadores dessa modalidade de admissão tratados no tópico 1.2.3. Também se apreciará a regularidade do processo seletivo simplificado, para verificar se está de acordo com a lei autorizadora; se está respeitando o princípio da igualdade de acesso aos cargos e funções públicas; se está oportunizando a necessária publicidade dos atos que englobam todo o certame, além de verificar se os aprovados estão sendo chamados para contratação na ordem de classificação do resultado final da seleção; e observar os aspectos referentes ao preenchimento dos requisitos para exercício da função previstos na lei autorizadora das contratações temporárias.[50]

---

[48] CANHA, Cláudio Augusto. O crescente anacronismo do registro de atos de pessoal nos Tribunais de Contas. *In*: LIMA, Luiz Henrique. SARQUIS, Alexandre Manir Figueiredo. *Controle externo dos Regimes Próprios de Previdência Social*: estudos de Ministros e Conselheiros Substitutos dos Tribunais de Contas. Belo Horizonte: Fórum, 2016. p. 245-246.

[49] Tem-se como exemplos o Tribunal de Contas da União (art. 2º, I da Resolução TCU nº 353, de 22 de março de 2023), o Tribunal de Contas do Estado do Ceará (art. 4º da Instrução Normativa nº 02, de 12 de dezembro de 2023) e o Tribunal de Contas do Estado de Minas Gerais (Incidente de uniformização de jurisprudência nº 1007377).

[50] "VISTOS, relatados e discutidos os autos do Processo TCE-PE nº 1855047-2, ACORDAM, à unanimidade, os Conselheiros da Segunda Câmara do Tribunal de Contas do Estado, nos termos da Proposta de Deliberação do Relator, que integra o presente Acórdão, CONSIDERANDO a ausência de demonstração de que as contratações foram motivadas por situação caracterizada como de excepcional interesse público; CONSIDERANDO a ausência de seleção pública simplificada;

3.2.2 Apreciação de concessão de aposentadorias e reformas

A avaliação das concessões de benefícios previdenciários realizadas por Regimes Próprios de Previdência,[51] mais especificamente das aposentadorias e da inativação de militares, adentra nos seguintes aspectos: a) qualidade de segurado; b) preenchimento dos requisitos de inativação de acordo com a fundamentação jurídica do ato;[52] e c) cálculo e composição do benefício previdenciário.

A atuação do Tribunal de Contas voltada ao resguardo do princípio do concurso público se debruça sobre a verificação da qualidade de segurado do servidor que pleiteou a inativação junto ao RPPS, isso porque a partir da Emenda Constitucional nº 20, de 15 de dezembro de 1998, o direito à aposentadoria no RPPS é destinado apenas a servidores titulares de cargos efetivos, isto é, que tenham assumido o vínculo mediante prévia realização de concurso público.

No caso de servidores estabilizados e não estáveis, a cobertura previdenciária deverá se dar pelo regime geral de previdência, conforme o já mencionado tema de repercussão geral nº 1254 do Supremo Tribunal Federal, ressalvadas as situações daqueles que já tivessem se aposentado ou que tenham preenchido os requisitos para aposentadoria na data de publicação da ata de julgamento com oficialização da tese no caso paradigmático. O mesmo se aplica aos servidores cujo provimento originário se deu sem concurso público após a promulgação da Constituição de 1988.

CONSIDERANDO que as contratações realizadas no 1º quadrimestre de 2018 ocorreram quando o município se encontrava acima do limite da despesa total com pessoal, descumprindo-se o artigo 22, parágrafo único, inciso IV, da LRF;
CONSIDERANDO que as três irregularidades em conjunto motivam a aplicação de multa com fundamento no artigo 73, III, da Lei Orgânica no valor de R$ 11.748,10 que corresponde ao valor de 14% do limite devidamente corrigido até o mês de outubro de 2019,
Em julgar ILEGAIS as contratações por prazo determinado, negando o registro às pessoas relacionadas nos Anexos I, II, III, IV, V, VI, VII, VIII, IX, X, XI e XII" (TCE-PE. Processo TCE-PE nº 1855047-2. Acórdão nº 1593/19. Segunda Câmara. Relator Conselheiro Substituto Luiz Arcoverde Filho. Julgamento em 20/10/2019).

[51] Conforme Jacoby Fernandes, a competência para o registro de aposentadorias limita-se aos benefícios pagos "à conta do tesouro. Estão excluídas as aposentadorias dos servidores celetistas, que são pagas pela previdência social geral, completadas ou não por fundos de pensão" (JACOBY FERNANDES, Jorge Ulisses. *Tribunais de Contas do Brasil*: jurisdição e competência. 4. ed. Belo Horizonte: Editora Fórum, 2016. p. 267).

[52] Por fundamentação jurídica entende-se ser as regras que delimitam os critérios mínimos para a obtenção do direito a uma aposentadoria em uma determinada modalidade, com impacto especialmente na forma de cálculo e reajuste dos proventos.

Outro aspecto que pode ser verificado no exame de aposentadoria para fins de registro é se houve provimento derivado irregular durante a vida funcional do servidor.[53] Caso detectado, o Tribunal de Contas determinará que o benefício previdenciário seja concedido de acordo com o cargo originalmente ocupado antes do provimento ilegal.

3.3 Realização de auditorias, inspeções e fiscalizações

O tópico 2.3 deu um panorama relativo aos conceitos e potencialidades das auditorias realizadas pelos Tribunais de Contas, tendo em vista a competência atribuída pela CF/1988 conforme o inc. IV do art. 71. Além da auditoria, o dispositivo constitucional menciona a possibilidade de realização de inspeções. Mas não são apenas esses os meios de fiscalização à disposição dos Tribunais de Contas para o exercício da referida competência.

Salienta-se que o exercício de qualquer modalidade de fiscalização prevista no âmbito constitucional, legal ou regulamentar é pautado por procedimentos auditoriais, com a necessária observância dos princípios e padrões concernentes à atividade emitidos pela INTOSAI, naquilo que lhe for aplicável. O que justifica a classificação é a finalidade do instrumento de fiscalização, além de permitir melhor compreensão dos motivos e metodologia utilizada para a respectiva ação de controle.

Tomando por base o Regimento Interno do Tribunal de Contas da União,[54] os instrumentos de fiscalização para o exercício da competência prevista pelo inc. IV do art. 71 da Constituição Federal são classificados em: a) auditoria; b) inspeção; c) acompanhamento; d) levantamento; e e) monitoramento. Esta classificação, incluindo os conceitos delimitados pelo normativo, é seguida pela maioria dos Tribunais de Contas em solo brasileiro.

---

[53] "É ilegal ato de aposentadoria que contemple, após 23/4/1993, reenquadramento do interessado ocupante de cargo de nível médio para cargo de nível superior sem prévia aprovação em concurso público, caracterizando ascensão funcional, espécie de provimento derivado vertical de cargo público declarado inconstitucional pelo STF no julgamento da ADI 837-4/DF, publicado naquela data" (TCU. Acórdão nº 97842020. Primeira Câmara. Ministro Relator Walton Alencar Rodrigues. Julgamento em 15/09/2020).

[54] Arts. 238 a 243.
Segue ainda observação de André Rosilho sobre os instrumentos de fiscalização previstos pelo Regimento Interno do TCU: "O diploma, para além de precisar o sentido de inspeções e auditorias, também previu outras figuras conectadas ao processo de fiscalização e de investigação que, apesar de terem sido uma criação do próprio Tribunal, não destoam do plexo de competências que lhe foram outorgadas pelo ordenamento jurídico" (ROSILHO, André. *Tribunal de Contas da União:* Competências, jurisdição e instrumentos de controle. São Paulo: Quartier Latin, 2019. p. 309).

A competência para a realização de fiscalizações – por iniciativa própria ou por demanda do Poder Legislativo – constitui-se em um poderoso instrumento voltado à correção e aprimoramento da condução da Administração Pública, levando em consideração principalmente os aspectos de seletividade, tempestividade e delimitação do escopo de análise do trabalho, conferindo foco e objetividade na verificação dos aspectos.

Neste tópico serão abordados os conceitos desses instrumentos, com exceção do monitoramento, e sua utilização no sentido do exercício do controle com o viés de proteção ao princípio do concurso público, assim como da fiscalização da admissão de pessoal em geral.

O monitoramento não será tratado em razão de ser uma decorrência natural do ciclo de auditoria, voltado à verificação do atendimento às recomendações de auditoria (em razão dos achados e consequente necessidade de correção ou melhoria no objeto fiscalizado), e, no caso dos Tribunais de Contas, das deliberações (em caráter determinatório ou recomendatório) e dos resultados dela advindos, conforme o art. 243 do Regimento Interno do TCU.

3.3.1 Auditorias

Além do conceito apresentado no tópico 2.3, o Regimento Interno do TCU, em seu art. 239, conceitua auditoria como o instrumento de fiscalização utilizado para:

> I – examinar a legalidade e a legitimidade dos atos de gestão dos responsáveis sujeitos a sua jurisdição, quanto ao aspecto contábil, financeiro, orçamentário e patrimonial;
> II – avaliar o desempenho dos órgãos e entidades jurisdicionados, assim como dos sistemas, programas, projetos e atividades governamentais, quanto aos aspectos de economicidade, eficiência e eficácia dos atos praticados;
> III – subsidiar a apreciação dos atos sujeitos a registro.

De leitura do disposto acima, pode-se aferir que o instrumento auditoria tem as seguintes características: a) em relação ao inc. I, ela tende ao viés de correção e responsabilização, tendo em vista o foco na legalidade e legitimidade dos atos de gestão; b) quanto ao inc. II, a auditoria se volta à performance da Administração Pública, em um viés operacional; e c) no caso do inc. III, é o instrumento que deve nortear a avaliação técnica que subsidiará a apreciação pelo corpo decisório no exercício da competência de registro de atos de pessoal.

Em relação aos tipos de auditoria, as mais adequadas ao controle ou fomento em relação à observância do princípio do concurso público pela Administração são as auditorias de conformidade e as auditorias operacionais.

Tendo os aspectos da legalidade e legitimidade como foco, a auditoria de conformidade pode se debruçar sobre diversos aspectos relacionados ao seguimento dos preceitos constitucionais e legais que regem a gestão de pessoas no setor público, podendo verificar as seguintes matérias, em rol não exaustivo:

a) *provimentos derivados irregulares*: em sede de auditoria de conformidade é possível a verificação da legalidade de provimentos derivados, não apenas em relação à movimentação de pessoal via transferência ou ascensão, mas principalmente em situações que ocorrem com mais frequência atualmente, como os enquadramentos realizados por reestruturação de cargos e carreiras nos órgãos públicos. É possível um mapeamento global da situação e delimitação do tratamento a ser dado a depender do caso concreto.

Toma-se como exemplo auditoria realizada sobre os enquadramentos efetuados pelo Governo de Santa Catarina, ao agrupar funções com diferentes atribuições, responsabilidades e graus de complexidade em um único cargo e provimento de servidores em cargos distintos daqueles para os quais prestaram concurso público, resultando em provimento derivado irregular, da qual resultou em determinação no sentido de que a Administração anulasse os enquadramentos ilegais.[55]

---

[55] "O TRIBUNAL PLENO, diante das razões apresentadas pelo Relator e com fulcro nos arts. 59 da Constituição Estadual e 1º da Lei Complementar n. 202/2000, decide: 6.1. Conhecer do Relatório de Auditoria realizada na Secretaria de Estado da Administração, com abrangência sobre Contratação de Pessoal, para considerar irregulares, com fundamento no art. 36, §2º, alínea "a", da Lei Complementar (estadual) n. 202/2000: 6.1.1. os atos de enquadramento dos servidores listados nas fs. 484 a 546 dos presentes autos, uma vez que resultaram no provimento de servidores em cargos pertencentes a órgãos/carreiras diferentes daqueles para os quais prestaram concurso público, em ofensa ao disposto nos arts. 37, II, e 39, §1º, da Constituição Federal e ao estatuído na Súmula n. 685 do Supremo Tribunal Federal; 6.1.2. os atos de enquadramento dos servidores listados nas fs. 48 a 424 dos presentes autos, pela indevida adoção do "cargo único", agrupando no mesmo cargo funções com graus extremamente desiguais de responsabilidade e complexidade de atuação, em desrespeito aos arts. 37, II, e 39, §1º, da Constituição Federal. 6.2. Determinar à Secretaria de Estado da Administração que, no prazo de 30 (trinta) dias, a contar da publicação desta Decisão no Diário Oficial Eletrônico desta Corte de Contas, nos termos do art. 39 do Regimento Interno deste Tribunal (Resolução n. TC-06/2001): 6.2.1. adote medidas para anulação de todos os atos de enquadramento considerados irregulares por esta Decisão, comprovando a este

CAPÍTULO 3
A ATUAÇÃO DOS TRIBUNAIS DE CONTAS NA PROTEÇÃO AO CONCURSO PÚBLICO MEDIANTE O EXERCÍCIO... | 201

Outro exemplo se deu no âmbito do TCE-RN, em uma auditoria na qual constatou-se a efetivação de servidores admitidos sem prévio concurso público na vigência da Constituição de 1988. O tratamento dado no caso foi distinto da situação exposto no parágrafo acima. O Tribunal determinou a análise individualizada dos atos de admissão desses servidores em sede de registro.[56]

b) *proporcionalidade entre os vínculos permanentes e precários*: dentre os posicionamentos do STF em relação ao privilégio do concurso público e do provimento de cargos efetivos ou empregos públicos para o exercício das funções de caráter permanente constantes no tópico 1.3 deste trabalho, foi mencionado o Recurso Extraordinário nº 365368/SC, no qual consignou-se pela não razoabilidade de um percentual de 62% (sessenta e dois por cento) de cargos em comissão em relação a 38% (trinta e oito por cento) de cargos efetivos no âmbito de uma Câmara Municipal.

Levando em consideração a proporção analisada no caso concreto pela Suprema Corte, os Tribunais de Contas a têm adotado como um referencial mínimo para aferir, na realização de auditorias sobre a

---

Tribunal as medidas adotadas; 6.2.2. reveja os demais atos de enquadramento embasados nas Leis Complementares (estaduais) ns. 311/2005 e 323 a 332, 346 a 357 e 362/2006, não abordados especificamente nesta Decisão, anulando aqueles que resultaram no provimento de servidores em cargos pertencentes a órgãos/carreiras distintos daqueles para os quais prestaram concurso público, comprovando a este Tribunal as medidas efetivamente tomadas, relacionando listagem dos atos revistos e/ou anulados" (TCE-SC. Processo nº 06/00471942. Decisão nº 2440/2008. Tribunal Pleno. Relator Conselheiro Luiz Roberto Herbst. Julgamento em 30/07/2008).

[56] "[...] determinar que (i) a comissão de auditoria, no prazo de 10 (dez) dias a contar da publicação do respectivo acórdão, atualize o rol de atos de pessoal da Assembleia Legislativa que ainda não tramitam nesta Corte de Contas para fins de exercício da competência dos arts. 71, III, da Constituição Federal e 53, III, da Constituição do Estado do Rio Grande do Norte, para, em seguida, (ii) ser expedido Ofício ao Juízo da 6ª Vara Criminal da Comarca de Natal, na qual tramita a Ação Penal nº 0104223-76.2017.8.20.0001, solicitando o compartilhamento com esta Corte dos atos de pessoal arrolados pela comissão de auditoria e que ainda estejam apreendidos por ordem daquele Juízo na chamada Operação "Dama de Espadas", e, (iii) após resposta do Juízo da 6ª Vara Criminal da Comarca de Natal, caso nela seja informado que algum ato de pessoal listado não foi apreendido ou, caso tenha sido, já foi devolvido à Assembleia Legislativa, deve o Chefe do Poder Legislativo estadual ser intimado para, em 10 (dez) dias, remetê-lo a este Tribunal para submissão à análise e eventual registro, sob pena de multa pessoal e diária de R$ 1.000,00 (um mil reais) em desfavor de Sua Excelência o Presidente da Assembleia Legislativa potiguar, sendo que, quando protocolados nesta Corte, os feitos nos quais serão analisadas a constitucionalidade e a legalidade dos atos de pessoal sujeitos a registro a que se referem tais medidas cautelares devem ser distribuídos ao Conselheiro da presente auditoria (Processo nº 004801/2016-TC), por prevenção, cabendo à Diretoria de Expediente (DE) observar a relatoria preventa, podendo valer-se do auxílio da comissão de auditoria para identificação dos feitos a serem distribuídos ao Relator prevento" (TCE-RN. Processo nº 004801/2016-TC. Acórdão nº 228/2018-TC. Tribunal Pleno. Relator Conselheiro Carlos Thompson Costa Fernandes. Julgamento em 11/07/2018. Publicado em 16/07/2018).

composição do quadro de pessoal dos seus jurisdicionados, a razoabilidade da proporção de cargos efetivos e vínculos precários (cargos em comissão, contratação temporária e terceirização) frente ao total de pessoal dos órgãos controlados.[57]

Destacam-se, em trabalhos realizados com essa temática em seu escopo, auditorias nos seguintes Tribunais de Contas que detectaram percentuais completamente irrazoáveis de vínculos de natureza precária em relação ao quantitativo de vínculos permanentes: a) o TCE-PE constatou que a Câmara Municipal do Recife contava, em 2022, de um total de 982 cargos ocupados, com 89,51% (oitenta e nove inteiros e cinquenta e um centésimos por cento) de cargos em comissão e com apenas 10,49% (dez inteiros e quarenta e nove centésimos por cento) de cargos efetivos;[58] b) o Tribunal de Contas do Estado do Rio Grande do Norte expôs que a Câmara Municipal de Goianinha tinha aproximadamente 95% (noventa e cinco por cento) do seu quadro preenchido por servidores comissionados;[59] c) o Tribunal de Contas do Estado do Rio

---

[57] "[...] é evidente que os cargos efetivos devem predominar, numericamente, sobre os cargos em comissão. Em outras palavras, afronta qualquer senso de razoabilidade e mesmo de lógica admitir que o número de cargos transitórios de direção, chefia e assessoramento possa superar o número de cargos permanentes e efetivos" (MOTTA, Fabrício. Direitos fundamentais e concurso público. *Revista do Tribunal de Contas do Estado de Minas Gerais – Edição Especial*, v. 1, p. 68-85, 2010. p. 81).

[58] Em razão da situação encontrada, o TCE-PE exarou determinações no seguinte sentido: "1. Que promova um processo de obtenção de adequada proporcionalidade entre os quantitativos de cargos em comissão e efetivos ocupados, considerando a identificação e saneamento de cargos em comissão sem atribuições de direção, chefia e assessoramento ou sem atribuições descritas de forma clara e objetiva; [...] 3. Exoneração de ocupantes de cargos em comissão em excesso e de cargos em comissão sem atribuições de direção, chefia e assessoramento ou sem atribuições descritas de forma clara e objetiva; 4. Proposição de projeto de lei dispondo sobre a extinção dos cargos em comissão identificados na alínea anterior e a criação de cargos efetivos necessários aos serviços da CMR; 5. Nomeação de cargos efetivos vagos; 6. Realização de concurso público para provimento de cargos efetivos necessários aos serviços da CMR; 7. Exoneração dos 189 ocupantes de cargos em comissão 39 de Assessor de Apoio Parlamentar (antigo Auxiliar de Gabinete), 38 de Assessor Parlamentar de Gabinete (antigo Assistente de Gabinete), 71 de "Coordenador de Unidade ou Assistente Especial" e 41 de "Coordenador de Unidade ou Assistente" - sem atribuições de direção, chefia e assessoramento ou sem atribuições descritas de forma clara e objetiva, já identificados pela equipe de auditoria na irregularidade 2.1.2" (TCE-PE. Processo nº 22100061-6. Acórdão nº 143/2024. Segunda Câmara. Relator Conselheiro Substituto Ricardo Rios. Julgamento em 08/02/2024. Publicado em 19/02/2024).

[59] "[...] no prazo de 06 (seis) meses a contar da sua intimação acerca da presente Decisão colegiada, proceda (i) ao redimensionamento do quantitativo de servidores daquela Casa Legislativa, com observância dos princípios da razoabilidade e da racionalidade administrativa, e tendo em conta a efetiva necessidade de pessoal para que o Poder Legislativo municipal exerça a sua competência definida constitucionalmente, com realização e ultimação de concurso público e nomeações dos aprovados, bem como, no mesmo prazo, (ii) exonere todos os ocupantes de cargos em comissão – seja de Gabinete Parlamentar,

de Janeiro constatou que uma secretaria municipal contava com 586 cargos em comissão e apenas 12 cargos efetivos.[60]

c) *gestão das contratações temporárias*: como enfatizado no tópico relativo à apreciação de contratações temporárias para fins de registro, a adoção de outros instrumentos para o controle dessa modalidade de admissão de pessoal pode gerar resultados mais efetivos. Em sede de auditoria, é possível se debruçar sobre aspectos relacionados aos motivos das contratações, à observância dos parâmetros constitucionais e legais para as admissões, à prévia realização de processo seletivo simplificado, à sua recorrência e à razoabilidade do quantitativo de contratados pela entidade auditada.

De análise dos aspectos de gestão sobre as contratações temporárias e sobre o próprio quadro de pessoal, se reúnem elementos mais robustos para o exercício do controle tendo em vista o fomento ao concurso público, além de não individualizar situações, o que tornaria o procedimento moroso e ineficaz.

d) *auditoria em contratos de terceirização*: a contratação de terceiros para a execução indireta das atividades da Administração Pública e a forma com que os Tribunais de Contas exercem seu controle será melhor tratada no tópico relativo ao instrumento de fiscalização acompanhamento (3.3.3), tendo em vista a peculiaridade em relação ao momento em que ocorre, podendo o Tribunal intervir anteriormente à celebração do próprio contrato. Nada impede, no entanto, a execução de auditoria de conformidade em contratos de terceirização com o objetivo de se verificar eventual burla ao concurso público.

Já a auditoria operacional busca a otimização da Administração, o que envolve a verificação da necessidade de recursos humanos apropriados para a maior efetividade e eficiência na prestação do serviço público em análise. A adequação de pessoal a nível quantitativo e qualitativo é posta em evidência em sede dessa modalidade de auditoria,

---

da Presidência ou da área administrativa – que excedam a quantidade de ocupantes de cargos de provimento efetivo, de modo que qualquer composição da Casa Legislativa em que a proporção entre servidores efetivos e comissionados não corresponda a maioria de servidores efetivos, ou resultará na permanência da irregularidade objeto do achado de auditora ora examinado cautelarmente" (TCE-RN. Processo nº 000228/2022-TC. Acórdão nº 98/2022-TC. Primeira Câmara. Relator Conselheiro Carlos Thompson Costa Fernandes. Julgamento em 26/05/2022).

[60] TCE-RJ. Plenário. Processo TCE-RJ nº 237250-7/18. Relatora Conselheira Substituta Andrea Siqueira Martins. Julgamento em 09/03/2020.

sendo recorrente o exame desse aspecto quando da avaliação das entidades e órgãos responsáveis.

É também possível a realização de auditorias operacionais sobre a atuação governamental em relação à gestão da admissão de pessoal ou gestão do próprio quadro de pessoal. Um exemplo foi a realização de auditoria operacional do Tribunal de Contas da União sobre o processo de elaboração de editais de concursos públicos realizados pela Escola de Administração Fazendária, na qual foram apreciados pontos relativos ao planejamento de concursos a nível de todo o Poder Executivo Federal.[61]

No Tribunal de Contas do Estado do Piauí foi realizada auditoria operacional com foco na análise e avaliação do processo de contratação temporária por excepcional interesse público e as contratações vigentes no período da ação de controle no âmbito do Poder Executivo do Estado do Piauí. Da auditoria foram emitidas diversas recomendações como a admissão de servidores efetivos para as atividades permanentes no Estado, dentre outras relacionadas à gestão das contratações temporárias em si.[62]

---

[61] "Acordam os Ministros do Tribunal de Contas da União, reunidos em sessão do Plenário, ante as razões expostas pelo Relator, em:
9.1. recomendar à Casa Civil da Presidência da República e à Secretaria de Gestão Pública do Ministério do Planejamento, Orçamento e Gestão, com fulcro no art. 250, inciso III, do Regimento Interno do TCU, que:
9.1.1. promova a revisão do Decreto 6.944/2009, que trata de normas gerais de concursos públicos, em especial:
9.1.1.1. detalhar o conteúdo mínimo que deve constar nas notas técnicas;
9.1.1.2. exigir declaração formal do órgão, quando da solicitação de vagas para concurso, da existência de descrição do perfil profissional requerido para o bom desempenho das atribuições do cargo;
9.1.1.3. caso demandas, prioridades e projetos exijam alterações no perfil profissional objeto da solicitação de concurso, esclarecer que o órgão deve documentar e motivar essa revisão para fins de elaboração do edital;
9.1.1.4. alterar o Anexo II do Decreto 6.944/2009 para que seja adaptado à realidade de cada carreira, por exemplo cargos com alta rotatividade;
9.1.1.5. definir regras que promovam maior clareza na necessidade de novo pedido, quando o órgão demandante não for contemplado no Anexo V do PLOA" (TCU. Processo nº 007561/2015-6. Acórdão nº 1594/2016. Plenário. Relator Ministro Raimundo Carreiro. Julgamento em 22/06/2016).

[62] "[...] b) RECOMENDAR ao Poder Executivo do Estado do Piauí que: b1) Promova, com apreciação do Conselho Estadual de Gestão de Pessoas, nos termos do art. 29 da Lei Complementar nº 28/2003, a substituição de prestadores de serviço não aprovados em concurso público e/ou com enquadramento declarado inconstitucional pelo STF, de pessoas físicas que recebem pagamentos contínuos do Estado pela prestação de serviços de caráter não eventual e de contratados temporários para atividades previsíveis, permanentes e ordinárias do Estado, por servidores efetivos, devidamente admitidos através de concurso público, nos termos do art. 37, II da Constituição Federal; b2) Cumpra os prazos máximos de

O uso de auditorias operacionais com direcionamento direto à gestão de pessoal ou gestão da admissão de pessoal ainda é incipiente nos trabalhos realizados pelos Tribunais de Contas no Brasil. O fomento a análises com viés qualitativo pode reforçar a governança da gestão de pessoal e prevenir a ocorrência e repetição de ilegalidades na área.

3.3.2 Inspeções

Também prevista no inc. IV do art. 71 da Constituição em vigor, a inspeção, conforme o art. 240 do Regimento Interno do TCU, é:

> [...] o instrumento de fiscalização utilizado pelo Tribunal para suprir omissões e lacunas de informações, esclarecer dúvidas ou apurar denúncias ou representações quanto à legalidade, à legitimidade e à economicidade de fatos da administração e de atos administrativos praticados por qualquer responsável sujeito à sua jurisdição.

Trata-se em verdade de um procedimento de auditoria com finalidades específicas,[63] voltado especialmente à coleta de informações, tanto em relação à aquisição de informações necessárias à conclusão sobre alguma matéria específica, mas utilizado de forma mais frequente para a instrução técnica das denúncias e representações, com a coleta de mais elementos com vistas à aferição dos fatos denunciados ou representados.

Especialmente no caso de apuração de denúncias e representações, a inspeção pode se voltar a qualquer matéria relacionada à legalidade,

---

contratação e prorrogação definidos pela Lei estadual nº 5.309/2003 e promova a substituição de contratados temporários admitidos em período superior ao prazo máximo de contratação e prorrogação previsto na referida norma; b3) Elabore propostas para contratação temporária com previsão do quantitativo de vagas e do impacto financeiro da contratação nos termos do Decreto Estadual 15.547/2014 e da Resolução TCE-PI nº. 23/2016; b4) Elabore, com a participação da Procuradoria Geral do Estado, proposta de minuta-padrão de edital de processo seletivo, de minuta de contrato temporário, de aditivo de prazo (prorrogação) e de termo de extinção de contrato a ser utilizado pelo Estado do Piauí; b5) Encaminhe à Procuradoria Geral do Estado, para análise, as minutas de editais e as minutas de contrato, devendo os editais ser publicados somente Estado do Piauí Ministério Público de Contas após realizadas as alterações apontadas pela PGE ou após justificativa fundamentada quando do eventual não atendimento das providências sugeridas pela PGE" (TCE-PI. Processo nº 001556/2022. Acórdão nº 65/2024-SPL. Tribunal Pleno. Relator Conselheiro Abelardo Pio Vilanova e Silva. Julgamento em 07/03/2024. Publicado em 20/03/2024).

[63] MILESKI, Hélio Saul. *O controle da gestão pública*. 2. ed. Belo Horizonte: Fórum, 2011. p. 360.

legitimidade e economicidade na gestão de pessoal e, consequentemente, na verificação de burla ou escape ao concurso público.[64]

3.3.3 Acompanhamentos

O art. 241 do Regimento Interno do TCU prevê o acompanhamento como um instrumento de fiscalização voltado para:

> I – examinar, ao longo de um período predeterminado, a legalidade e a legitimidade dos atos de gestão dos responsáveis sujeitos a sua jurisdição, quanto ao aspecto contábil, financeiro, orçamentário e patrimonial; e
> II – avaliar, ao longo de um período predeterminado, o desempenho dos órgãos e entidades jurisdicionadas, assim como dos sistemas, programas, projetos e atividades governamentais, quanto aos aspectos de economicidade, eficiência e eficácia dos atos praticados.

A principal característica do acompanhamento é o exercício do controle de forma simultânea aos atos de gestão auditados. Ao atuar de forma preventiva ou concomitante, se busca o objetivo de "prevenir a ocorrência de atos danosos ao interesse público, seja por se mostrarem em desacordo com os normativos vigentes, seja por não alcançarem os objetivos previstos de forma econômica, eficiente, eficaz, efetiva e equitativa".[65]

O desenho constitucional em vigor privilegia a atuação *a posteriori* dos Tribunais de Contas, o que, em uma ótica mais restrita, poderia se levar à interpretação de que a atuação do controle externo se daria apenas durante ou após a execução da despesa pública. É o que ocorre em relação ao exame de contas, no registro dos atos de pessoal e na realização de auditorias e inspeções.

---

[64] "ACORDAM os Conselheiros, nos termos do voto proferido pelo Conselheiro Relator, julgar:
[...]
b) pela declaração de irregularidade da contratação dos 217 (duzentos e dezessete) servidores temporários elencados na Informação Técnica (Evento 84), realizadas em desconformidade com o art. 37, inciso IX, da Constituição Federal;
c) pela adoção de medida cautelar, assinalando prazo de 30 (trinta) dias, a contar da intimação, para que a Prefeitura Municipal de Pedro Velho adote as providências necessárias à cessação dos efeitos dos contratos temporários identificados no evento 121, realizados em desconformidade com o art. 37, IX da Constituição Federal, com a publicação no Diário Oficial do(s) ato(s) administrativo(s) adotado para esse propósito" (TCE-RN. Processo nº 300470/2020-TC. Acórdão nº 429/2021. Segunda Câmara. Relator Conselheiro Antônio Gilberto de Oliveira Jales. Julgamento em 05/10/2021. Publicado em 14/10/2021).

[65] BRASIL. Tribunal de Contas da União. *Manual de acompanhamento*. Brasília: TCU, Secretaria de Métodos e Suporte ao Controle Externo (Semec), 2018. p. 9.

Porém, conforme se extrai tanto deste quanto do capítulo anterior, cabe também ao Tribunal de Contas o controle dos atos de que resulte receita ou despesa da entidade sujeita à sua jurisdição, no que se incluem atos prévios à execução da despesa, especialmente editais de licitação, convênios, acordos, ajustes e outros instrumentos congêneres.[66] Esta inclusive é a previsão específica da Lei Federal nº 8.443/1992.[67]

Mediante o acompanhamento se efetiva o controle dos atos citados no parágrafo anterior, através do exame tanto dos atos publicados nos meios oficiais de divulgação (diários oficiais, portais da transparência etc.) e das informações remetidas de forma direta aos Tribunais de Contas, usualmente mediante ferramentas eletrônicas de coleta de dados ou a pedido.

Especialmente no âmbito dos acompanhamentos é que as Cortes de Contas se utilizam das medidas acautelatórias mencionadas no tópico 2.5.2 para evitar a ocorrência ou continuidade do prejuízo ao erário público. E é pela possibilidade de atuação cautelar que os acompanhamentos se mostram instrumentos fiscalizatórios de suma importância no controle não apenas da primazia do concurso público, mas do próprio concurso público, como se verá abaixo, dentre os exemplos de atuação a seguir elencados.

3.3.3.1 Acompanhamento de concursos públicos

Como mencionado no tópico relativo ao registro da admissão de pessoal, a regularidade do concurso público é intrínseca à regularidade do próprio preenchimento do vínculo, porém verificar aspectos do concurso público individualmente em cada admissão torna o controle ineficaz e ineficiente.

Como no caso das licitações, nas quais a finalidade mais comum é a contratação para a execução de um serviço ou aquisição de produtos

---

[66] É possível o controle prévio à publicação do próprio edital, no caso de processos de desestatização. O tema, porém, não será tratado neste trabalho.
No caso da Lei Federal nº 14.133/2021, o Tribunal de Contas está inserto no rol de órgão aptos ao "controle preventivo" das contratações públicas (art. 169, III). Nesse sentido, não se trata de controle prévio na acepção da palavra, mas ações de controle tendentes à avaliação (auditorias) e acompanhamento dos instrumentos mitigadores da ocorrência de irregularidades e garantidores da governança nos processos de aquisições públicas, o que inclui a própria estruturação dos controles internos e a gestão de riscos da Administração controlada (VIANA, Ismar dos Santos; PIMENTA OLIVEIRA, José Roberto. O papel dos Tribunais de Contas no controle das contratações públicas: dos aspectos estruturais aos procedimentais. *Revista Controle – Doutrina e Artigos*. v. 21, n. 2, jul./dez. 2023. p. 119-121).

[67] Art. 41, I.

e insumos, o concurso público é um processo administrativo cuja finalidade é a seleção de pessoal qualificado para ocupar cargo ou emprego público.

O acompanhamento de concursos públicos tem natureza semelhante ao acompanhamento dos processos licitatórios comumente realizado pelos Tribunais de Contas. Com o controle concomitante dos atos relacionados ao concurso público, se evitam violações aos princípios e disposições relativas ao instrumento, como visto no tópico 1.2.1, e se garante maior segurança jurídica às admissões que decorrerão do certame, tanto em relação ao seu registro pelos próprios Tribunais de Contas quanto a possíveis questionamentos judiciais em relação à condução do concurso.

Para Fabrício Motta, os Tribunais de Contas devem preferencialmente prever, em seus normativos, a fiscalização dos editais e demais atos dos concursos públicos de responsabilidade das entidades sujeitas à sua jurisdição,[68] mas também reconhece a competência implícita para o exame dos certames mesmo no caso de silêncio da norma.[69]

Além das disposições constitucionais aplicáveis, cabe aos Tribunais de Contas observarem se os certames estão sendo realizados de acordo com os normativos locais que regulamentem a matéria, abrangendo desde os procedimentos de planejamento – em seus aspectos de legalidade, legitimidade e impacto financeiro e orçamentário das admissões dele decorrentes –, passando pelo exame detalhado do edital, até se chegar à homologação do resultado final. Alguns aspectos de destaque serão detalhados abaixo.

a) *Acompanhamento da contratação da empresa organizadora do concurso público*: a maioria dos órgãos públicos não tem recursos humanos e operacionais para realizar um concurso público, procedimento de alta complexidade e de custos significativos, independente do tamanho e porte da entidade pública. É comum, então, a contratação de empresas especializadas na realização de concursos públicos, seja mediante

---

[68] É, por exemplo, o caso do Tribunal de Contas do Estado do Rio Grande do Norte (art. 1º, XXII da Lei Complementar Estadual do Rio Grande do Norte nº 464/2012); do Tribunal de Contas do Estado do Piauí (Resolução TCE/PI nº 23, de 6 de outubro de 2016); do Tribunal de Contas do Estado de Minas Gerais (art. 3º, XXXI do seu Regimento Interno); e do Tribunal de Contas dos Municípios do Estado de Goiás (art. 133, I do seu Regimento Interno).

[69] MOTTA, Fabrício. Direitos fundamentais e concurso público. *Revista do Tribunal de Contas do Estado de Minas Gerais – Edição Especial*, v. 1, 2010. p. 80.

procedimento licitatório ou via contratação direta, por razão de dispensa ou inexigibilidade de licitação.

O acompanhamento da contratação da empresa organizadora avaliará os aspectos relacionados à adequação e observância dos procedimentos à legalidade da licitação e demais procedimentos relacionados à contratação. Em alguns casos, a depender da regulamentação do Tribunal de Contas, podem já incidir critérios relativos ao planejamento das admissões decorrentes do certame, como a estimativa de impacto financeiro.

Adianta-se, ademais, que o Tribunal de Contas da União, mediante a Súmula nº 287, permite a contratação de empresa organizadora de concurso público por meio de dispensa à licitação, "desde que sejam observados todos os requisitos previstos no referido dispositivo e demonstrado o nexo efetivo desse objeto com a natureza da instituição a ser contratada, além de comprovada a compatibilidade com os preços de mercado".

Verificadas irregularidades, o Tribunal pode emitir, cautelarmente, determinação no sentido de a entidade controlada suspender ou até mesmo anular a contratação, iminente ou já efetuada, para garantir o retorno da situação à ordem jurídica.[70]

b) *Planejamento fiscal e orçamentário das admissões*: a admissão de pessoal pressupõe incremento da despesa pública e, por isso, a Lei de Responsabilidade Fiscal estatui que as despesas com pessoal são despesas obrigatórias de caráter continuado e estabelece diversos requisitos necessários à sua autorização, sob pena de anulação das admissões.[71]

---

[70] Um exemplo de grande repercussão se deu no âmbito do processo nº 17107/2017-e, do Tribunal de Contas do Distrito Federal, que, mediante a Decisão nº 4249/2017, determinou à Câmara Legislativa do Distrito Federal a suspensão de contratação de empresa para realizar concurso público para provimento de cargos efetivos da Casa Legislativa em razão de irregularidades como: a) ausência de documentação necessária a fundamentar o procedimento de dispensa de licitação; b) inobservância à competitividade e isonomia; c) ausência de estimativa de impacto orçamentário e financeiro das admissões; d) ausência no projeto básico da dispensa de licitação dos critérios a serem utilizados para seleção da entidade a ser contratada; e e) celebração do contrato em desacordo com a minuta desenvolvida. Entendeu-se que a contratação da empresa da forma que seu violou os princípios da legalidade, impessoalidade, transparência, seleção da proposta mais vantajosa, isonomia e motivação.

[71] Art. 21 da Lei Complementar Federal nº 101/2000.
Ademais, o Tribunal de Contas do Estado do Rio Grande do Norte procedeu com a suspensão cautelar de concursos ou das admissões deles decorrentes e também declarou irregulares diversos certames no mérito tendo em vista, dentre outros aspectos, a inobservância das exigências da Lei de Responsabilidade Fiscal (exemplos: processos nº 019012/2014-TC, e 007734/2017-TC, Relator Conselheiro Carlos Thompson Costa Fernandes; 000020/2017-TC,

Especial atenção é dada à necessidade de a proposta de realização do concurso público estar instruída com o impacto orçamentário-financeiro das admissões, acompanhadas das premissas e da memória de cálculo utilizadas. No caso de concursos públicos, o parâmetro mais utilizado é o previsto pelo Decreto Federal nº 9.379, de 28 de março de 2019.[72] Ademais, a Lei Federal nº 14.965/2024 reforçou a necessidade do planejamento fiscal das admissões, ao estatuir, em seu art. 3º, IV, que a motivação da autorização para a abertura de concurso público deverá conter, dentre outros elementos, a "estimativa de impacto orçamentário-financeiro no exercício previsto para o provimento e nos 2 (dois) exercícios seguintes", e a adequação à Lei de Responsabilidade Fiscal.

c) *Vagas ofertadas e sua criação por lei*: no caso de cargos públicos e empregos públicos da Administração Direta, autárquica e fundacional, deve ser observada a reserva legal para a sua criação ou ampliação de postos, não se admitindo a concorrência para cargos ou empregos inexistentes ou a destinação de vagas que não existem ou que dependam de situações fora do alcance da Administração para ficarem disponíveis. Salienta-se que, apesar da discricionariedade da gestão em admitir o aprovado nas vagas dentro do prazo do certame, o Supremo Tribunal Federal definiu, no tema de repercussão geral de nº 161,[73] que o candi-

---

Relator Conselheiro Renato Costa Dias; e 010813/2016-TC, Relator Conselheiro Substituto Antonio Ed Souza Santana).

[72] "Art. 7º A proposta que acarretar aumento de despesa será acompanhada da estimativa de impacto orçamentário-financeiro no exercício em que entrar em vigor e nos dois exercícios subsequentes, observadas as normas complementares a serem editadas pelo Ministro de Estado da Economia, em complementação à documentação prevista nos art. 3º, art. 5º e art. 6º.
§1º A estimativa de impacto orçamentário-financeiro deverá estar acompanhada das premissas e da memória de cálculo utilizadas, elaboradas por área técnica, que conterão:
I - o quantitativo de cargos ou funções a serem criados ou providos;
II - os valores referentes a:
a) remuneração do cargo, na forma da legislação;
b) encargos sociais;
c) pagamento de férias;
d) pagamento de gratificação natalina, quando necessário; e
e) demais despesas com benefícios de natureza trabalhista e previdenciária, tais como auxílio-alimentação, auxílio-transporte, auxílio-moradia, indenização de transporte, contribuição a entidades fechadas de previdência, Fundo de Garantia do Tempo de Serviço - FGTS e contribuição a planos de saúde; e
III - a indicação do mês previsto para ingresso dos servidores públicos no serviço público.
§2º Para fins de estimativa de impacto orçamentário-financeiro será considerado o valor correspondente à contribuição previdenciária do ente público até o valor do teto do regime geral de previdência social e o percentual de oito e meio por cento no que exceder".

[73] "DIREITO À NOMEAÇÃO. CANDIDATO APROVADO DENTRO DAS VAGAS PREVISTAS NO EDITAL. Dentro do prazo de validade do concurso, a Administração poderá escolher o

dato que tenha sido aprovado dentro do número de vagas tem direito subjetivo à nomeação. É levando isso em consideração que o Tribunal de Contas pode determinar que a Administração ajuste o quantitativo de vagas ofertadas, anule a oferta ou proceda com a criação de novos cargos ou empregos.

d) *Avaliação dos editais*: deve ser atestada a regularidade do teor do edital do concurso público, cujo conteúdo deve obedecer aos parâmetros constitucionais, legais e regulamentares que rejam a matéria no âmbito da entidade responsável pelas admissões, devendo ainda conter todas as informações necessárias ao conhecimento pelo candidato dos cargos e empregos postos em disputa e dos requisitos para investidura (em consonância com o estabelecido pela lei que criou os cargos ou empregos);[74] do número de vagas destinadas à ampla concorrência, às pessoas com deficiência[75] e as referentes a ações afirmativas ou reparatórias; da indicação precisa do prazo para inscrição no certame, além da previsão do valor da taxa de inscrição e das hipóteses de isenção; do intervalo mínimo entre o início das inscrições e a data de realização das provas; da indicação das datas e horários prováveis para a realização das provas, com a discriminação dos objetos permitidos e proibidos, além dos documentos necessários à identificação do candidato; do conteúdo programático das provas; da descrição detalhada das

---

momento no qual se realizará a nomeação, mas não poderá dispor sobre a própria nomeação, a qual, de acordo com o edital, passa a constituir um *direito* do concursando aprovado e, dessa forma, um *dever* imposto ao poder público. Uma vez publicado o edital do concurso com número específico de vagas, o ato da Administração que declara os candidatos aprovados no certame cria um *dever de nomeação* para a própria Administração e, portanto, um *direito à nomeação* titularizado pelo candidato aprovado dentro desse número de vagas" (STF. RE nº 598099/MS. Plenário. Ministro Relator Gilmar Mendes. Julgamento em 10/08/2011. Publicado em 03/10/2011).

[74] No âmbito do Tribunal de Contas do Estado do Paraná, além de aspectos relacionados à contratação de empresa organizadora do certame, decidiu-se pela suspensão de concurso público em razão da necessidade de maiores esclarecimentos sobre as atribuições de cargos relacionados à administração fazendária municipal (TCE-PR. Processo nº 797401/23. Acórdão nº 18/24. Tribunal Pleno. Relator Conselheiro Substituto Cláudio Augusto Kania. Julgamento em 24/01/2024. Publicado em 02/02/2024).

[75] "O Tribunal, por unanimidade, de acordo com o voto do Relator, decidiu: [...] III – deferir medida cautelar para determinar à PCDF e ao Cebraspe que, nas seleções em curso para os cargos de Agente e de Escrivão de Polícia, procedam, no prazo máximo de 30 (trinta) dias, à reintegração de todos os candidatos habilitados a concorrer nas vagas reservadas para pessoas com deficiência na avaliação biopsicossocial que houverem sido desclassificados na avaliação médica, para que participem das etapas seguintes do concurso, até o exame de mérito da representação em exame" (TCDF. Processo nº 00600-00009569/2022-86-e. Decisão nº 5184/2022. Tribunal Pleno. Relator Conselheiro Manoel Paulo de Andrade Neto. Julgamento em 07/12/2022).

etapas e critérios para avaliação das provas e classificação no concurso público, respeitando-se a isonomia no acesso aos postos públicos;[76] da previsão de recursos quanto ao conteúdo e respostas das provas e também quanto aos resultados;[77] da fixação do prazo de validade do certame; entre outras necessárias à lisura de todo o processo. Um balizador dos pontos mínimos constantes no edital que contém os elementos acima citados, além de outros, é o art. 7º da Lei Federal nº 14.965/2024.[78] Além do edital de abertura, os demais editais e atos do concurso público estão sujeitos ao escrutínio do Tribunal de Contas para aferição da regularidade de todas as suas etapas.

---

[76] O Tribunal de Contas do Estado do Ceará, mediante a Resolução nº 005/2015, determinou a suspensão de concurso do Departamento Estadual de Rodovias para correção das seguintes irregularidades detectadas no edital: a) atribuição de pontuação elevada à experiência profissional; b) direcionamento de vagas; c) desproporcionalidade na pontuação dos itens que compõem os títulos; e d) ausência de avaliação por prova subjetiva.

[77] No âmbito do processo nº 201200047000769, do Tribunal de Contas do Estado de Goiás, foi emitida, no Acórdão nº 974/2012, medida cautelar determinando que o jurisdicionado suspendesse o prosseguimento de concurso público para o cargo de Defensor Público do Estado de Goiás em razão de diversas ilegalidades, dentre elas "irregularidades na disponibilidade e consulta aos recursos".

[78] "Art. 7º O edital do concurso público deverá conter, no mínimo:
I – a denominação e a quantidade dos cargos ou empregos públicos a serem providos, com a descrição de suas atribuições e dos conhecimentos, das habilidades e das competências necessários, correlatos com as atividades a serem desempenhadas pelo servidor;
II – a identificação do ato que autorizou o certame, as leis de criação e os regulamentos dos cargos ou empregos públicos, bem como o vencimento inicial, com a discriminação das parcelas que o compõem;
III – os procedimentos para inscrição;
IV – o valor da taxa de inscrição, bem como as hipóteses e os procedimentos para sua isenção ou redução;
V – as etapas do concurso público;
VI – os tipos de prova e os critérios de avaliação, com especificação do conteúdo programático, das atividades práticas e, quando for o caso, das habilidades e das competências a serem avaliados;
VII – quando couber, os títulos a serem considerados e a sua forma de avaliação;
VIII – a instituição especializada responsável pela execução do concurso ou de suas etapas, quando for o caso;
IX – a sistemática do programa de formação, com especificação dos tipos e critérios de avaliação, da duração e das responsabilidades dos candidatos aprovados para essa etapa;
X – os critérios de classificação, de desempate e de aprovação no concurso público, bem como os requisitos para nomeação;
XI – os percentuais mínimos e máximos de vagas destinadas a pessoas com deficiência ou que se enquadrem nas hipóteses legais de ações afirmativas e de reparação histórica, com indicação dos procedimentos para comprovação;
XII – as condições para a realização das provas por pessoas com deficiência ou em situação especial;
XIII – as formas de divulgação dos resultados;
XIV – a forma e o prazo para interposição de recursos;
XV – o prazo de validade do concurso e a possibilidade de prorrogação".

e) *Publicidade*: a publicidade dos atos referentes ao concurso público garante a legitimidade do certame e segurança jurídica, devendo ocorrer em todas as etapas, com a divulgação oficial dos editais de abertura do concurso; do edital de homologação das inscrições e das decisões relativas aos recursos contra este; da relação dos candidatos aprovados e classificados e das decisões relativas aos recursos interpostos contra esta relação; do resultado final do certame e, por fim, do ato de homologação do resultado final do concurso público, que deve ser assinado pelo titular do órgão.

O acompanhamento também é um instrumento adequado à fiscalização *pari passu* dos processos seletivos voltados à contratação temporária para o atendimento a excepcional interesse público,[79] tendo em vista se tratar de procedimento concorrencial que deve observar a observância não apenas aos requisitos constitucionais de autorização de contratação, mas aos parâmetros relativos ao princípio do amplo acesso aos cargos, empregos e funções públicas.

3.3.3.2 Acompanhamento de licitações e de contratos de terceirização

No tópico 1.2.8, expôs-se que o Supremo Tribunal Federal entendeu possível a terceirização de atividades finalísticas da Administração Pública, o que implica na redução do escopo a ser controlado pelos Tribunais de Contas no exame de editais e no acompanhamento da execução de contratos dessa natureza.

Há, porém, restrições aplicáveis à contratação para a prestação de serviços públicos por terceiros que podem ser observadas pelos Tribunais de Contas no sentido de preservar a priorização do concurso público para a execução das atividades da Administração, destacando-se as finalísticas, em sede do controle concomitante das licitações e dos

---

[79] "Esse quadro conduz, inevitavelmente, à conclusão de que essa demanda por servidores temporários foi gerada pela própria Secretaria, ao não manter quadro de servidores efetivos em quantidade compatível com a realidade, tendo permanecido por mais de 20 anos sem realizar concurso público, sobretudo evidenciada na contratação temporária para atividades já estabelecidas dos quadros da SEDUCE, previstos na Lei Estadual n.º 13.910/2001.
Por todo o exposto, resta evidenciada a burla à determinação constitucional de seleção de pessoal mediante concurso público de provas ou provas e títulos (art. 37, CF), uma vez ausentes alguns dos requisitos inafastáveis da exceção permitida para a contratação de forma temporária, tanto no caso do Edital nº 001/2017, quanto no de nº 010/2018" (TCE-GO. Processo nº 201700047000396/312. Acórdão nº 1642/2020. Tribunal Pleno. Relator Conselheiro Kennedy de Sousa Trindade. Julgamento em 23/07/2020. Publicado em 27/07/2020).

contratos destinados à terceirização, com especial foco na Administração Direta e nas autarquias e fundações públicas.

Um ponto que deve ser observado em relação à terceirização é o caráter complementar no que se refere às atividades atribuídas aos servidores que compõem o quadro de pessoal da entidade pública, de acordo com as leis que criam ou regulamentam os cargos. Levando em consideração o paradigma norteado pelo Decreto Federal nº 9.507/2018, não se pode terceirizar serviços inerentes às categorias funcionais que integrem a carreira do órgão ou entidade pública, mesmo em se tratando de atividades que não sejam típicas de Estado.[80]

Ademais, é necessária a diferenciação entre a prestação de serviço e a intermediação de mão de obra. A prestação do serviço é realizada de forma autônoma, nos termos do contrato firmado e os prestadores de serviço têm relação de subordinação apenas com a empresa que os contratou. A intermediação de mão de obra pressupõe o preenchimento das lacunas no quadro de pessoal da entidade, e o que se verifica é a relação direta de subordinação entre os profissionais contratados pela prestadora de serviço e a própria Administração Pública.[81]

---

[80] "Pela ILEGALIDADE do Edital de Pregão Eletrônico nº 022/2022 (Processo SEI-330022/001760/2022), elaborado pela Fundação DER-RJ, cujo objeto é a contratação de empresa para prestação de serviços técnicos especializados voltados ao apoio técnico em processos de avaliação de bens imóveis e projetos de desapropriação e reassentamento para a Diretoria de Projetos de Engenharia daquela Fundação, em razão da existência de vício insanável consubstanciado na contratação irregular de mão de obra para executar atividades de caráter permanente, vinculadas a cargos efetivos de engenheiro e contador, em afronta ao que dispõe o art. 37, inciso II, da Constituição da República em vigor, bem como pela ausência de comprovação de economicidade do certame, em contrariedade ao art. 70 da Carta Magna" (TCE-RJ. Processo nº 107559-3/2022. Acórdão nº 086834/2023-PLENV. Plenário Virtual. Relatora Conselheira Substituta Andrea Siqueira Martins. Julgamento em 31/07/2023).

[81] Em situação relativa à celebração de contratos de terceirização pela Secretaria de Saúde do Estado da Bahia para o atendimento de necessidade permanente do quadro de pessoal (profissionais de saúde para atendimento direto à população), o Tribunal de Contas do Estado da Bahia determinou que a Administração: "se abstenha de contratar pessoal mediante REDA fora das hipóteses previstas no art. 37, IX, da CF, e de terceirizar indiscriminadamente mão de obra para a prestação de serviços finalísticos, bem como evite contratar pessoal por meio de interposta pessoa jurídica" (TCE-BA. Processo nº TCE/011641/2019. Resolução nº 000072/2021. Pleno. Relator Conselheiro Pedro Lino. Julgamento em 19/10/2021. Publicado em 26/10/2021).
Sobre o assunto, cabe ainda a seguinte consideração de Maria Sylvia Zanella Di Pietro: "Em situações concretas, verifica-se que têm sido celebrados contratos com o objetivo de obter mão de obra para a Administração Pública, porém mascarados sob a fórmula de contratos de prestação de serviços técnicos especializados, de modo a assegurar uma aparência de legalidade. No entanto, não há, de fato, essa prestação de serviços por parte da empresa contratada, já que esta se limita, na realidade, a fornecer mão de obra para o Estado; ou seja, ela contrata pessoas sem concurso público, para que prestem serviços em

CAPÍTULO 3
A ATUAÇÃO DOS TRIBUNAIS DE CONTAS NA PROTEÇÃO AO CONCURSO PÚBLICO MEDIANTE O EXERCÍCIO... | **215**

Outro aspecto de atenção é a duração da pretensa prestação de serviço. O princípio do concurso público, como exposto no segundo capítulo deste trabalho, deve ser observado em relação às atividades de natureza permanente.[82] E no atendimento a situações temporárias tem-se a contratação temporária nos termos do inc. IX do art. 37 da CF/1988.

Outrossim, deve-se buscar enfoque na possibilidade de ingerência do gestor público para que a empresa prestadora dos serviços contratados empregue pessoas indicadas diretamente por ele para atuarem junto ao órgão contratante.[83] Trata-se de pura prática patrimonialista,[84] que denota a permanência do apadrinhamento político no atual cenário da Administração Pública e do seu controle,[85] e que merece atenção

---

órgãos da Administração direta e indireta do Estado. Tais pessoas não têm qualquer vínculo com a entidade em que prestam serviços, não assumem cargos, empregos ou funções e não se submetem às normas constitucionais sobre servidores públicos. Na realidade, a terceirização, nesses casos, normalmente se enquadra nas referidas modalidades de terceirização tradicional ou com risco, porque mascara a relação de emprego que seria própria da Administração Pública; não protege o interesse público, mas, ao contrário, favorece o apadrinhamento político; burla a exigência constitucional de concurso público; escapa às normas constitucionais sobre servidores públicos; cobra taxas de administração incompatíveis com os custos operacionais, com os salários pagos e com os encargos sociais; não observa as regras das contratações temporárias; contrata servidores afastados de seus cargos para prestarem serviços sob outro título, ao próprio órgão do qual está afastado e com o qual mantém vínculo de emprego público" (DI PIETRO, Maria Sylvia. *Parcerias na administração pública*: concessão, permissão, franquia, terceirização, parceria público-privada. 13. ed. Rio de Janeiro: Forense, 2022. *E-book*).

[82] "Contratação de serviços de assessoria contábil por Município – Indevida manutenção do contrato por período longo e após a nomeação de contador efetivo – Serviços que eram realizados, antes da nomeação do servidor efetivo, integralmente pela empresa terceirizada; e que estão sendo prestados, após o término da vigência do contrato, integralmente pelo contador efetivo – Procedência da Representação; Aplicação de multas administrativas" (TCE-PR. Processo nº 167443/21. Acórdão nº 1144/22 – Tribunal Pleno. Relator Conselheiro Fernando Augusto Mello Guimarães. Julgamento em 12/05/2022. Publicado em 08/07/2022).

[83] "É vedada a ingerência da Administração ou de seus servidores na gestão dos recursos humanos das empresas contratadas para a prestação de serviços terceirizados, em especial no tocante à indicação dos empregados que devem ser contratados por tais empresas para prestarem serviços no âmbito da contratante" (TCU. Processo nº 013081/2016-0. Acórdão nº 35/2019-Plenário. Relator Ministro Raimundo Carreiro. Julgamento em 23/01/2019).

[84] "Aliás, não estando investidas legalmente em cargos, empregos ou funções, essas pessoas não têm condições de praticar qualquer tipo de ato administrativo que implique decisão, manifestação de vontade, com produção de efeitos jurídicos; só podem executar atividades estritamente materiais; são simples funcionários de fato. Foi uma das muitas fórmulas que se arrumou para burlar todo um capítulo da Constituição Federal (do art. 37 ao art. 41), para servir aos ideais de nepotismo e apadrinhamento a que não pode resistir tradicionalmente a classe política brasileira" (DI PIETRO, Maria Sylvia. *Parcerias na administração pública*: concessão, permissão, franquia, terceirização, parceria público-privada. 13. ed. Rio de Janeiro: Forense, 2022. *E-book*).

[85] MAIA, Márcio Barbosa; QUEIROZ, Ronaldo Pinheiro. *O regime jurídico do concurso público e seu controle jurisdicional*. São Paulo: Saraiva, 2007. p. 65-67.

especial nas fiscalizações a serem realizadas pelos Tribunais de Contas, se não no acompanhamento dos contratos, em auditoria sobre eles.

3.3.4 Levantamentos

O levantamento, na definição do Regimento Interno do TCU, em seu art. 238, é utilizado com as seguintes finalidades:

> I – conhecer a organização e o funcionamento dos órgãos e entidades da administração direta, indireta e fundacional dos Poderes da União, incluindo fundos e demais instituições que lhe sejam jurisdicionadas, assim como dos sistemas, programas, projetos e atividades governamentais no que se refere aos aspectos contábeis, financeiros, orçamentários, operacionais e patrimoniais;
> II – identificar objetos e instrumentos de fiscalização; e
> III – avaliar a viabilidade da realização de fiscalizações.

Conforme a NBASP 100, o conhecimento dos processos e controles da entidade fiscalizada, assim como do objeto a ser auditado é fundamental para a realização de uma auditoria que forneça informação suficiente e apropriada para que se alcancem conclusões adequadas ao que for avaliado.

Comumente a aquisição de conhecimento sobre a entidade e o objeto fiscalizado ocorre na fase de planejamento da auditoria, mas pode ser necessária a realização de uma ação de controle específica no sentido de obter informações em relação às inovações que ocorrem na Administração Pública, tanto em termos de estrutura quanto de atividades. No caso da fiscalização de pessoal, deve-se levar em conta a dinamicidade do quadro de pessoal e da folha de pagamento.

No levantamento não se busca a avaliação de legalidade ou legitimidade, mas podem ser obtidas informações relativas ao nível de cumprimento dos mandamentos legais e constitucionais para a seleção de órgãos e entidades a serem priorizadas em futuras ações de controle com caráter corretivo e sancionatório, mediante critérios de risco.

Ademais, é de suma importância a exposição dos resultados do levantamento para a Administração Pública em geral e para a sociedade, tendo em vista o fomento às demais instâncias controladoras e à busca, pela própria Administração Pública, da adequação de sua situação ao que prevê o ordenamento jurídico-administrativo.

É nesse cenário que entra o levantamento como um instrumento adequado ao fomento ao princípio do concurso público.

Especialmente nos Tribunais de Contas que têm um alto número de entes federativos com competências centrais em relação à admissão de pessoal (Municípios), o levantamento pode possibilitar a consolidação de uma série de informações que deverão ser levadas em conta em futuras ações de controle.

A atuação dos Tribunais de Contas na proteção ao concurso público em sede de levantamento tem se dado na prática em dois aspectos: realização de concursos públicos e proporcionalidade de vínculos dos servidores junto aos órgãos e entidades públicas.

Em relação ao primeiro tema, destaca-se trabalho realizado pelo Tribunal de Contas do Estado do Rio Grande do Norte, que, no ano de 2021, coletou dados sobre a quantidade de concursos públicos realizados pelos Municípios do Estado desde a publicação da Lei de Responsabilidade Fiscal,[86] revelando que vários dos municípios respondentes (quarenta e cinco) não haviam realizado concursos nos últimos dez anos anteriores à expedição do relatório de levantamento, com cinco deles sem realizar concursos desde o ano de 2001.

A partir das informações colhidas, pode-se passar a considerar uma avaliação mais aprofundada do quadro de pessoal dos Municípios que não realizaram concurso público há um período acima do razoável, sendo este um fator de risco para possível desproporção no quadro de servidores do ente, além de possíveis práticas de burla ao concurso público, entre outros aspectos.

Quanto à segunda temática, ressalta-se que os Tribunais têm ferramentas eletrônicas sobre quadro de pessoal e folha de pagamento que contam com diversas informações alimentadas pelas entidades controladas sobre a vida funcional dos servidores, incluindo a data de ingresso e o tipo de vínculo estabelecido junto à Administração. Mediante essas ferramentas e diligências junto aos órgãos controlados, é possível obter dados confiáveis sobre a proporção do quadro de pessoal do órgão ou entidade pública.

Dentre os trabalhos nessa temática, destacam-se: a) levantamento realizado pelo TCU para avaliar riscos relativos à investidura em funções

---

[86] Processo nº 003574/2021-TC. Relatório de levantamento homologado pelo Acórdão nº 170/2022-TC. Relator Conselheiro Antônio Gilberto de Oliveira Jales. Julgamento em 17/05/2022.

de confiança e cargos em comissão na Administração Pública Federal, além de divulgar informações sobre esses vínculos;[87] b) levantamento realizado sobre contratações temporárias realizadas pelos Municípios do Estado do Rio Grande do Norte, realizado pelo TCE-RN, voltado à identificação de riscos que embasem a abertura de apurações específicas sobre a temática;[88] c) auditoria temática (com a mesma finalidade de levantamento) do Tribunal de Contas do Estado da Paraíba sobre contratações temporárias por excepcional interesse público no Estado e nos Municípios da Paraíba, visando o aprofundamento no tratamento da temática, tendo em vista um quantitativo total de 91.176 (noventa e um mil cento e setenta e seis) contratados temporários em todo o território da Paraíba em junho de 2021,[89] e com novas rodadas em 2023[90]

---

[87] Processo nº TC 011954/2015-9. Relatório de levantamento homologado pelo Acórdão nº 1332/2016-TCU. Relator Ministro Vital do Rêgo. Julgamento em 25/05/2016. Entre os riscos identificados no levantamento, destacam-se: a) investidura em funções de confiança e em cargos comissionados de pessoas que não detém os requisitos e competências necessárias ao bom desempenho das atribuições; b) em 23% (vinte e três por cento) das organizações havia mais servidores puramente comissionados do que servidores de carreira; c) investidura em funções de confiança e em cargos comissionados de pessoa enquadrada em hipótese de nepotismo; d) existência de comissionados com atribuições não relacionadas a direção, chefia e assessoramento.

[88] Processo nº 011934/2018-TC. Relatório de levantamento homologado pelo Acórdão nº 94/2019-TC. Relator Conselheiro Renato Costa Dias. Julgamento em 23/04/2019. Foram detectas as seguintes situações de destaque: a) dez prefeituras com proporção de temporários acima de 50% (cinquenta por cento) do seu quadro funcional; b) 52 prefeituras que apresentavam contratados temporariamente com tempo médio de atividades acima de doze meses; c) correlação entre a despesa de pessoal acima dos limites previstos pela Lei de Responsabilidade Fiscal e o quantitativo de agentes públicos temporários; d) fragilidades na normatização local sobre a temática e nos instrumentos de seleção utilizados para o recrutamento dos temporários.

[89] Destacam-se os seguintes resultados do trabalho: a) contratados temporários representavam 42,99% (quarenta e dois inteiros e noventa e nove centésimos por cento) do quadro do Poder Executivo Estadual; b) contratações recorrentes das mesmas pessoas, tanto no âmbito estadual quanto no municipal; c) diversos vínculos com 48 meses ou mais de duração, contínua ou intercalada, sendo quase cinco mil deles com mais de dez anos; e d) contratados temporários representavam em média 32% (trinta e dois por cento) dos quadros dos Municípios. (Relatório disponível em: https://tce.pb.gov.br/publicacoes/auditorias-tematicas/relatorio-consolidado-de-auditorias-tematicas/RelatorioconsolidadoAuditoriaTematicaset20212.pdf. Acesso em: 10 mar. 2024)

[90] Em 2023, constam os destaques a seguir: a) proporção de temporários (contratos temporários e terceirizados) em 84,05% (oitenta e quatro inteiros e cinco centésimos por cento) do total de servidores efetivos no Poder Executivo Estadual; b) média de duração dos vínculos temporários no Estado de 995 dias (quase três anos); c) proporção de temporários em 59,68% (cinquenta e nove inteiros e sessenta e oito centésimos por cento) do total de servidores efetivos no âmbito dos Municípios (em 2016 a proporção era de 33,03%); e d) média de duração dos vínculos temporários nos Municípios de 826 dias (acima de dois anos) (Relatório disponível em: https://tce.pb.gov.br/publicacoes/auditorias-tematicas/

e 2024,[91] perscrutando a matéria, incluindo as informações sobre terceirizações.

3.4 Atribuições complementares

Além das competências expressamente previstas pelo art. 71 da Constituição Federal em vigor, o exercício do controle externo está arvorado por atribuições constantes no texto constitucional e nas leis ou regulamentos específicos de cada Tribunal de Contas, e que, suplementarmente, subsidiam a sua atuação finalística, mediante demandas externas além do Poder Legislativo ou no exercício das suas funções consultivas ou dialógicas. Algumas das atribuições complementares que auxiliam o Tribunal de Contas na defesa do concurso público estão listadas a seguir.

3.4.1 Denúncias, representações e função de ouvidoria

O §2º do art. 74 da CF/1988 estabelece que "qualquer cidadão, partido político, associação ou sindicato é parte legítima para, na forma da lei, denunciar irregularidades ou ilegalidades perante o Tribunal de Contas da União". Tendo em vista o princípio da simetria, conclui-se pela possibilidade de qualquer pessoa, física ou jurídica, informar ao Tribunal de Contas sobre irregularidades e ilegalidades em matéria de sua competência.

Trata-se do exercício do denominado "controle social", ou seja, aquele exercido por particulares no sentido da obtenção de informações do Poder Público mediante a dinâmica da transparência pública; e na participação por meio de questionamentos diretos à Administração

---

contratacoes-de-interesse-publico/relatorio_auditoria_tematica_02_2023_contratacoes.pdf. Acesso em: 26 ago. 2024).

[91] No ano de 2024, considerando até o mês de abril, seguem os resultados de destaque: a) proporção de temporários (contratos temporários e terceirizados) em 75,29% (setenta e cinco inteiros e vinte e nove centésimos por cento) do total de servidores efetivos; b) existência, em abril de 2024, de 20.857 (vinte mil oitocentos e cinquenta e sete) prestadores de serviço ao governo estadual com mais de dois anos no cargo; c) proporção de temporários em 80,72% (oitenta inteiros e setenta e dois centésimos por cento) do total de servidores efetivos no âmbito dos municípios; e d) 157 (cento e cinquenta e sete) municípios com tempo de serviço no cargo para contratados acima de dois anos (Relatório disponível em: https://tce.pb.gov.br/publicacoes/auditorias-tematicas/relatorio-de-auditoria-tematica-02-2024/relatorio_auditoria_tematica_contratacoes_2024.pdf. Acesso em: 26 ago. 2024).

Pública ou acionamento dos órgãos de controle.[92] Há ponderações no sentido da não existência técnico-jurídica do controle social, tendo em vista a ausência de prerrogativa de impelir a Administração, de forma direta, a agir por meio coercitivo ou ter competências jurídicas próprias, sendo a sua principal função a de acionar os organismos competentes para o exercício direto do controle.[93]

No Tribunal de Contas da União, a denúncia está prevista pela Lei Federal nº 8.443/1992, enquanto a representação encontra arrimo no seu Regimento Interno. Em outros Tribunais, tanto a denúncia quanto a representação encontram guarida direta nas suas respectivas leis orgânicas.[94]

A distinção entre denúncia e representação são os agentes habilitados para a sua propositura. Enquanto na denúncia qualquer dos elencados no §2º do art. 74 da CF/1988 pode fazê-la,[95] a representação pode ser feita pelos seguintes atores:[96] a) Ministério Público; b) órgãos de controle interno; c) membros do Poder Legislativo, membros do Poder Judiciário, servidores públicos e outras autoridades que tenham conhecimento da irregularidade em virtude do posto que ocupem; d) os Tribunais de Contas, Câmaras Municipais e Ministério Público em geral, como instituições; e) as equipes de fiscalização do próprio Tribunal de Contas, se, no curso dos trabalhos, se depararem com irregularidades e ilegalidades; f) as unidades técnicas do Tribunal respectivo; e g) outros órgãos, entidades ou pessoas que detenham essa prerrogativa em virtude de lei.

Recebida a denúncia ou representação, e contendo indícios de procedência, o Tribunal de Contas poderá atuar mediante fiscalização específica. Apesar da inspeção ser considerada o procedimento padrão para o tratamento técnico de denúncias e representações, no caso de

---

[92] Para Odete Medauar, a participação popular nas demandas e vigilância do Poder Público por si só não caracterizam controle social. Controle social efetivamente reconhecido como tal seriam os "controles sociais institucionalizados" ou "mecanismos formais de atuação da sociedade", previstos expressamente pela Constituição e pelas leis (MEDAUAR, Odete. *Controle da Administração Pública*. 4. ed. Belo Horizonte: Fórum, 2020. p. 195-196).

[93] SAAD, Amauri Feres. *Do controle da administração pública*. São Paulo, 2018. *E-book*.

[94] Casos como o do Tribunal de Contas do Estado do Rio Grande do Norte (art. 81 da Lei Complementar Estadual do Rio Grande do Norte nº 464/2012) e do Tribunal de Contas do Estado do Paraná (arts. 30 a 35 da Lei Complementar Estadual do Paraná nº 113, de 15 de dezembro de 2005).

[95] Art. 53 da Lei Orgânica do TCU.

[96] Art. 237 do Regimento Interno do TCU.

fatos de natureza concomitante a denúncia ou representação pode resultar em uma ação de acompanhamento.

Desde que preenchidos os requisitos necessários à sua propositura, podem ser denunciados ou representados quaisquer fatos relacionados à inobservância do princípio do concurso público ao Tribunal de Contas.[97] Vários dos casos exemplificados neste capítulo são resultantes de demandas externas nas quais o controle externo foi compelido a atuar cautelarmente.

No exercício da função de ouvidoria, função relacionada ao atendimento de reclamações, pedidos de informação e solução de providências dos usuários[98] – no caso, a população em geral –, os Tribunais de Contas terminam por receber "notícias de fato", ou seja, narrativas de irregularidades sem a formalização correspondente aos procedimentos de denúncia e representação.

Como se trata de um órgão que pode agir de ofício, podem ser requeridas informações sobre a irregularidade noticiada ao órgão jurisdicionado envolvido sem que haja comprometimento da apuração da irregularidade em razão da inobservância de requisitos formais.[99]

Na seara dos concursos públicos, destaca-se o Mural de Admissões do Sistema RHWEB do Tribunal de Contas do Estado do Piauí,[100] no qual é possível para qualquer pessoa acompanhar dados de um concurso público ou processo seletivo e das admissões deles decorrentes, e, tendo conhecimento de irregularidade no certame ou nas admissões, o usuário é redirecionado para a ouvidoria do Tribunal para que informe sobre a irregularidade e possibilite o aprofundamento do controle sobre o respectivo concurso público ou processo seletivo.

3.4.2 Consultas

Prevista no inc. XXVII do art. 1º da Lei Federal nº 8.443/1992 e nos normativos referentes aos demais Tribunais, a consulta é uma importante atribuição no sentido de orientação aos órgãos sujeitos à

---

[97] MILESKI, Hélio Saul. *O controle da gestão pública*. 2. ed. Belo Horizonte: Fórum, 2011. p. 366-367.

[98] MEDAUAR, Odete. *Controle da Administração Pública*. 4. ed. Belo Horizonte: Fórum, 2020. p. 67-68.

[99] VIANA, Ismar dos Santos. *Fundamentos do Processo de Controle Externo*: uma interpretação sistematizada do Texto Constitucional aplicada à processualização das competências dos Tribunais de Contas. Rio de Janeiro: Lumen Juris, 2019. p. 223-224.

[100] Disponível em: https://sistemas.tce.pi.gov.br/admissao-web/mural/. Acesso em: 1 abr. 2024.

sua jurisdição, com foco na prevenção de eventuais irregularidades em razão de interpretação e aplicação equivocada de normas relacionadas a matérias relacionadas à atuação das Cortes de Contas.[101]

Em suma, a consulta é um instrumento para dirimir dúvida em relação a aplicação de dispositivos legais e regulamentares sobre matéria de competência do Tribunal de Contas. A consulta deve ser redigida com indicação precisa de seu objeto e não poderá versar sobre caso concreto, devendo ser formulada em tese.[102] Ademais, ela poderá ser formalizada apenas por autoridade pública explicitamente autorizada nos termos da norma que regulamente o instrumento.[103]

Ademais, a consulta constitui prejulgamento de tese e tem caráter normativo, obrigando a interpretação conferida pelo Tribunal de Contas a todos os órgãos sujeitos à sua jurisdição. A consulta delimita o posicionamento do Tribunal de Contas sobre um determinado assunto, facilitando a aplicação da norma pela Administração Pública e diminuindo a possibilidade de incursão em irregularidade no tratamento da coisa pública quando da atuação do órgão de controle externo.

No sentido de reforçar a obediência ao princípio do concurso público, diversas são as consultas que tratam sobre o regime de admissão do servidor público, com assuntos como provimento derivado inconstitucional;[104]

---

[101] MILESKI, Hélio Saul. *O controle da gestão pública.* 2. ed. Belo Horizonte: Fórum, 2011. p. 370. JACOBY FERNANDES, Jorge Ulisses. *Tribunais de Contas do Brasil:* jurisdição e competência. 4. ed. Belo Horizonte: Editora Fórum, 2016. p. 324.

[102] No caso do Tribunal de Contas da União, as diretrizes sobre consultas constam nos arts. 264 e 265 do seu Regimento Interno.

[103] Regimento Interno do TCU: "Art. 264. O Plenário decidirá sobre consultas quanto a dúvida suscitada na aplicação de dispositivos legais e regulamentares concernentes à matéria de sua competência, que lhe forem formuladas pelas seguintes autoridades:
I – presidentes da República, do Senado Federal, da Câmara dos Deputados e do Supremo Tribunal Federal;
II – Procurador-Geral da República;
III – Advogado-Geral da União;
IV – presidente de comissão do Congresso Nacional ou de suas casas;
V – presidentes de tribunais superiores;
VI – ministros de Estado ou autoridades do Poder Executivo federal de nível hierárquico equivalente;
VII – comandantes das Forças Armadas".

[104] "A revisão de atos de nomeação que não observaram o requisito constitucional da prévia aprovação em concurso público, em consequente violação direta ao art. 37, inciso II, da Constituição Federal, configurando provimento derivado, consoante enunciado da Súmula Vinculante n. 43, do STF, não está sujeita a prazo decadencial, podendo ser realizada a qualquer tempo" (TCE-RN. Processo nº 010214/2013-TC. Decisão nº 1425/2016-TC. Tribunal Pleno. Relator Conselheiro Presidente Carlos Thompson Costa Fernandes. Julgamento em 20/04/2016. Publicado em 28/04/2016).

ascensão funcional;[105] contratações temporárias;[106] aproveitamento de candidatos aprovados em concursos públicos por outros órgãos ou entidades;[107] deficiências consideradas para concorrência nas vagas reservadas;[108] terceirização em Unidades de Pronto Atendimento,[109] entre outros.

Pode ocorrer, no entanto, multiplicidade de posicionamentos entre os Tribunais de Contas sobre um mesmo assunto, tendo em vista

---

[105] "Qualquer norma legal que preveja ou se faça presumir que, servidor público detentor de cargo, com vínculo efetivo no serviço público, de nível médio, passe a ocupar cargo de nível superior, mesmo que este possua diploma da prefalada graduação, é manifestamente inconstitucional, por ir de encontro ao art. 37, II, da Constituição Federal, bem como os princípios inerentes aos Concurso Público e a Administração Pública em geral, sejam eles o da isonomia, da impessoalidade e da moralidade administrativa" (TCE-RN. Processo nº 004056/2005-TC. Decisão nº 1251/2007-TC. Tribunal Pleno. Relator Conselheiro Presidente Paulo Roberto Chaves Alves. Julgamento em 13/09/2007. Publicado em 08/12/2007).

[106] "Qualquer órgão público somente poderá realizar contratação temporária com fulcro no inciso I do art. 2º da Lei 8.745/1993 quando atendidas as condições estabelecidas no Decreto 895/1993, alterado pelo Decreto 4.980/2004. Na hipótese de iminente surto endêmico ou mesmo no caso de o surto ser apenas previsível, se não tomadas as tempestivas medidas saneadoras, pode-se contratar temporariamente para dar-lhe o devido combate, com fundamento no inciso II do art. 2º da Lei 8.745/1993, os profissionais que se fizerem necessários, nos quantitativos e categorias estritamente indispensáveis, observado o prazo máximo de seis meses estabelecido no inciso I do art. 4º daquela lei" (TCU. Processo nº 004199/2004-0. Acórdão nº 823/2004-Plenário. Ministro Relator Lincoln Magalhães da Rocha. Julgamento em 30/06/2004).

[107] "O aproveitamento de candidatos aprovados em concursos públicos por outros órgãos e entidades: (i) requer previsão expressa no edital do concurso de onde serão aproveitados os candidatos; (ii) deve observar a ordem de classificação, a finalidade ou a destinação prevista no edital; (iii) deve ser devidamente motivado; (iv) deve se restringir a órgãos/entidades do mesmo Poder; (v) deve ser voltado ao provimento de cargo idêntico àquele para o qual foi realizado o concurso (mesma denominação e mesmos requisitos de habilitação acadêmica e profissional, atribuições, competências, direitos e deveres) ; (vi) somente poderá alcançar cargos que tenham seu exercício previsto para as mesmas localidades em que tenham exercício os servidores do órgão/entidade promotor do certame" (TCU. Processo nº 005484/2018-9. Acórdão nº 1618/2018-Plenário. Relator Ministro Vital do Rêgo. Julgamento em 18/08/2018).

[108] "Candidato portador de deficiência aprovado em certame de concurso público deverá submeter-se ao exame da equipe multiprofissional mencionada no art. 43 do Decreto 3.298/1999 para comprovar a deficiência, porém sem obrigatoriedade de que esta comprovação ocorra somente quando de sua nomeação, sendo recomendável que seu direito a figurar na condição de deficiente seja comprovado antes desse ato" (TCU. Processo nº 007461/2014-3. Acórdão nº 1793/2014-Plenário. Relator Ministro Aroldo Cedraz. Julgamento em 09/07/2014).

[109] "Consulta. Questionamentos acerca da terceirização de serviços prestados em Unidade de Pronto Atendimento, mediante contratação unificada junto à iniciativa privada com fins lucrativos, sem transferência da gestão em saúde. Pelo conhecimento e resposta pela possibilidade, sujeita à demonstração do atendimento às condicionantes legais, bem como pela adoção preferencial da modalidade licitatória Pregão, na forma eletrônica, caso adotado o regime da Lei Federal nº 8.666/1993, e pela obrigatoriedade da adoção da modalidade Pregão, preferencialmente na forma eletrônica, caso adotado o regime da Lei Federal nº 14.133/2021" (TCE-PR. Processo nº 225358/22. Acórdão nº 3771/23 – Tribunal Pleno. Relator Conselheiro Ivens Zschoerper Linhares. Julgamento em 06/12/2023).

a autonomia das suas decisões e parâmetros em relação aos demais, o que pode gerar insegurança jurídica a profissionais que atuam em mais de um ente federativo. O princípio da simetria previsto pelo art. 75 da CF/1988 se restringe à organização, composição e fiscalização dos Tribunais, não sobre a uniformidade de suas decisões.

3.4.3 Termo de ajustamento de gestão e soluções consensuais

O termo de ajustamento de gestão e o uso de soluções consensuais foram tratados a nível conceitual no item 2.5.4 deste trabalho, e são instrumentos que têm sido utilizados com cada vez maior frequência para garantir a observância à primazia do ingresso via concurso público pelas Administrações locais.

Em relação ao TAG, vários Tribunais de Contas têm se valido desta modalidade de solução negociada para a regularização do quadro de pessoal de diversos entes jurisdicionados, com maiores ou menores nuances. As situações mais comuns são em relação à substituição de servidores com vínculos precários (via de regra por contratos temporários que se estendem indefinidamente) por profissionais com vínculo de natureza permanente, previamente aprovados por concurso público.[110]

---

[110] São exemplos nesse sentido:
a) Tribunal de Contas do Estado do Amazonas (destaque nosso): "Aprovar o Termo de Ajustamento de Gestão – TAG nº 001/2020 - TCE/AM, firmado entre o Tribunal de Contas do Estado do Amazonas, por intermédio deste Presidente, e pelo Procurador-Geral do Ministério Público de Contas, João Barroso de Souza, e a Prefeitura Municipal de Manaus - PMM, representada pelo Sr. Arthur Virgílio do Carmo Ribeiro Neto, Prefeito de Manaus; o Sr. Rafael Albuquerque Gomes de Oliveira, Procurador-Geral do Município de Manaus; a Defensoria Pública do Amazonas, representada pelo Defensor Público da 1ª Defensoria Pública especializada em Atendimento de Interesses Coletivos, Sr. Rafael Vinheiro Monteiro Barbosa, *tendo como objeto o desligamento dos servidores contratados pelo Regime de Direito Administrativo (temporário) e celetista pela Prefeitura de Manaus com até 10 (dez) anos de serviço em 05/11/2020, mediante a nomeação dos servidores aprovados no concurso público, e mantendo-se inalterada a relação jurídica dos servidores com mais de 10 (dez) anos até o desligamento voluntário do servidor interessado*" (TCE-AM. Processo TCE AM nº 15855/2020. Decisão Administrativa nº 1/2020. Tribunal Pleno. Relator Conselheiro Presidente Mario Manoel Coelho de Mello. Julgamento em 09/12/2020).
b) Tribunal de Contas do Estado do Maranhão (destaque nosso): "Diante do todo o expostos e do cenário delineado pelos Requerentes, manifesto-me nos seguintes termos: a. Pelo deferimento do pedido formulado pelos Requerentes e, em consequência, celebração do instrumento de controle consensual Termo de Ajustamento de Gestão (TAG), na forma estabelecida pela Resolução TCE-MA nº 296/2018, entre o Tribunal de Contas do Estado do Maranhão, Ministério Público de Contas do Estado do Maranhão e a Prefeitura Municipal de Turiaçu/MA, *como forma de tornar mais célere e efetivo a correção do problema estrutural existente na gestão de pessoal do Poder Executivo, notadamente, na contratação temporária de pessoal por*

Também se realizam TAGs para adequação da proporção entre servidores efetivos e comissionados.[111]

Outro aspecto relativo ao TAG é a possibilidade de se buscar o provimento de cargos públicos quando o ente federativo ou órgão autônomo se encontrar em situação de descumprimento do limite de gastos com pessoal previsto pela Lei de Responsabilidade Fiscal e, consequentemente, impedido de criar cargos ou empregos e admitir novos servidores[112] para regularizar a situação do quadro. Mediante a celebração do TAG é possível uma visão do Tribunal de Contas sob outra ótica em relação ao dilema de regularizar o quadro e respeitar as restrições estabelecidas pela Lei de Responsabilidade Fiscal.[113]

---

excepcional interesse público" (TCE-MA. Processo nº 4349/2023-TCE/MA. Decisão nº 709/2023. Tribunal Pleno. Relator Conselheiro Raimundo Oliveira Filho. Julgamento em 18/10/2023).

[111] "Acorda o Tribunal de Contas dos Municípios do Estado de Goiás, pelos membros integrantes do seu Colegiado, acolhendo as razões expostas na fundamentação do voto do Relator, em: 1. homologar o Termo de Ajustamento de Gestão - TAG, firmado entre o Município de Brazabrantes e este Tribunal de Contas, *com o objetivo de adequar o quantitativo de cargos comissionados e efetivos de cada órgão/entidade do Poder Executivo, no prazo máximo de 30 de junho de 2020, a fim de que o número de cargos comissionados não seja superior a 50% (cinquenta por cento) em relação ao número de servidores ocupantes de cargos efetivos, de forma a resguardar o princípio da proporcionalidade previsto pela Constituição Federal*, nos termos da Instrução Normativa n.0004/2018 deste Tribunal" (destaque nosso) (TCM-GO. Processo nº 08208/19. Acórdão nº 07277/2019. Tribunal Pleno. Relator Conselheiro Francisco José Ramos. Julgamento em 02/10/2019. Publicado em 05/11/2019).

[112] Lei Complementar Federal nº 101/2000: "Art. 22. A verificação do cumprimento dos limites estabelecidos nos arts. 19 e 20 será realizada ao final de cada quadrimestre.
Parágrafo único. Se a despesa total com pessoal exceder a 95% (noventa e cinco por cento) do limite, são vedados ao Poder ou órgão referido no art. 20 que houver incorrido no excesso:
I - concessão de vantagem, aumento, reajuste ou adequação de remuneração a qualquer título, salvo os derivados de sentença judicial ou de determinação legal ou contratual, ressalvada a revisão prevista no inciso X do art. 37 da Constituição;
II - criação de cargo, emprego ou função;
III - alteração de estrutura de carreira que implique aumento de despesa;
IV - provimento de cargo público, admissão ou contratação de pessoal a qualquer título, ressalvada a reposição decorrente de aposentadoria ou falecimento de servidores das áreas de educação, saúde e segurança;
V - contratação de hora extra, salvo no caso do disposto no inciso II do §6º do art. 57 da Constituição e as situações previstas na lei de diretrizes orçamentárias".

[113] O Tribunal de Contas do Estado do Rio Grande do Norte tem exemplos nesse sentido. Em um dos Termos (TAG nº 01/2022, celebrado no âmbito do processo nº 002840/2019-TC), as medidas de adequação foram as seguintes: extinção de cargos vagos; exoneração de servidores não alcançados pela efetividade estabelecida no art. 19 do ADCT; adequação do recebimento de quinquênios; desligamento dos servidores que alcançaram 75 anos de idade; criação de Programa de Aposentadoria Incentivada; acompanhamento de processos de aposentadoria; análise periódica de casos de acumulações de cargos; recadastramento dos servidores; ajustamento das remunerações aos parâmetros legais; ressarcimento das remunerações pagas indevidamente; repasse do ônus da cessão de servidores; não aceitação da cessão de servidores; acompanhamento dos contratos de locação de imóveis e de consultoria jurídica e contábil; readequação de funções e cargos; não concessão de

Quanto aos demais instrumentos de solução negociada de conflitos como a mesa técnica e os procedimentos de solução consensual, não foram constatadas atuações em relação à primazia do concurso público para a admissão de pessoal, tendo em vista serem instrumentos recentemente implantados e voltados à resolução de questões de alta complexidade que por muitas vezes se sobrepõem a aspectos de legalidade e legitimidade. Nada obsta, no entanto, a busca por uma solução mediante algum desses mecanismos, no objetivo de um controle externo efetivamente dialógico.

3.5 Limites à atuação dos Tribunais de Contas na atuação em prol do concurso público

Em que pese o importante papel dos Tribunais de Contas na defesa do concurso público no uso das suas atribuições constitucionais e complementares, cumpre relembrar que são órgãos de controle e, portanto, têm limites bem definidos em relação à sua atuação.

Em primeiro lugar, sendo o Tribunal de Contas um órgão de controle, não lhe cabe apreciar o mérito em relação a uma decisão da Administração cujos parâmetros de legalidade, legitimidade e economicidade foram plenamente observados. A margem de conveniência e discricionariedade do gestor, com a devida motivação, deve ser respeitada.

Em segundo lugar, as determinações do Tribunal de Contas têm limitação em relação aos meios de coerção para a Administração corrigir irregularidades, não se revestindo de decisões autoexecutáveis, em especial no que se refere a determinações no sentido de fazer ou não fazer.[114] Tomando por exemplo a negativa de acatamento de executar comando de decisão pela negativa do registro de uma admissão de

---

vantagens, gratificações, aumento, reajuste ou adequação de pagamento até a redução da despesa com pessoa; apresentação de estudos de impacto de gratificações concedidas; provimento de servidores apenas sem aumento real de despesa com pessoal; condicionante para a criação de cargos e realização de concurso; prévia análise da adequação de qualquer nova contratação temporária; substituição dos atuais contratos precários; suspensão dos efeitos do Plano de Cargos, Carreiras e Salários do Magistério Municipal; obrigação de regulamentar a progressão de classes do Magistério Municipal; regularização da arrecadação de impostos; cobrança de créditos; condicionante para a edificação de novas estruturas administrativas; adequação das receitas e despesas totais previstas na LOA; medidas que garantam aumento do IDEB; implantação de ponto eletrônico; atualização da frota de veículos no SIAI; e atualização cartográfica dos imóveis urbanos do município.

[114] AGUIAR, Ubiratan Diniz; ALBUQUERQUE, Marcio André Santos de; MEDEIROS, Paulo Henrique Ramos. *A Administração Pública sob a perspectiva do controle externo*. Belo Horizonte: Fórum, 2011. p. 371.

pessoal, consoante Jacoby Fernandes, se não foi suficiente a aplicação de multa, a imputação em débito e a sustação do ato, cabe ao Tribunal apenas representar ao órgão ou poder competente no sentido de apuração de crime de desobediência, crime de responsabilidade, improbidade administrativa, ação popular ou representação ao Conselho Nacional de Justiça e ao Conselho Nacional do Ministério Público, se as faltas forem cometidas por membros da magistratura ou do Ministério Público.[115]

Um terceiro aspecto que merece destaque é a necessária observância aos preceitos estabelecidos pela LINDB em relação à atuação controladora. O controle voltado à primazia dos concursos públicos em um país ainda marcado por práticas patrimonialistas desde o seu nascedouro se deparará com situações que se prologaram com o passar dos anos e que geraram se não a consolidação, pelo menos a expectativa de manutenção do *status quo* da cobertura oferecida pela Administração. O aspecto da segurança jurídica deve permear toda e qualquer ação de controle. Seguem alguns limites estabelecidos pela LINDB que os Tribunais de Contas devem obedecer quando do exercício de suas atribuições.

As decisões do Tribunal de Contas não devem se dar com base em valores jurídicos abstratos, sem que sejam consideradas as consequências práticas da decisão (art. 20 da LINDB). Em que pese a atuação no sentido do atendimento ao interesse público, não se pode alegá-lo de forma genérica. A motivação deve ser elemento indispensável à decisão, que deve se dar mediante a ponderação das consequências em razão dela, de modo a se mostrar adequada perante o caso em exame.[116]

No caso específico do controle de concursos públicos, a Lei Federal nº 14.965/2024 vinculou a decisão controladora ou judicial que trate sobre o tipo de prova ou critério de avaliação à expressa observância ao art. 20 da LINDB, nos termos do seu art. 12:

> Art. 12. A decisão controladora ou judicial que, com base em valores jurídicos abstratos, impugnar tipo de prova ou critério de avaliação previsto no edital do concurso público deverá considerar as consequências práticas da medida, especialmente em função dos conhecimentos, das habilidades e das competências necessários ao desempenho das

---

[115] JACOBY FERNANDES, Jorge Ulisses. *Tribunais de Contas do Brasil:* jurisdição e competência. 4. ed. Belo Horizonte: Fórum, 2016. p. 274-275.

[116] NOBRE JÚNIOR, Edilson Pereira. *As normas de Direito Público na Lei de Introdução ao Direito brasileiro:* paradigmas para interpretação e aplicação do Direito Administrativo. São Paulo: Contracorrente, 2019. p. 34.

atribuições do cargo ou emprego público, em observância ao caput do art. 20 do Decreto-Lei nº 4.657, de 4 de setembro de 1942 (Lei de Introdução às Normas do Direito Brasileiro).

Na determinação de invalidação de atos, contratos, ajustes e processos, a decisão da esfera controladora deverá indicar as suas consequências jurídicas e administrativas, indicando ainda as condições para que a regularização ocorra de modo proporcional e equânime e sem prejuízo aos interesses gerais, evitando a imputação de ônus anormais ou excessivos (art. 21 da LINDB). No caso do controle de pessoal, excepcional cuidado deve ser tomado no sentido de que não haja inviabilização da prestação de serviços pela Administração Pública em razão de eventual determinação no sentido de encerramento de vínculos precários em excesso, por exemplo. Nesses casos, deve ser incentivada a formalização de planos de ação para a progressiva adequação da Administração sem prejudicar o atendimento à população.

Ademais, em decisão referente à conduta ou validade em relação ao objeto controlado, deverão ser consideradas as dificuldades reais do gestor e as exigências das políticas públicas a seu cargo, com consideração também das circunstâncias práticas que tenham condicionado a ação do agente, sem prejuízo dos direitos dos administrados (art. 22 da LINDB e seu §1º). O Tribunal de Contas deve ter uma abordagem pragmática em relação às condutas tomadas pelo gestor, no sentido de se conferir interpretação razoável sobre os atos praticados.[117]

Em uma temática sensível como o controle da legalidade e da legitimidade sobre os atos e a gestão de pessoal no serviço público, deve-se observar, como já mencionado, a situação e a garantia dos direitos dos administrados em geral, não apenas dos que podem sofrer de forma mais direta os efeitos de decisão do Tribunal de Contas.

---

[117] "Num primeiro passo, o controlador verifica se a 'dificuldade jurídica' é real. No segundo passo, sendo real essa dificuldade jurídica, o controlador se limita a verificar a razoabilidade da escolha interpretativa realizada pela administração pública" (JORDÃO, Eduardo. Acabou o romance: reforço do pragmatismo no direito público brasileiro. *Revista de Direito Administrativo, Edição Especial – Direito Público na Lei de Introdução às Normas de Direito Brasileiro – LINDB (Lei nº 13.655/2018)*, 2018. p. 79).

CONCLUSÃO

O presente trabalho teve como proposta verificar o exercício das competências constitucionais dos Tribunais de Contas relativas: a) à apreciação de contas para emissão de parecer prévio (art. 71, I); b) ao julgamento das contas dos administradores e responsáveis por valores e bens públicos (art. 71, II); c) à apreciação, para fins de registro, dos atos de pessoal (art. 71, III); e d) à realização de auditorias e inspeções de natureza contábil, financeira, orçamentária, operacional e patrimonial (art. 71, IV), voltadas à finalidade de proteção ao princípio do concurso público.

Dessa maneira, esta obra se voltou ao aprofundamento sobre as maneiras que os Tribunais de Contas atuam na defesa do concurso público levando em consideração o rol de competências que lhes foram instituídas pela Constituição Federal. Seguem, adiante, as principais conclusões relativas ao intento do desenvolvimento deste escrito.

A seleção de pessoal para relação profissional (de trabalho) junto à Administração Pública pela via do mérito é uma construção antiga, porém adotada nos países ocidentais apenas a partir do início do século XIX e efetivada no decorrer do século XX, em um abandono do sistema patrimonialista para a adoção de um modelo burocrático. No caso da Administração Pública brasileira, constatou-se que atualmente, mesmo com elementos tanto da administração burocrática quanto da chamada "administração pública gerencial" constantes na Constituição e em diversos normativos, se evidencia um cenário de burocracia incompleta.

Ademais, a conjuntura da admissão de pessoal no serviço público brasileiro (*lato sensu*) não se restringe ao ingresso por concurso público, por mais que a Constituição e o Supremo Tribunal Federal tenham assentado firmemente a sua prevalência em relação às outras modalidades, no sentido de explicitar o seu caráter excepcional, em especial para os cargos comissionados e contratações temporárias para atender a excepcional interesse público. De toda forma, o administrador público dispõe de um leque não tão restrito de alternativas à admissão para cargo efetivo ou contratação para emprego público, incluindo-se, dentre elas, a terceirização de mão de obra, podendo haver um desvirtuamento de elementos da administração gerencial para propiciar práticas patrimonialistas.

É com o vislumbre desse cenário que se inserem os Tribunais de Contas como órgãos fundamentais ao controle sobre essas práticas. Antes de apresentar as formas de atuação nesse sentido, foi necessário expressar um panorama sobre a instituição "Tribunal de Contas", de modo a verificar a sua autonomia e extensão de suas competências e atribuições, no sentido de confirmar ou não se as Cortes de Contas dispõem de reputação jurídico-institucional suficientes para fazer valer o seu papel de controladoras.

Constatou-se, daí, a autonomia dos Tribunais de Contas em relação ao Poder Legislativo, sendo eles órgãos dotados de competências e atribuições exclusivas, confirmando o seu reconhecimento como sinônimo de "controle externo". Além disso, a constitucionalmente prevista prerrogativa de exercício do controle quanto à legitimidade e economicidade ampliou de forma considerável o "poder" das Cortes de Contas, de forma que pode lhes caber até mesmo o papel de avaliadoras de políticas públicas.

Outrossim, as decisões dos Tribunais de Contas, em especial as que envolvem determinações ou sanções, têm alto teor coercitivo, tendo em vista a prerrogativa de aplicação de sanções ou até mesmo de imputação em débito, no caso de dano ao erário. Ademais, fundados na adoção dos padrões internacionais de auditoria do setor público, os Tribunais de Contas têm se utilizado, cada vez mais, de auditorias, podendo ser de conformidade, operacional ou financeira, para fortalecer tecnicamente seus trabalhos.

Ainda em relação ao capítulo 2, se desenhou uma estruturação processual específica para o exercício do controle externo. Dotado de características mais voltadas ao processo judicial do que o processo administrativo, os Tribunais de Contas, em sede processual, podem emitir decisões de caráter coercitivo, como visto, e emitir medidas cautelares no sentido do resguardo da coisa pública. Demais, traça-se o marco do consensualismo na atuação dos Tribunais de Contas, especialmente mediante instrumentos como o termo de ajustamento de gestão e as mesas técnicas ou instrumentos de solução consensual, privilegiando o diálogo na atuação controladora.

Constatado o resguardo institucional dos Tribunais de Contas, passou-se às formas de atuação na defesa do concurso público de acordo com as competências constitucionais que lhes foram atribuídas para o exercício direto da atividade controladora, no sentido de alcançar o objetivo deste trabalho.

Em relação à apreciação de contas para emissão de parecer prévio (atividade de auxílio ao Poder Legislativo), constatou-se uma margem reduzida para o tratamento da matéria, tendo em vista suas próprias características sobre a execução orçamentária e financeira do exercício, assim como as recentes ampliações de escopo sobre os resultados alcançados em termos de políticas públicas. Enxergou-se, no entanto, potencial tratamento indireto sobre aspectos relacionados à adequação da gestão de pessoal para propiciar a execução de ações e políticas públicas de forma mais eficaz, efetiva e eficiente.

Já no julgamento das contas de gestão, sobressai-se o aspecto de verificação não apenas de balanços e atingimento de metas, mas também dos atos de gestão do órgão ou entidade. Nessa seara, é possível a verificação de elementos como a proporção do quadro de pessoal ou a consideração de achados em ações de fiscalização autônoma para construírem o juízo de valor referente à aprovação ou reprovação das contas e emissão de recomendações no sentido de privilegiar o concurso público para a admissão de pessoal.

A apreciação de atos de pessoal para fins de registro é a competência de maior respaldo pela doutrina em relação ao controle da admissão de pessoal pelos Tribunais de Contas. Inobstante sua importância, a sua conformação individualizada tem sido questionada em razão da inefetividade do controle assim exercido, ainda mais considerando a incidência do prazo de cinco anos para que o Tribunal decida sobre a legalidade do ato, sob pena de registrá-lo tacitamente. Devem ser buscadas formas mais céleres e melhor direcionadas para a atuação em matéria de atos de pessoal, em especial o uso de ferramentas eletrônicas para auxiliar no seu tratamento.

Por fim, foram apresentados os instrumentos respaldados pelo inc. IV do art. 71 da Constituição Federal de 1988, os quais apresentam o melhor potencial para atuação na defesa do concurso público, de acordo com a característica de cada um deles.

Começando pela auditoria, trata-se de uma modalidade de fiscalização que se destaca pela possibilidade de atuação sobre múltiplos temas, desde aspectos operacionais do planejamento do concurso público e elaboração de editais, até elementos relativos à legalidade e legitimidade de contratações temporárias e do enquadramento de pessoal em razão de reestruturação de cargos e carreiras, ou mesmo a avaliação da proporcionalidade entre vínculos permanentes e precários. A inspeção se constitui em uma modalidade de auditoria, mas com a finalidade específica em relação ao preenchimento de lacunas de informações ou como desdobramento de denúncias e representações sobre a temática de ingresso de pessoal, no caso deste trabalho.

O acompanhamento se denota como o principal meio de subsídio à atuação cautelar dos Tribunais de Contas, tendo em vista o exame concomitante dos atos da Administração Pública, e se mostram bastante efetivos quando do exame de editais e contratos de terceirização celebrados pelo Estado. Ademais, o acompanhamento se mostra o principal meio de controle do concurso público em si, de modo a garantir a segurança jurídica dos pleiteantes à vaga no serviço público e dos próprios atos da Administração Pública em relação ao certame.

O levantamento se constitui em uma ferramenta de produção de conhecimento e mapeamento de riscos sobre a gestão da admissão de pessoal em todos os níveis (realização de concursos públicos, gestão dos cargos comissionados e da contratação temporária de pessoal) para subsidiar novas fiscalizações (auditorias ou acompanhamentos), além de propiciar, com os seus resultados, o exercício do controle social no seu conceito amplo.

Ademais, atribuições complementares completam o leque de opções do Tribunal de Contas para, em contraposição ao portifólio de modalidades de admissões à disposição do gestor, evitar ou mitigar o desvio do mandamento constitucional de priorização do concurso público em relação a todas as outras formas de admissão.

Por fim, sendo um órgão de controle dotado de poderes coercitivos limitados, o Tribunal de Contas deve acorrer às demais entidades de controle da Administração Pública para fazer valer suas atribuições em relação a quem não cumpra com suas determinações. Um outro limite às Cortes de Contas, assim como aos demais órgãos administrativos e judiciais, é a observância aos ditames relativos ao consequencialismo jurídico-administrativo e à dialogicidade, fomentados pela LINDB.

Portanto, dada a pesquisa aqui realizada, conclui-se no sentido de que os Tribunais de Contas têm um amplo ferramental em relação ao exercício da atividade de controle externo para a defesa do concurso público na rotina da Administração Pública brasileira, não devendo se limitar à atribuição de registro. Há medidas de controle tão ou mais eficazes, efetivas e tempestivas, como apontado no decorrer deste trabalho, todas elas respaldadas pelo texto constitucional, o que garante aos Tribunais de Contas um grau expressivo de importância na garantia de obediência ao princípio do concurso público pelos entes estatais.

Salienta-se que as possibilidades aqui expostas não são exaustivas e que se trata de uma catalogação inicial sobre a temática, com tendência à ampliação na medida em que os Tribunais de Contas aprimorem o exercício de cada competência conferida pela Constituição Federal e o debate sobre o tema ganhar mais contornos, voltados à análise de temáticas mais individualizadas e aprofundadas.

REFERÊNCIAS

AGUIAR, Ubiratan Diniz; ALBUQUERQUE, Marcio André Santos de; MEDEIROS, Paulo Henrique Ramos. *A Administração Pública sob a perspectiva do controle externo*. Belo Horizonte: Fórum, 2011.

ALEXY, Robert. *Teoria dos Direitos Fundamentais*. 2. ed. São Paulo: Malheiros, 2015.

ARAÚJO, Florivaldo Dutra de. Os regimes jurídicos dos servidores públicos no Brasil e suas vicissitudes históricas. *Revista da Faculdade de Direito da UFMG*, n. 50, p. 143-169, jan./jul. 2007. Disponível em: https://revista.direito.ufmg.br/index.php/revista/article/view/32/30. Acesso em: 5 jan. 2024.

ARAÚJO, Mário Augusto Silva. O princípio da eficiência como instrumento de controle do ato administrativo à luz da teoria do desvio de finalidade da investidura de cargos públicos de livre nomeação e exoneração. *Revista de Direito Administrativo, Infraestrutura, Regulação e Compliance*, v. 24, ano 7, p. 125-144, jan./mar. 2023.

ARRETCHE, Marta T. S. Tendências no estudo sobre avaliação de políticas públicas. *Terceiro milênio: revista crítica de sociologia e política*, ano I, n. 1, p. 126-133, jul./dez. 2013. Disponível em: https://www.revistaterceiromilenio.uenf.br/index.php/rtm/article/view/64. Acesso em: 21 jul. 2023.

BRASIL. Casa Civil da Presidência da República. *Avaliação de políticas públicas*: guia prático de análise *ex ante*, volume 1. Brasília: Ipea, 2018.

BRASIL. Tribunal de Contas da União. *Manual de acompanhamento*. Brasília: TCU, Secretaria de Métodos e Suporte ao Controle Externo (Semec), 2018.

BRESSER-PEREIRA, Luiz Carlos. Da administração pública burocrática à gerencial. *Revista do Serviço Público*. v. 47, n. 1, p. 7-40, jan./abr. 1996. Disponível em: https://revista.enap.gov.br/index.php/RSP/article/view/702. Acesso em: 9 jan. 2024.

BRESSER-PEREIRA, Luiz Carlos. *Burocracia pública na construção do Brasil*. 2008. Ensaio. Disponível em: https://www.bresserpereira.org.br/books/Burocracia_Publica_construcao_Brasil.pdf. Acesso em: 2 jan. 2024.

BRITTO, Carlos Ayres. O regime constitucional dos Tribunais de Contas. *Revista Fórum Administrativo – FA*, n. 47, jan. 2005. Disponível em: https://www.forumconhecimento.com.br/v2/revista/P124/E398/14123. Acesso em: 23 fev. 2024.

BUGARIN, Paulo Soares. Economicidade e eficiência: breves notas. *Revista do Tribunal de Contas da União*, v. 101, p. 15-17, 2004. Disponível em: https://revista.tcu.gov.br/ojs/index.php/RTCU/article/view/632. Acesso em: 29 fev. 2024.

CABRAL, Fábio Garcia. O Tribunal de Contas é um órgão político? *Revista de Investigações Constitucionais*, v. 7, n. 1, p. 237-284, jan./abr. 2020. Disponível em: https://revistas.ufpr. br/rinc/article/view/71868/41989. Acesso em: 22 jun. 2024.

CANHA, Cláudio Augusto. O crescente anacronismo do registro de atos de pessoal nos Tribunais de Contas. *In*: LIMA, Luiz Henrique; SARQUIS, Alexandre Manir Figueiredo. *Controle externo dos Regimes Próprios de Previdência Social*: estudos de Ministros e Conselheiros Substitutos dos Tribunais de Contas. Belo Horizonte: Fórum, 2016. p. 237-251.

CANOTILHO, J. J. Gomes. *Direito constitucional e teoria da Constituição*. 7. ed. Coimbra: Almedina, 2003.

CARVALHO, José Murilo de. *Teatro de sombras*: A política imperial. 4. ed. Rio de Janeiro: Civilização Brasileira, 2008.

CARVALHO DA SILVA, Domingos. O Servidor Público na Legislação do Primeiro Reinado. *Revista do Serviço Público*. v. 108, n. 1, p. 187-199, jan./abr. 1973. Disponível em: https://revista.enap.gov.br/index.php/RSP/article/view/2423/1313. Acesso em: 3 jan. 2024.

CARVALHO FILHO, José dos Santos. *Manual de Direito Administrativo*. 34. ed. São Paulo: Atlas, 2020. *E-book*.

CARVALHO FILHO, José dos Santos. *Processo Administrativo Federal: Comentários à Lei nº 9.784, de 29.1.1999*. 5. ed. São Paulo: Atlas, 2013.

CARVALHO FILHO, José dos Santos; MENEZES DE ALMEIDA, Fernando Dias. *Controle da administração pública e responsabilidade do Estado*. 3. ed. São Paulo: Thomson Reuters Brasil, 2022. (Tratado de direito administrativo; v. 7. Maria Sylvia Zanella Di Pietro, coordenação). *E-book*. Edição Proview Thomson Reuters.

CAVALCANTI, João Barbalho Uchôa. *Constituição Federal Brazileira*: Comentarios. ed. fac-similar. Rio de Janeiro: Companhia Litho Typographia, 1902.

CINTRA, Antonio Carlos de Araújo; GRINOVER, Ada Pellegrini; DINAMARCO, Cândido Rangel. *Teoria geral do processo*. 31. ed. São Paulo: Malheiros Editores, 2015.

COELHO, Fernando de Souza; MENON, Isabela de Oliveira. A quantas anda a gestão de recursos humanos no setor público brasileiro? Um ensaio a partir das (dis)funções do processo de recrutamento e seleção – os concursos públicos. *Revista do Serviço Público*, v. 69, p. 151-180, 2018. Disponível em: https://revista.enap.gov.br/index.php/RSP/article/view/3497/2046. Acesso em: 5 jan. 2024.

CRESSEY, Paul F. The influence of the literary examination system on the development of Chinese civilization. *American Journal of Sociology*, v. 35, n. 2, p. 250-262, set. 1929. Disponível em: https://www.jstor.org/stable/2766126. Acesso em: 7 nov. 2023.

CRETELLA JÚNIOR, José. *Curso de Direito Administrativo*. 18. ed. Rio de Janeiro: Forense, 2003.

CYRYINO, André; SALATHÉ, Felipe. A consensualidade abusiva no Direito Administrativo: notas iniciais de teorização. *Revista Estudos Institucionais*, v. 10, n. 2, mai./ago. 2024, p. 634-660. Disponível em: https://www.estudosinstitucionais.com/REI/article/view/808/963. Acesso em: 25 ago. 2024.

DE NIGRIS, Ana Carolina Pinto. *O controle judicial das decisões dos Tribunais de Contas*. Juiz de Fora: Editar, 2018.

DI PIETRO, Maria Sylvia Zanella. *Direito Administrativo*. 36. ed. Rio de Janeiro: Forense, 2023. *E-book*.

DI PIETRO, Maria Sylvia Zanella. Limites da utilização de princípios do processo judicial no processo administrativo. *Fórum Administrativo: Direito Público*, v. 13, n. 147, p. 44-60, maio 2013.

DI PIETRO, Maria Sylvia Zanella. *Parcerias na administração pública*: concessão, permissão, franquia, terceirização, parceria público-privada. 13. ed. Rio de Janeiro: Forense, 2022. *E-book*.

DI PIETRO, Maria Sylvia Zanella; MOTTA, Fabrício; FERRAZ, Luciano de Araújo. *Servidores Públicos na Constituição de 1988*. São Paulo: Atlas, 2011.

DUGUIT, Léon. *Manuel de droit constitutionnel:* Théorie générale de l'État – Organisation politique. Paris: A. Fontemoing, 1907.

FAGUNDES, Miguel Seabra. *O controle dos atos administrativos pelo Poder Judiciário*. 7. ed. Atualizada por Gustavo Binenbojm. Rio de Janeiro: Forense, 2005.

FAORO, Raymundo. *Os donos do poder:* formação do patronato político brasileiro. 5. ed. São Paulo: Globo, 2012. *E-book*.

FRANCO, Evandro Nunes. A necessária revisão da súmula vinculante nº 3: a supressão do contraditório para o mais fraco. *In:* ROSÁRIO, José Orlando Ribeiro; FREIRE, Leonardo Oliveira (org.). *Fragmentos da teoria da justiça de John Rawls*. Salvador: Motres, 2024. p. 39-54.

FRANCO, Evandro Nunes; FRANÇA, Vladimir da Rocha. O registro tácito do ato de pessoal submetido ao Tribunal de Contas e os atos inválidos por flagrante inconstitucionalidade. *Revista Controle – Doutrina e Artigos*, v. 22, n. 1, p. 76-99, 2023. Disponível em: https://revistacontrole.tce.ce.gov.br/index.php/RCDA/article/view/860/622. Acesso em: 19 jan. 2024.

FRANCO, Evandro Nunes; FRANÇA, Vladimir da Rocha; MOREIRA, Thiago Oliveira. O Direito Administrativo Global no controle externo da administração pública: a adoção das normas internacionais de auditoria governamental como *standards* pelos Tribunais de Contas brasileiros. *Revista de Direito Administrativo, Infraestrutura, Regulação e Compliance*, n. 26, ano 7, p. 143-161, jul./set. 2023.

FRANÇA, Vladimir da Rocha. *Estrutura e motivação do ato administrativo*. São Paulo: Malheiros, 2007.

FRANÇA, Vladimir da Rocha. *Crise da legalidade e jurisdição constitucional:* o princípio da legalidade administrativa e a vinculação do Estado-Administração aos direitos fundamentais. Curitiba: Juruá, 2023.

FRANÇA, Vladimir da Rocha. Precedentes administrativos no direito administrativo sancionador. *In*: MAFFINI, Rafael; RAMOS, Rafael (Coord.). *Nova LINDB:* Proteção da confiança, Consensualidade, participação democrática e precedentes administrativos. Rio de Janeiro: Lumen Juris, 2021. p. 197-216.

FREITAS, Juarez. *O controle dos atos administrativos e os princípios fundamentais.* 5. ed. São Paulo: Malheiros, 2013.

FREITAS, Juarez. Carreiras de Estado e o direito fundamental à boa administração pública. *Revista Interesse Público*, n. 53, p. 13-28, jan./mar. 2009.

FREITAS, Juarez. Carreiras de Estado: o núcleo estratégico contra as falhas de mercado e de governo. *In*: FORTINI, Cristiana (org.). *Servidor Público:* Estudos em homenagem ao Professor Pedro Paulo de Almeida Dutra. Belo Horizonte: Fórum, 2009. p. 179-201.

FREITAS, Juarez. As políticas públicas e o direito fundamental à boa administração. *Revista do Programa de Pós-Graduação em Direito da UFC*, v. 35, n. 1, p. 195-217, jan./jun. 2015. Disponível em: http://www.periodicos.ufc.br/nomos/article/view/2079. Acesso em: 22 jul. 2023.

FREITAS, Juarez. Direito administrativo não adversarial: a prioritária solução consensual de conflitos. *Revista de Direito Administrativo*, v. 276, p. 25-46, set./dez. 2017. Disponível em: https://periodicos.fgv.br/rda/article/view/72991. Acesso em: 3 mar. 2024.

GALVÃO, Ilmar. Os empregos de confiança nas empresas estatais. *In*: BRASIL. Superior Tribunal de Justiça. *Doutrina:* edição comemorativa, 20 anos. Brasília: Superior Tribunal de Justiça, 2009. p. 499-512.

GONDIM FILHO, Milton Freire; ROSÁRIO, José Orlando. FREIRE, Leonardo Oliveira. Fiscalização do TCU e as garantias constitucionais do processo. *Revista Digital Constituição e Garantia de Direitos*, v. 11, n. 2, p. 155-174, 2019. Disponível em: https://periodicos.ufrn.br/constituicaoegarantiadedireitos/article/view/16167. Acesso em: 12. jul. 2023.

GUERRA, Sérgio; PALMA, Juliana Bonacorsi de. Art. 26 da LINDB – Novo regime jurídico de negociação com a Administração Pública. *Revista de Direito Administrativo, Edição Especial – Direito Público na Lei de Introdução às Normas de Direito Brasileiro – LINDB (Lei nº 13.655/2018)*, 2018, p. 135-169. Disponível em: https://periodicos.fgv.br/rda/article/view/77653. Acesso em: 3 mar. 2024.

HELLER, Gabriel; CARMONA, Paulo Afonso Cavichioli. Reparação e sanção no controle de atos e contratos administrativos: as diferentes formas de responsabilização pelo Tribunal de Contas. *Revista de Direito Administrativo*, v. 279, n. 1, p. 51-77, 2020. Disponível em: https://periodicos.fgv.br/rda/article/view/81368. Acesso em: 29 abr. 2024.

INSTITUTO DE PESQUISA ECONÔMICA APLICADA (IPEA). *Estados, instituições e democracia:* república, v. 1. Brasília: Ipea, 2010.

REFERÊNCIAS | 239

IOCKEN, Sabrina Nunes. *Controle compartilhado das políticas públicas*. Belo Horizonte: Fórum, 2018.

JACOBY FERNANDES, Jorge Ulisses. *Tribunais de Contas do Brasil:* jurisdição e competência. 4. ed. Belo Horizonte: Fórum, 2016.

JORDÃO, Eduardo. Acabou o romance: reforço do pragmatismo no direito público brasileiro. *Revista de Direito Administrativo, Edição Especial – Direito Público na Lei de Introdução às Normas de Direito Brasileiro – LINDB (Lei nº 13.655/2018)*, p. 93-112, 2018. Disponível em: https://periodicos.fgv.br/rda/article/view/77650. Acesso em: 11 mar. 2024.

KELSEN, Hans. *Teoria Geral do Direito e do Estado*. 3. ed. São Paulo: Martins Fontes, 2000.

KELSEN, Hans. *Teoria pura do direito*. 8. ed. São Paulo: WMF Martins Fontes, 2009.

LEAL, Victor Nunes. *Coronelismo, Enxada e Voto:* O município e o regime representativo no Brasil. 7. ed. São Paulo: Companhia das Letras, 2012. *E-book*.

LEONI, Fernanda. A legitimidade democrática e o controle de políticas públicas: o que dizer sobre os Tribunais de Contas? *Revista Controle – Doutrina e Artigos*, v. 21, n. 1, p. 15-39, 2022. Disponível em: https://doi.org/10.32586/rcda.v21i1.804. Acesso em: 30 ago. 2024.

LIMA, Gustavo Massa Ferreira. *O princípio constitucional da economicidade e o controle de desempenho pelos Tribunais de Contas*. Belo Horizonte: Fórum, 2011.

LIMA, Luiz Henrique. *Controle Externo*: Teoria e Jurisprudência para os Tribunais de Contas. 6. ed. Rio de Janeiro: Forense; São Paulo: Método, 2015. *E-book*.

LONGO, Francisco. *Mérito e flexibilidade*: A gestão das pessoas no setor público. São Paulo: FUNDAP, 2007.

LELIÈVRE, Claude. Le concours general: quelle histoire! *In*: LELIÈVRE, C. *École d'aujourd'hui à la lumière de l'histoire*. Paris: Odile Jacob, 2021. p. 204-207.

MADEIRA, José Maria Pinheiro. *Servidor público na atualidade*. 8. ed. Rio de Janeiro: Elsevier, 2010.

MAFFINI, Rafael Cás. Administração pública dialógica (proteção procedimental da confiança). Em torno da Súmula Vinculante nº 3, do Supremo Tribunal Federal. *Revista de Direito Administrativo*, v. 253, p. 159-172, 2010. Disponível em: https://doi.org/10.12660/rda.v253.2010.8051. Acesso em: 8 jul. 2023.

MAFFINI, Rafael Cás. Atos administrativos sujeitos a registro pelos Tribunais de Contas e a decadência da prerrogativa anulatória da Administração Pública. *Cadernos do Programa de Pós-Graduação em Direito – PPGDir./UFRGS*, v. 4, n. 7. p. 519-538, 2014. Disponível em: https://seer.ufrgs.br/index.php/ppgdir/article/view/50868/31675. Acesso em: 24 abr. 2023.

MAIA, Bóris. A institucionalização do concurso público no Brasil: uma análise sócio-histórica. *Revista do Serviço Público*, v. 72, n. 3, p. 663-684, 2021. Disponível em: https://revista.enap.gov.br/index.php/RSP/article/view/4639. Acesso em: 3 jan. 2024.

MAIA, Márcio Barbosa; QUEIROZ, Ronaldo Pinheiro. *O regime jurídico do concurso público e seu controle jurisdicional*. São Paulo: Saraiva, 2007.

MARTINS, Ricardo Marcondes. Considerações críticas ao conceito de *compliance*. *Revista Internacional de Direito Público – RIDP*, Belo Horizonte, ano 6, n. 10, p. 8-24, jan./jun. 2021. Disponível em: https://www.forumconhecimento.com.br/v2/revista/P168/E42058/93424. Acesso em: 7 abr. 2024.

MEDAUAR, Odete. *A processualidade no Direito Administrativo*. 3. ed. Belo Horizonte: Fórum, 2021. *E-book*. Edição do *Kindle*.

MEDAUAR, Odete. *Controle da Administração Pública*. 4. ed. Belo Horizonte: Fórum, 2020. *E-book*. Edição do *Kindle*.

MEIRELLES, Hely Lopes. *Direito Administrativo Brasileiro*. 42. ed. São Paulo: Malheiros, 2016.

MELLO, Celso Antônio Bandeira de. *Curso de Direito Administrativo*. 32. ed. São Paulo: Malheiros, 2015.

MELLO, Celso Antônio Bandeira de. *Apontamentos sobre os agentes e órgãos públicos*. São Paulo: Revista dos Tribunais, 1987.

MELLO, Marcos Bernardes de. *Teoria do fato jurídico:* plano da existência. 22. ed. São Paulo: Saraiva Educação, 2019. *E-book*.

MELO, Frederico Jorge Gouveia de. *Admissão de Pessoal no Serviço Público:* Procedimentos, restrições e controles (de acordo com a Lei de Responsabilidade Fiscal). 2. ed. Belo Horizonte: Fórum, 2009.

MENDES, Gilmar Ferreira. O princípio do concurso público na jurisprudência do Supremo Tribunal Federal. *Revista de Informação Legislativa*, n. 100, p. 163-174, out./dez. 1988. Disponível em: https://www2.senado.leg.br/bdsf/bitstream/handle/id/181886/000442090. pdf?sequence=1&isAllowed=y. Acesso em: 11 mar. 2024.

MENDES, Gilmar Ferreira. Tribunal de Contas e Controle de Constitucionalidade. *Revista Controle – Doutrina e Artigos*, v. 22, n. 2, p. 13-21, jul./dez. 2024. Disponível em: https://doi.org/10.32586/rcda.v22i2.949. Acesso em: 25 jun. 2024.

MENDONÇA, José Vicente Santos de. Art. 21 da LINDB – Indicando consequências e regularizando atos e negócios. *Revista de Direito Administrativo, Edição Especial – Direito Público na Lei de Introdução às Normas de Direito Brasileiro – LINDB (Lei nº 13.655/2018)*, 2018, p. 43-61. Disponível em: https://bibliotecadigital.fgv.br/ojs/index.php/rda/article/view/77649/74312. Acesso em: 3 mar. 2024.

MILESKI, Hélio Saul. *O controle da gestão pública*. 2. ed. Belo Horizonte: Fórum, 2011.

MODESTO, Paulo. Promoção da confiança pública e paralisia decisória durante a pandemia de COVID-19: encontro marcado com o RE nº 1.133.118 (nepotismo em cargos político-administrativos). *Revista brasileira de Direito Público*, ano 18, n. 69, p. 93-102, abr./jun. 2020. Disponível em: https://www.forumconhecimento.com.br/v2/revista/P129/E41942/91873/promocao-da-confianca-publica-e-paralisia-decisoria-durante-a-pandemia-de-covid-19--encontro-marcado-com-o-re-n%C2%BA-1.133.118-nepotismo-em-cargos-politico-administrativos?origin=search. Acesso em: 20 jun. 2024.

MOTTA, Fabrício. Direitos fundamentais e concurso público. *Revista do Tribunal de Contas do Estado de Minas Gerais – Edição Especial*, v. 1, p. 68-85, 2010. Disponível em: https://revista1.tce.mg.gov.br/Content/Upload/Materia/926.pdf. Acesso em: 10 jan. 2024.

MOTTA, Fabrício. Concurso unificado: a novidade do momento. *Consultor Jurídico*, Coluna Interesse Público, 25 jan. 2024. Disponível em: https://www.conjur.com.br/2024-jan-25/concurso-unificado-a-novidade-do-momento/#_ftn1. Acesso em: 17 fev. 2024.

MOTTA, Fabrício. Reforma Administrativa: a PEC 32/20 e o risco de retrocessos no regime jurídico dos cargos em comissão e da estabilidade. *In*: ZOCKUN, Maurício; GABARDO, Emerson. *O direito administrativo do pós-crise*. Curitiba: Íthala, 2021. p. 252-260.

NIKLAS, Jan; MARZULLO, Luisa. Em tribunais de contas, 30% são parentes de políticos, como os indicados por ministros de Lula. *O Globo*, Rio de Janeiro, 6 mar. 2023. Disponível em: https://oglobo.globo.com/politica/noticia/2023/03/em-tribunais-de-contas-30percent-sao-parentes-de-politicos-como-os-indicados-por-ministros-de-lula.ghtml. Acesso em: 23 jun. 2024.

NOBRE JÚNIOR, Edilson Pereira. *As normas de Direito Público na Lei de Introdução ao Direito brasileiro:* paradigmas para interpretação e aplicação do Direito Administrativo. São Paulo: Editora Contracorrente, 2019. *E-book*. Edição do *Kindle*.

NOHARA, Irene Patrícia Diom. *Direito Administrativo*. 12. ed. Barueri: Atlas, 2023.

OLIVEIRA, Antônio Flávio de. *Servidor Público:* Remoção, Cessão, Enquadramento e Redistribuição. 3. ed. Belo Horizonte: Editora Fórum, 2009.

OLIVEIRA, Francis Junio de. *Concurso Público:* Forma de Ingresso no Serviço Público Brasileiro – Doutrina e Jurisprudência. Rio de Janeiro: Lumen Juris, 2017.

ORGANIZAÇÃO PARA A COOPERAÇÃO E DESENVOLVIMENTO ECONÔMICO (OCDE). *Avaliação da Gestão de Recursos Humanos no Governo:* Governo Federal. Relatório. Paris: OCDE, 2010. Disponível em: https://www2.camara.leg.br/a-camara/estruturaadm/secretarias/secretaria-de-relacoes-internacionais/eventos/arquivos/Relatorio%20OCDE%20-%20Avaliacao%20da%20Gestao%20de%20RH%20no%20Governo%20-Brasil.pdf/view. Acesso em: 6 jan. 2024.

OSÓRIO, Fábio Medina. *Direito administrativo sancionador*. 2. ed. São Paulo: Revista dos Tribunais, 2006.

PEREIRA, Maria Fernanda Pires de Carvalho; CAMARÃO, Tatiana Martins da Costa. Criação, alteração e extinção de cargo público. *In*: FORTINI, Cristiana (org.). *Servidor Público:* Estudos em homenagem ao Professor Pedro Paulo de Almeida Dutra. Belo Horizonte: Fórum, 2009. p. 287-304.

PIMENTA OLIVEIRA, José Roberto; BARBIRATO, Bruno Vieira da Rocha. O termo de ajustamento de gestão (TAG) e seu regime jurídico nos tribunais de contas. *Revista da AGU*, v. 22, n. 2, p. 87-111, 2023. Disponível em: https://doi.org/10.25109/2525-328X.v.22.n.02.2023.2983. Acesso em: 6 abr. 2024.

PIMENTA OLIVEIRA, José Roberto; GROTTI, Dinorá Adelaide Musetti. Direito administrativo sancionador brasileiro: breve evolução, identidade, abrangências e funcionalidades. *Revista Interesse Público*, n. 120, p. 83-126, mar./abr. 2020. Disponível em: https://www.forumconhecimento.com.br/v2/revista/P172/E41921/91565. Acesso em: 2 mar. 2024.

PONTES DE MIRANDA, Francisco Cavalcanti. *Comentários à Constituição de 1967*: Com a Emenda n. 1, de 1969. Tomo I (Arts. 1º - 7º). Rio de Janeiro: Forense, 1987.

REZENDE, Renato Moreira de. Concurso público: avanços e retrocessos. *In*: DANTAS, Bruno (org.). *Constituição de 1988:* o Brasil 20 anos depois. Volume II. Brasília: Senado Federal, 2008. p. 268-328.

RODRIGUES, Ricardo Schneider. Ativismo nos Tribunais de Contas: reflexões sobre os alegados excessos do controle externo à luz da Constituição. *Revista do Tribunal de Contas da União*, v. 151, p. 33-47, 2023. Disponível em: https://revista.tcu.gov.br/ojs/index.php/RTCU/article/view/1937/1927. Acesso em: 25 fev. 2024.

ROSILHO, André. *Tribunal de Contas da União*: Competências, jurisdição e instrumentos de controle. São Paulo: Quartier Latin, 2019.

SAAD, Amauri Feres. *Do controle da administração pública*. São Paulo, 2018. *E-book*.

SALLES, Alexandre Aroeira. Tribunais de Contas: competentes constitucionalmente para o exercício das funções administrativa e judicial. *Revista de Direito Administrativo*, v. 277, n. 1, p. 203-239, jan./abr. 2018. Disponível em: http://dx.doi.org/10.12660/rda.v277.2018.74807. Acesso em: 25 jun. 2024.

SALLES, José Anderson Souza de. *Fundamentos constitucionais das sanções aplicadas pelo Tribunal de Contas do Estado do Rio Grande do Norte*. Orientador: Vladimir da Rocha França, 2021. Dissertação (Mestrado) – Mestrado em Direito, Programa de Pós-Graduação em Direito, Universidade Federal do Rio Grande do Norte, Natal, 2021. Disponível em: https://repositorio.ufrn.br/bitstream/123456789/47123/1/Fundamentosconstitucionaissancoes_Salles_2021.pdf. Acesso em: 2 mar. 2023.

SANTOS, Aline Sueli de Salles. *Os concursos públicos no campo jurídico-acadêmico*. Orientadora: Loussia Penha Musse Felix, 2014. Tese (Doutorado) – Doutorado em Direito, Programa de Pós-Graduação em Direito, Universidade de Brasília, Brasília, 2014. Disponível em: https://repositorio.unb.br/handle/10482/16742. Acesso em: 8 dez. 2023.

SANTOS, Rodrigo Valgas dos. *Direito Administrativo do Medo:* Risco e fuga da responsabilização dos agentes públicos. 2. ed. rev. atual. e ampl. São Paulo: Thomson Reuters Brasil, 2022.

SÃO VICENTE, José Antonio Pimenta Bueno, marquês de. *Direito publico brazileiro e a analyse da Constituição do Imperio*. Rio de Janeiro: Typographia Imp. e Const. de J. Villeneuve e C., 1857.

SARQUIS, Alexandre Manir Figueiredo. Síndrome de inefetividade no registro de atos de aposentadoria. *In*: LIMA, Luiz Henrique; SARQUIS, Alexandre Manir Figueiredo. *Controle externo dos Regimes Próprios de Previdência Social*: estudos de Ministros e Conselheiros Substitutos dos Tribunais de Contas. Belo Horizonte: Fórum, 2016. p. 215-236.

SCHMIDT, João Pedro. Para estudar políticas públicas: aspectos conceituais, metodológicos e abordagens teóricas. *Revista do Direito*, v. 3, n. 56, p. 119-149, set./dez. 2018. Disponível em: https://doi.org/10.17058/rdunisc.v3i56.12688. Acesso em: 21 jul. 2023.

SILVA, Almiro do Couto e. O princípio da segurança jurídica (proteção à confiança) no direito público brasileiro. *Revista de Direito Administrativo*. v. 237, p. 271-316, 2004. Disponível em: https://periodicos.fgv.br/rda/article/view/44376. Acesso em: 19 jan. 2024.

SILVA, José Afonso da. *Curso de direito constitucional positivo*. 37. ed. São Paulo: Malheiros, 2014.

SIQUEIRA, Mariana de. *Interesse público no direito administrativo brasileiro*: da construção da moldura à composição da pintura. Rio de Janeiro: Lumen Juris, 2016.

SPECK, Bruno Wilhelm. *Inovação e rotina no Tribunal de Contas da União*: o papel da instituição superior de controle financeiro no sistema político-administrativo do Brasil. São Paulo: Fundação Konrad Adenauer, 2000.

TEIXEIRA, Francisco Eugênio Vilar Tôrres. A terceirização na Administração Pública e o Decreto nº 9.507/18. *Revista Brasileira de Infraestrutura – RBINF*, n. 17, p. 101-115, jan./jun. 2020.

TÊNG, Ssu-yü. Chinese Influence on The Western Examination System: I. Introduction. *Harvard Journal of Asiatic Studies*, v. 7, n. 4, 1943, p. 267-312. Disponível em: https://doi.org/10.2307/2717830. Acesso em: 25 nov. 2023.

TOURINHO, Rita. *Concurso público*: análise abrangente de questões doutrinárias, legais e jurisprudenciais. Belo Horizonte: Fórum, 2020.

URUGUAY, Visconde do. *Ensaio sobre o Direito Administrativo*. Tomo I. Rio de Janeiro: Typographia Nacional, 1862.

VALLE, Vanice Regina Lírio do; SANTOS, Marcelo Pereira dos. Governança e *compliance* na administração direta: ampliando as fronteiras do controle democrático. *A&C – Revista de Direito Administrativo & Constitucional*, Belo Horizonte, ano 19, n. 75, p. 161-177, jan./mar. 2019. Disponível em: https://10.21056/aec.v20i75.993. Acesso em: 7 abr. 2024.

VARGAS, Darlã Martins; RODRIGUES, Gustavo Augusto Ferraz. Uma discussão a respeito dos agentes comunitários de saúde e de combate às endemias: a Emenda Constitucional nº 51/2006 e a Lei nº 11.350/06. *Revista Interesse Público – IP*, n. 47, p. 241-263, jan. 2008. Disponível em: https://www.forumconhecimento.com.br/v2/revista/P172/E21340/49025. Acesso em: 27 jan. 2024.

VIANA, Ismar dos Santos. *Fundamentos do Processo de Controle Externo*: uma interpretação sistematizada do Texto Constitucional aplicada à processualização das competências dos Tribunais de Contas. Rio de Janeiro: Lumen Juris, 2019.

VIANA, Ismar dos Santos; PIMENTA OLIVEIRA, José Roberto. O papel dos Tribunais de Contas no controle das contratações públicas: dos aspectos estruturais aos procedimentais. *Revista Controle – Doutrina e Artigos*. v. 21, n. 2, p. 112-145, jul./dez. 2023. Disponível em: https://doi.org/10.32586/rcda.v21i2.853. Acesso em: 6 abr. 2024.

VIEIRA, Cristiane Gonçalves. O termo de ajuste de gestão como instrumento de controle externo consensual no Brasil. *Revista Controle – Doutrina e Artigos*. v. 22, n. 1, p. 436-465, jan./jun. 2024. Disponível em: https://doi.org/10.32586/rcda.v22i1.887. Acesso em: 3 mar. 2024.

WEBER, Max. *Economia e sociedade:* fundamentos da sociologia compreensiva. Brasília: Editora Universidade de Brasília, 2004.

WILLEMAN, Marianna Montebello. *O desenho institucional dos Tribunais de Contas e sua vocação para a tutela da accountability democrática:* perspectivas em prol do direito à boa administração pública no Brasil. Tese (Doutorado em Direito) – Programa de Pós-Graduação em Direito. Pontifícia Universidade Católica do Rio de Janeiro. Rio de Janeiro: 2016. Disponível em: https://www2.dbd.puc-rio.br/pergamum/tesesabertas/1221597_2016_completo.pdf. Acesso em: 20 fev. 2024.

ZYMLER, Benjamim. *Direito administrativo e controle*. 3. ed. Belo Horizonte: Fórum, 2012.

Esta obra foi composta em fonte Palatino Linotype, corpo 10
e impressa em papel Polen Bold LD FSC 70g (miolo) e Supremo 250g (capa)
pela Formato Artes Gráficas.